本书系2025年度河南省科技厅软科学研究项目："基于⋯⋯言文化传承与创新路径研究"（编号：252400410171）⋯⋯

新时代乡村
旅游发展与创新研究

王小妹 ◎ 著

郑州大学出版社

图书在版编目(CIP)数据

新时代乡村旅游发展与创新研究 / 王小妹著.
郑州：郑州大学出版社，2025.6. -- ISBN 978-7-5773-1191-3

Ⅰ. F590.75

中国国家版本馆 CIP 数据核字第 2025LJ3393 号

新时代乡村旅游发展与创新研究
XINSHIDAI XIANGCUN LÜYOU FAZHAN YU CHUANGXIN YANJIU

策划编辑	胥丽光	封面设计	王　微
责任编辑	胥丽光	版式设计	曾耀东
责任校对	张若冰	责任监制	朱亚君

出版发行	郑州大学出版社	地　　址	河南省郑州市高新技术开发区
经　　销	全国新华书店		长椿路 11 号 (450001)
发行电话	0371-66966070	网　　址	http://www.zzup.cn
印　　刷	河北虎彩印刷有限公司		
开　　本	710 mm×1 010 mm　1 / 16		
印　　张	12.75	字　　数	218 千字
版　　次	2025 年 6 月第 1 版	印　　次	2025 年 6 月第 1 次印刷

| 书　　号 | ISBN 978-7-5773-1191-3 | 定　　价 | 56.00 元 |

本书如有印装质量问题，请与本社联系调换。

前言

　　乡村旅游作为一种新兴的旅游形式,正逐渐成为人们休闲度假的热门选择。它不但为城市居民提供了亲近自然、体验乡村生活的机会,还在促进乡村经济发展、推动文化传承、保护生态环境等方面发挥着重要作用。本书正是在这样的背景下应运而生,旨在深入探讨乡村旅游在新时代的发展状况、面临的挑战以及创新发展的路径。

　　本书围绕乡村旅游展开了全面且深入的研究。首先从乡村旅游的定义、特点出发,详细阐述了乡村旅游的发展现状。乡村旅游作为一种独特的旅游形式,具有自然景观优美、文化底蕴深厚、生活方式淳朴等特点,吸引了越来越多的游客。尽管乡村旅游在全球范围内蓬勃发展,但其发展过程中仍存在诸多问题。书中对此进行了深入剖析,指出当前乡村旅游发展缺乏系统的理论论证与实施方案,市场经营理念陈旧,发展路径存在误区,难以实现可持续发展等问题。在此基础上,本书结合消费需求变化、老龄化社会以及数智化发展等时代背景,探讨了这些因素对乡村旅游的影响,并提出了相应的应对策略。

　　随着消费需求的不断升级,游客对乡村旅游的期望不再局限于简单的观光游览,而是更加注重体验性、参与性和文化性。老龄化社会的到来也为乡村旅游带来了新的机遇和挑战,如何满足老年游客的特殊需求,成为乡村旅游发展的重要课题。此外,数智化技术的迅猛发展为乡村旅游的转型升级提供了新的动力,如何利用大数据、人工智能等技术提升乡村旅游的服务质量和管理水平,也是本书探讨的重点内容。书中还深入研究了乡村旅游与生态环境保护、文化传承、休闲农业的融合发展以及政策支持与保障机制等内容,为乡村旅游的可持续发展提供了多维度的思考和建议。乡村旅游的发展离不开良好的生态环境,如何在开发旅游资源的同时保护生态环境,

1

实现绿色发展,是乡村旅游面临的重要课题。文化传承是乡村旅游的核心竞争力之一,如何挖掘和弘扬乡村文化,提升乡村旅游的文化内涵,是本书关注的重点。此外,乡村旅游与休闲农业融合发展,不仅可以丰富旅游产品,还能促进农业转型升级,实现农村经济的多元化发展。政策支持与保障机制是乡村旅游健康发展的重要保障,书中对此进行了深入探讨,提出了完善政策体系、加强资金支持、优化管理体制等建议。

本书旨在为乡村旅游的发展提供全面的理论支持和实践指导。一方面通过对乡村旅游发展概况的梳理和问题的剖析,引起社会各界对乡村旅游发展中存在问题的重视,促进相关部门和从业者采取有效措施加以解决。另一方面针对消费需求变化、老龄化社会等趋势,提出相应的发展策略,为乡村旅游的创新发展提供思路,帮助乡村旅游更好地适应市场需求,实现可持续发展。本书系统地整合了与乡村旅游相关的多领域知识,涵盖经济学、社会学、文化学、生态学等多个学科,为跨学科研究乡村旅游提供了丰富的素材和理论框架。通过对国内外乡村旅游发展经验的比较与分析,总结出具有普适性的发展启示,丰富了乡村旅游的理论研究体系。对乡村旅游发展高质化、特色化、功能多样化、全域化等新趋势的探讨,为后续研究乡村旅游的发展方向提供了前瞻性的视角。针对乡村旅游发展中存在的问题提出的解决方案,具有很强的实践性和可操作性,能够为相关研究提供实证参考,推动乡村旅游学术研究与实践的深度融合。

本书的出版得到郑州工程技术学院校级教学名师培养项目的资助,在本书撰写过程中参考了优秀学者公开发表的学术成果,未能一一列出,在此一并表示感谢!若有在书中未能标明之处,还请多多包涵!鉴于笔者的能力所限,对所研究问题可能有不足、不全面之处,请大家多多指正。

郑州工程技术学院

王小妹

2025 年 2 月 21 日

目录

1

第一章
新时代乡村旅游发展概况

　　随着全球经济的飞速发展,人们的生活水平显著提高,休闲时间逐渐增加,收入水平也稳步上升,这一系列变化促使人们更加重视休闲旅游,将其视为提升生活品质的重要途径。与此同时,现代化进程带来的工业化和都市化现象,使越来越多的人生活在拥挤喧嚣的都市环境中,这种生活状态激发了人们回归自然的强烈愿望,他们渴望逃离城市的喧嚣,向往开阔、恬静的乡村生活。乡村休闲旅游逐渐成为一种新兴的观光趋势,并在全球范围内得到广泛推广,它不仅为都市人提供了放松身心的场所,还具有多元化的功能,包括振兴经济、促进社会发展、传承传统文化、保护自然环境以及提供教育体验等。通过发展乡村旅游,乡村地区不仅能够吸引外来游客,增加经济收入,还能促进当地社会的全面发展,改善环境质量,并增强群众对乡村的认同感。乡村旅游作为一种综合性的发展策略,能够促进乡村经济的活跃,还能推动社会进步和环境保护,实现乡村地区的可持续发展。世界各国纷纷将乡村旅游列为乡村发展的重要策略,希望通过这一途径实现乡村经济、社会及环境的平衡与可持续发展目标。

第一节
新时代乡村旅游的概念与特点

一、乡村旅游的概念

　　对乡村旅游概念的界定是进行深层次研究的基本前提,游客面临的核心问题是如何判断所消费的旅游产品是否属于乡村旅游的范畴,这一问题需要从乡村旅游的概念及其内涵出发进行深入分析。国内外学者对乡村旅游的概念因研究视角和出发点的不同,得出的结论存在较大差异,这种差异不仅反映了乡村旅游的复杂性,还凸显了对其进行系统性研究的必要性。

乡村旅游最初被视为一种独特的专项旅游产品,主要依托乡村的自然风光和农业资源,为游客提供与城市生活截然不同的体验,然而随着社会经济的快速发展和旅游需求的多样化,乡村旅游的内涵和外延逐渐扩展。如今乡村旅游已不再局限于单一的旅游产品形式,而是逐渐演变为一种与城市旅游、生态旅游等并列的新型旅游形态,这种转变要求我们对乡村旅游的认识不能仅仅停留在旅游产品的层面,而应将其视为一种综合性的文化现象。乡村旅游文化不仅包括传统的农业文化,还应涵盖工业文化、民俗文化、建筑文化等多种文化形态,从这个意义上说,乡村旅游文化是多元文化的综合体,反映了乡村社会的历史、经济和社会发展的多重维度。

近年来,乡村旅游的发展逐渐偏离了其本质特征,呈现出明显的乡村城市化趋势,具体表现为乡村地区的过度商业化开发使农村失去了其原有的自然风貌和文化特色,变得不像农村。这种发展模式的本质是将乡村改造为城市居民的"后花园"和"游乐场",所有的旅游产品开发和设施建设都以迎合游客需求为导向,而忽视了乡村旅游的核心价值——乡村的自然生态、文化传统和社会结构的独特性,这种偏离不仅削弱了乡村旅游的吸引力,也对乡村的可持续发展构成了潜在威胁。

重新审视乡村旅游的本质特征并对其进行科学界定显得尤为重要。乡村旅游的核心在于其与乡村的自然环境、文化传统和社会结构的紧密联系,它不仅是一种经济活动,更是一种文化传承和生态保护的重要途径。只有在充分尊重乡村本质特征的基础上,才能实现乡村旅游的可持续发展,并使其真正成为促进乡村经济、社会和文化全面振兴的有效手段。将来关于乡村旅游的研究应进一步深化对其内涵和外延的探讨,以期为实践提供更为科学的理论指导。

文化不仅是一种象征符号或人类创造的精神和物质成果,更是一种推动社会进步的力量,甚至可以被视为一种生产力。刘振卿(1999)在其研究中提出了乡村旅游的动力模型理论,并在此基础上进一步提出了"乡村大旅游"的概念。这一概念从更深层次揭示了乡村旅游的本质及其发展目标,具有重要的理论意义和实践价值。

乡村大旅游的内涵可以从三个层面进行阐释：①乡村旅游发展的根本意义在于为人民服务，而不仅仅是将乡村旅游视为推动经济发展的工具。乡村旅游的终极目标是让游客通过旅游活动从城市生活的束缚中解脱出来，在自由、放松的心境中充分享受生活的美好，这一观点强调了乡村旅游的人文价值，即通过提供与城市生活截然不同的自然环境和生活方式，满足人们对精神放松和心灵回归的需求，所以乡村旅游的开发应注重游客的体验质量，而非单纯追求经济利益。②乡村旅游的主体是乡村居民而非城市游客。实现乡村旅游的可持续发展必须正视旅游的公平性，避免乡村居民在旅游开发过程中被边缘化。乡村居民不仅是乡村旅游资源的守护者，也是旅游活动的参与者和受益者。在乡村旅游的开发和管理中，应充分尊重乡村居民的主体地位，确保他们能够公平地分享旅游发展带来的经济效益和社会效益。③乡村旅游固然对农村经济的发展具有一定的推动作用，但其本质不应被简单地视为一种经济手段。从更深层次来看，乡村旅游是为构建乡村理想家园而服务的，它应当成为建设新农村的一种文化手段，所以乡村旅游不仅是经济活动，更是文化传承和生态保护的重要途径。乡村旅游可以促进乡村文化的复兴和传统价值的传承，同时能保护和改善乡村的自然环境，从这个意义上说乡村旅游是人类心灵的栖息地，它为人们提供了一个回归自然、体验传统文化的机会，也为乡村社会的全面振兴提供了重要支撑。

国内学术界对于乡村旅游的概念存在多种观点，这些观点从不同角度揭示了乡村旅游的内涵和特征，其中主要观点可以归纳为以下三种。

第一种观点，认为乡村旅游的本质是发生在乡村地区的旅游活动，这是目前最为广泛接受的关于乡村旅游的概念，也被包括世界经济合作与发展组织（OECD）在内的国际组织所采纳。根据这一观点，乡村旅游的核心特征在于其发生的地理空间——乡村，乡村作为与城市相对的地域概念，具有独特的自然景观、文化传统和社会结构，以上这些构成了乡村旅游的主要吸引力。这个概念的优势在于其具有简洁性和普适性，能够涵盖各种类型的乡村旅游活动，如农业观光、民俗体验、生态旅游等；然而其局限性则是过于宽泛，未能充分体现乡村旅游的独特性和复杂性。

第二种观点，认为乡村旅游是一个相对的概念，其内涵和特征需要通过与城市旅游的对比来界定。这一观点认为乡村旅游是指在乡村地区以具有乡村性的景观为旅游吸引物,面向多样化市场需求而开展的参与性强、文化内涵深厚、乡土风味浓郁的复合型旅游活动。由于乡村是相对于城市的一个地域概念,其内涵和外延会随着社会经济的发展而变化,乡村旅游的概念也应随之动态调整。张祖群(2014)在其研究中进一步丰富了这一观点,提出乡村旅游的客体可以概括为"乡村社区""乡野农村""乡村地区"等。从更广义的范围来看,乡村不仅包括以农业为主要经济来源的地区,还包括市郊、建制镇等区域。张祖群的观点突破了传统意义上对乡村的地理限制,将乡村旅游的研究范围扩展到更广阔的空间。还有学者进一步明确了乡村旅游的地理区域范围,认为乡村旅游通常发生在距离城市300千米的大空间范围内,但居民主要的游憩地点集中在距离城市100千米内的空间范围,这一界定为乡村旅游的规划和发展提供了重要的地理参考。

第三种观点,认为乡村旅游应当作为一种产业形式来研究,其支持者认为乡村旅游的概念应落脚于其产业属性,而非仅仅将其视为一种旅游产品、活动或形式。杨胜明(2010)指出,乡村旅游的开展标志着旅游产业走向成熟,是旅游产业形成的重要标志。据此可知乡村旅游的核心是其产业属性,即通过提供劳务和服务来满足游客的需求,而非单纯依赖景点、环境或文化的销售。这一观点进一步将乡村旅游的发展分为三个阶段:第一阶段是景点和环境,第二阶段是文化和民俗,第三阶段是劳务和服务,其中第三阶段标志着乡村旅游的成熟,即通过提供高质量的劳务和服务来实现产业升级和可持续发展。这种概念既强调了乡村旅游的经济功能,同时也为其产业化发展提供了理论依据。

综上所述,乡村旅游的客体涵盖了"乡村社区""乡野农村""乡村地区"等地理空间,同时还包括市郊、建制镇等与乡村紧密相关的区域,这些地域不仅是乡村旅游活动发生的场所,也是其文化价值和社会价值的重要载体。乡村旅游的吸引物既包括典型的乡村事物,如田园风光、农业生产、传统民俗等,也包括非乡村事物,如温泉、历史村落、特色院落等,这些资源共同构成了乡村旅游的多样化吸引力,满足了游客对自然、文化、休闲和体验的多重需求。乡村旅游整体产品的核心在于其乡村性与乡村文化。乡村性体现了乡村与城市的本质差异,包括自然环境的宁静、生活节奏的舒缓以及社会关系的亲密性;而乡村文化则涵盖了农业文化、民俗传统、建筑风格等深层次的文化内涵,这些元素不仅是乡村旅游区别于其他旅游形式的关键特征,也是其可持续发展的核心竞争力。在乡村旅游的开发与规划中应始终以乡村性与乡村文化为核心,避免过度商业化或城市化,从而真正实现乡村旅游的经济、社会和文化价值的有机统一。

二、乡村旅游的特征

(一)游客感知的乡村性

乡村性是乡村旅游的本质特征,无论是从理论认知还是从游客感知的角度,对乡村性的追求都是游客前往乡村旅游地的主要动机,也是乡村旅游中最核心的吸引力。乡村性体现了乡村与城市的本质差异,包括自然环境的宁静、生活节奏的舒缓以及社会关系的亲密性。乡村性不仅体现在物质层面,如田园风光、乡村建筑等,也体现在文化层面,如传统民俗、乡土风情等。根据国外权威机构调查,英国乡村旅游的游客最为关注"平和、宁静、新鲜空气"等要素,法国游客则更注重"纯净空气、平静、安宁"等要素,结果表明游客对乡村旅游的追求主要集中在自然环境的纯净和心灵的放松上。张文祥(2015)通过问卷调查发现,国外游客对阳朔乡村旅游的出游偏好中,有96.1%的游客选择"欣赏山水田园风光",而国内游客的这一比例为86.7%,这一数据进一步印证了乡村性在乡村旅游中的核心地位。乡村旅游通常选址于乡村地区或城市郊区,内容上更为突出对乡村文化的挖掘和对农家元素的开发,具有鲜明的乡土特征。各种类型鲜明的乡村元素,如自然的田园风格、独特的乡村文化和原汁原味的乡村生活体验,在乡村旅游中占据重要地位,这些元素不仅是吸引游客前往旅游体验的重要成分,也是乡村旅游经营的重要业态形式。所以乡村性是乡村旅游区别于其他旅游形式的关键特征,也是其可持续发展的核心竞争力。

(二)吸引物的原生态性

乡村旅游的吸引物一般具有鲜明的原生态特征,这是其与城市旅游的主要区别之一。当地独特的自然风光以及具有地域特色的农业资源是乡村旅游的重要载体,突出原生态美,如桐梓县娄山关镇杉坪村通过打造"黔北花海"为特色的品牌,吸引了众多都市人前来观光旅游,这一案例表明原生态性是乡村旅游资源开发过程中需要遵循的最为重要的原则。此外,原生态性不仅是乡村旅游资源的核心特征,也是其与城镇旅游不同的重要标志之一。乡村旅游者前往乡村旅游地旅游消费,其基本动机就是感受乡村的原生态,感受乡愁,体验乡村生活,这种原生态性体现在多个方面,如自然环境的纯净、农业资源的独特以及文化传统的原真性等。通过保护和利用这些原生态资源,乡村旅游不仅能够满足游客对自然和文化的追求,还能促进乡村地区的可持续发展。

(三)产品开发的体验性

乡村旅游是旅游业与农业融合发展的新形式,与其他类型的旅游形式不同,乡村旅游所涉及开展的各类项目特别强调游客的体验性,即更为注重游客的参与性和游客体验的"原汁原味",它突破了传统项目的陈列观览方式,强调对农事活动的参与体验,在这里游客既能够感受到田园风光的优美,又能体验到农耕劳作的生活,还能获得劳动丰收的快感。许多乡村旅游地开发了农事体验项目,如采摘水果、种植蔬菜、喂养动物等,这些项目不仅让游客亲身参与农业生产过程,还让他们感受到劳动的乐趣和收获的喜悦。除此之外,乡村旅游还注重文化体验,如传统手工艺制作、民俗节庆活动等。这些体验性项目不仅丰富了游客的旅游体验,也增强了他们对乡村文化的理解和认同。所以体验性是乡村旅游产品开发的核心原则,也是其区别于其他旅游形式的重要特征,通过提供多样化的体验性项目,乡村旅游能够满足游客的多样化需求,并促进乡村经济的多元化和可持续发展。

(四)分布区域的多样性

与农家乐旅游相对单一的分布相比,乡村旅游地域的分布要丰富得多。一般而言,乡村旅游地分布主要有以下几种类型。

(1)都市郊区。这一分布是目前发展前景较好、效益极高、成熟度和普遍性较高的类型,该类型的发展主要依赖于位于都市周边的区位优势和良好的人文环境。都市郊区的乡村旅游地通常以短途游为主,能够满足城市居民周末休闲的需求,如北京周边的密云、怀柔等地区,依托其优越的自然环境和便捷的交通条件,发展成为著名的乡村旅游目的地。

(2)特色村寨。这类乡村旅游地主要依托特色鲜明的民族文化村寨,是乡村旅游与民俗旅游的结合体,如贵州雷山西江苗寨、郎德苗寨等,以其独特的苗族文化和传统建筑吸引了大量游客。特色村寨的乡村旅游不仅能够展示当地的文化传统,还能促进民族文化的传承和保护。

(3)景区边缘区。这类乡村旅游地通常依托著名景区的带动,是景区观光旅游的伴生物,如百里杜鹃景区周边的乡村旅游地依托景区的知名度和

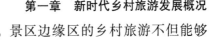

游客流量,发展成为重要的旅游目的地。景区边缘区的乡村旅游不但能够分流景区游客,还能够为游客提供多样化的旅游体验。

第二节
新时代乡村旅游发展现状及存在的主要问题

近年来,我国经济保持健康增长,人民生活水平得到显著提高,旅游消费观念也随之发生了深刻变化。在这一背景下,我国旅游市场尤其是乡村旅游市场正经历着结构性升级的历史机遇,随着城市化进程的加快和城市居民对自然与田园生活的向往,乡村旅游成为我国旅游市场的新热点之一,不仅为城市居民提供了逃离喧嚣、回归自然的休闲方式,也为乡村地区带来了经济振兴、文化传承和生态保护的多重效益。

一、新时代乡村旅游发展现状

纵观全球,日益激烈的国际竞争、市场自由化进程的加速以及社会技术改革的深入推进,共同造成了农村经济结构和运作模式的重大调整,这些变化对农村地区的可持续发展产生了深远影响。供需不对等的问题严重扰乱了农业劳动市场,在资本主导的经济模式下,农业劳动者因收入低、工作条件差而被迫外迁,导致农村劳动力短缺,进一步加剧了农村经济的衰退,这种劳动力外流现象不仅削弱了农村的生产力,也使得农村社会结构趋于老龄化,年轻人口的流失使得农村地区缺乏活力,难以实现可持续发展。

(一)国外乡村旅游发展现状

伴随着经济社会发展,农村地区还面临着一系列复杂的挑战,包括农村衰落、人口老龄化、土地弃置、贫困加剧、工业衰退以及环境恶化等,这些问题不仅普遍存在于发展中国家,也在发达国家中日益凸显。欧洲许多传统农业地区因经济转型而陷入衰退,农村人口外流导致大量土地被弃置,乡村社区逐渐萎缩;北美农业工业化和小规模农场的衰落使得农村地区面临经济困境和社会问题;在亚洲和非洲的发展中国家,农村贫困和环境恶化问题尤为突出,严重制约了农村地区的可持续发展能力。这些问题的累积使得乡村旅游的发展面临重重障碍,一方面农村经济的衰退和人口的流失使得乡村旅游资源的开发和维护缺乏足够的资金和人力支持;另一方面环境恶化和基础设施落后降低了乡村旅游的吸引力,使得游客数量难以增长。此外农村社会的空心化和老龄化也使得乡村旅游的服务质量难以提升,进一步限制了其市场竞争力。

虽然面临诸多挑战,乡村旅游在国外仍然展现出其独特的优势和潜力,乡村旅游为农村地区提供了经济多元化的机会,通过旅游业的发展,农村地区可以摆脱对单一农业经济的依赖,实现收入的多元化;乡村旅游有助于保护和传承农村的文化遗产和传统生活方式,为游客提供特色文化体验;乡村旅游还能够促进农村环境的改善和生态保护,通过可持续旅游开发,推动农村地区的绿色发展。

当然,国外乡村旅游的发展也面临一些制约因素,政策支持不足是普遍存在的问题,一些国家的政府对乡村旅游的重视程度不够,缺乏系统的政策支持和资金投入,致使乡村旅游开发缺乏长期规划和科学指导;基础设施落后是制约乡村旅游发展的重要瓶颈,农村地区的交通、住宿、卫生等基础设施不完善,难以满足游客的需求,影响了旅游体验的质量;市场营销能力不足也是乡村旅游发展的短板,乡村旅游目的地缺乏有效的宣传手段,未能充分利用数字化平台进行推广,导致其市场知名度和吸引力有限。

(二)国内乡村旅游发展现状

随着社会的进步和居民消费水平的显著提升,我国旅游业呈现出迅猛发展的态势,尤其是以休闲、自然和人文为核心的乡村旅游业更是成为旅游市场的重要组成部分。乡村旅游业以其独特的自然风光、丰富的文化底蕴和浓郁的乡土气息,吸引了大量城市居民前往体验,游客通过去乡村旅游观光,不仅能够品尝到地道的农家美食,感受多样化的乡村民俗文化,还能够欣赏到诗情画意的田园风光,并参与具有浓厚乡土气息的特色活动,这种与城市生活截然不同的旅游体验,满足了现代人对自然、文化和休闲的多重需求,使乡村旅游成为越来越多城市居民的首选旅游方式。

虽然乡村旅游业发展势头迅猛,但在快速扩张的过程中也暴露出诸多问题,进而制约了其高质量发展。

(1)相关部门对乡村旅游的规划缺乏科学性和系统性,使部分地区乡村旅游开发盲目跟风,资源利用效率低下,甚至出现同质化竞争现象。很多乡村旅游项目未能充分结合当地的自然资源和文化特色,致使乡村性丧失,吸引力下降;乡村旅游景区的营销策略较为单一,缺乏创新性和针对性;一些景区仍然依赖传统的宣传方式,未能充分利用互联网和新媒体平台进行精准营销,因而市场覆盖面有限,难以吸引更多潜在游客。

(2)乡村旅游的服务内容和形式较为单一,未能充分满足游客的多样化需求。某些景区仍停留在观光旅游的初级阶段,缺乏对深度体验性项目的开发,游客的参与感和互动性不足;部分乡村旅游项目仅提供简单的农家乐餐饮和住宿服务,未能深入挖掘当地的农耕文化、民俗传统和手工艺资源,使得游客体验流于表面,难以对游客形成持久的吸引力;乡村旅游的基础设施建设相对滞后,交通、住宿、卫生等配套设施不完善,也影响了游客的整体体验感和满意度。

(3)乡村旅游的宣传力度和营销推广不足,导致其市场知名度和影响力有限。许多具有独特资源的乡村旅游地因缺乏有效的宣传手段,未能充分展示其核心吸引力,致使游客量不足,经济效益未能得以充分发挥;特别是在信息化时代,乡村旅游景区未能充分利用社交媒体、短视频平台等新兴渠道进行推广,错失了扩大市场影响力的机会。

尽管乡村旅游业在近年来取得了显著的发展成果,但其进一步发展仍面临诸多挑战。为了实现乡村旅游的可持续发展,相关部门应加强科学规划和资源整合,避免盲目开发和同质化竞争;同时应创新营销策略,充分利用新媒体平台进行精准推广;还需注重体验性旅游项目的开发,提升游客的参与感和满意度;最后应加大基础设施投入,完善配套服务,全面提升乡村旅游的综合竞争力。只有多方面共同努力,才能推动乡村旅游业实现高质量发展,为乡村振兴和区域经济繁荣发展注入新的动力。

二、我国乡村旅游发展中存在的主要问题

(一)缺乏理论论证与实施方案

在乡村旅游的发展过程中,科学筛选区域产业并对其发展的优势、劣势、机遇和挑战进行全面分析,是促进该产业蓬勃发展的关键。然而当前乡村旅游开发普遍缺乏相应的理论论证与实施方案,导致许多地区在推进乡村旅游时面临诸多问题,甚至出现盲目跟风、资源浪费和环境破坏等现象。以下从三个方面详细分析这一问题。

1. 欠缺对乡村旅游开发可行性的认识

自然生态环境被认为是发展乡村旅游的主要资源条件,但这并不意味着拥有自然生态资源就满足了发展乡村旅游的所有条件,乡村旅游的开发需要综合考虑多方面因素,包括资源禀赋、市场需求、基础设施、文化特色以及政策支持等。然而,笔者通过调研发现,部分区域在开发乡村旅游时存在盲目跟风的现象,未能对乡村旅游发展的可行性进行深入研究;一些地区未能明确乡村旅游发展的主体是谁,是政府主导还是市场主导,抑或是政府与市场相结合,这种主体不明确的现象导致责任分工不清,资源配置效率低下;乡村旅游的内容包括自然景观、文化体验、农业观光、休闲娱乐等多个方面,但有些地区在开发过程中未能对这些内容进行系统规划,产品单一、同质化严重;乡村旅游的发展模式包括合作社模式、企业主导模式、政府主导模式等,但一些地区未能根据自身特点选择合适的发展模式,资源利用效率低下;乡村旅游的开发需要完善的组织与保障机制,包括政策支持、资金投入、人才培养等,但许多地区在这些方面缺乏系统论证,发展后劲不足。

2. 欠缺对乡村旅游开发的科学布局

在乡村全面振兴的背景下,有关部门积极推进乡村产业振兴的布局和规划,尤其是在乡村旅游核心理念的影响下重点关注乡村旅游的发展方向,在相关部门的引导下,部分私营企业主和农民工陆续返乡,参与乡村旅游建设工作。然而在推进乡村旅游开发过程中,地区在发展规划、策略、规模、空间布局等方面缺乏科学有效的论证和实践,导致乡村旅游的发展方向出现偏差。一些地区在制定乡村旅游发展规划时未能充分考虑资源禀赋、市场需求和区域特点,规划脱离实际,难以落地实施;乡村旅游的发展策略应根据不同地区的资源特点和文化特色进行差异化设计,但地区在制定策略时未能做到因地制宜,策略缺乏针对性;乡村旅游的发展规模应与地区的资源承载力和市场需求相匹配,但地区在开发过程中盲目扩大规模,造成资源浪费和环境破坏;乡村旅游的空间布局应注重区域协调和功能分区,但地区在开发过程中未能进行科学的空间布局,资源利用效率低下。

3. 缺乏对乡村旅游环境承载力的有效论证

乡村旅游的开发必须考虑环境的承载力,以确保资源的可持续利用和生态环境的保护,然而目前许多地区在开发乡村旅游时没有对环境承载力进行有效论证,导致资源过度开发和环境破坏。乡村旅游的经营规模应与地区的资源承载力和市场需求相匹配,但有些地区在开发过程中未能进行科学论证,致使经营规模过大或过小,影响了乡村旅游的可持续发展;乡村旅游的开发应注重生态环境保护,但有些地区在开发过程中未能制定科学的环保措施,导致水资源污染、垃圾处理不当等问题;一些地区在开发乡村旅游时未能对资源环境进行科学评估与解读,导致开发过程中出现盲目跟风、资源浪费等现象。

(二)市场经营理念比较陈旧

在乡村旅游的经营理念上,乡村经营者和管理者仍停留在较低层次的水平,未能充分适应现代旅游市场的需求。

1. 忽视游客的核心需求

乡村旅游经营者在经营过程中过于关注菜品的质量、味道和价格,而忽视了游客更为关心的核心需求,如是否有特色(农家风味)、环境如何(绿化环境)、服务是否优质(服务水平)等,这种经营理念的偏差会使游客的体验感大打折扣,难以形成持久的吸引力。一些景区虽然提供了价格实惠的餐饮服务,但缺乏具有地方特色的农家风味,环境杂乱无章,服务态度冷漠,使得游客无法感受到乡村的独特魅力和人文关怀。

2. 重硬件轻软件

在乡村旅游开发过程中,经营者更倾向于在主体建筑和基础设施上投入大量资金,例如建设豪华的住宿设施、现代化的娱乐场所等,却忽视了软件治理和环境的优化,这种"重硬件轻软件"的做法令景区在服务质量、环境卫生和文化体验等方面存在明显不足,难以满足游客对高品质旅游体验的期望。一些景区虽然拥有高档的硬件设施,但服务人员缺乏专业培训,环境卫生管理不到位,文化体验项目单一且缺乏深度,使得游客的整体体验大打折扣。

3. 急功近利的心态

乡村旅游经营者存在"少投入、多产出,低投入、快产出"的急功近利心态,这种短视的经营理念导致乡村旅游开发缺乏科学规划和长远设计。为了追求短期经济利益,某些景区在旅游产品开发中忽视了质量和服务,甚至出现质劣价低的菜品,克扣斤两的现象也时有发生,这些行为不仅严重影响了游客的体验感和满意度,还损害了景区的声誉和长期发展潜力。此外,急功近利的心态还使经营者不愿在环境美化、文化挖掘和服务提升等软实力方面进行投入,进一步削弱了乡村旅游的核心竞争力。

4.缺乏合作与学习意识

某些景区的乡村旅游经营者目光短浅,局限于本地经验,不愿主动走出去学习先进的管理模式和成功案例,经营理念和管理水平停滞不前,他们往往缺乏与其他景区或相关产业的合作意识,难以形成资源共享和优势互补。经营者对树立景区整体形象的意识较为淡薄,未能通过联合推广或品牌建设来提升区域旅游的知名度和影响力,这不仅限制了乡村旅游的创新发展,还使景区难以形成规模效应和品牌效应,最终削弱了其市场竞争力。

(三)乡村旅游发展路径存在误区

1.过度地引入现代元素

自改革开放以来,中国的乡村经济发展水平显著提升,居民生活水平得到明显改善,思想观念也随之发生了变化,现代化进程的推进使人们普遍感受到现代生活的便利,享受到经济发展带来的红利。然而在乡村旅游的开发过程中,有些地区过度引入现代元素,忽视了乡村文化的核心价值,使乡村旅游失去了其独特的吸引力。

当前大多数乡村在乡村旅游发展中的思想观念过于僵化,缺乏创新意识,容易盲目追求规模和速度,有些地区在开发过程中大量引入现代化设施,如高楼大厦、现代化娱乐设施等,导致乡村原有的自然风貌和文化特色被破坏,这种盲目开发不仅浪费了资源,还破坏了乡村的生态环境。乡村旅游的核心吸引力之一是其独特的文化元素,如传统建筑、民俗活动、手工艺等,但许多地区在开发过程中过度重视现代化元素,而淡化了文化元素的作用,一些景区在建设中大量使用现代化材料和技术,忽视了传统建筑风格和文化符号的保护,乡村旅游也失去了其独特的文化魅力。

2.过度地引入城市元素符号

游客希望通过乡村旅游逃离城市的喧嚣,置身于乡村的唯美生态环境中,呼吸清爽而洁净的空气,饮用甘甜的泉水,品尝安全高质量的农产品,体验乡村的农耕文明和传统风俗,这种与城市生活截然不同的体验,正是乡村旅游的魅力所在。然而笔者通过调查发现,部分乡村在旅游开发过程中过度引入城市元素符号,使得乡村旅游失去了其本质特色,未能让游客感受到乡村之美,体会不到田间的乐趣。

在乡村旅游的开发中,许多地区盲目模仿城市的建筑风格和装饰风格,忽视了乡村的独特文化符号和自然风貌,一些乡村景区的餐馆和酒店在装修设计上大量采用现代化的城市元素,如玻璃幕墙、金属材质和简约风格的家具,完全脱离了乡村的传统建筑风格和文化氛围,这种过度城市化的设计不仅未能展现乡村的特色,反而让游客感到与城市环境无异,失去了乡村旅游应有的独特吸引力;一些乡村景区在服务内容和设施配置上也过度追求城市化,忽视了乡村的原始风貌和文化体验,部分景区引入了城市化的娱乐设施,如 KTV、电子游戏厅等,这些设施虽然能够满足部分游客的娱乐需求,但却与乡村的自然环境和文化氛围格格不入,破坏了乡村旅游的整体体验感。游客来到乡村,本是为了远离城市的喧嚣,享受自然的宁静和乡村的淳朴,但这些城市化元素的引入却让游客感到失望,无法真正体验到乡村的独特魅力,更为严重的是,过度引入城市元素符号还可能导致乡村文化的同质化和边缘化。乡村的文化符号如传统建筑、民俗活动、手工艺等,是乡村旅游的核心资源,但在城市化开发的过程中,这些文化符号往往被忽视甚至被取代,景区在开发过程中拆除了传统的乡村建筑,取而代之以现代化的楼房,乡村的历史文化风貌被破坏殆尽,致使游客无法感受到乡村的文化底蕴和历史传承。

3.缺少具有较高文化价值的乡村旅游产品

游客希望通过乡村旅游体验乡村的历史、民俗、手工艺等文化元素,感受与城市生活截然不同的文化氛围。但是目前中国乡村旅游产品的地域性特点不足,缺乏依据区域资源优势开发的商品,乡村旅游的文化价值未能得到充分体现,而且乡村旅游产品的设计缺乏表现力,难以满足游客多层次、多样化与高品位的审美和消费需求。

一些地区的旅游产品设计过于单一,未能体现当地的文化和自然资源特色。游客在游览过程中,往往只能看到千篇一律的纪念品和农产品,缺乏具有地方特色的文化商品。这种同质化的旅游产品不仅无法吸引游客的兴趣,还削弱了乡村旅游的竞争力。

现代游客对旅游产品的需求不仅限于物质层面,更注重文化体验和精神享受,然而许多地区的乡村旅游产品设计过于简单,缺乏文化内涵和艺术表现力,游客的体验感不佳。一些地区的旅游产品设计仅停留在表面,未能深入挖掘乡村文化的核心价值,产品缺乏吸引力和竞争力。

乡村旅游产品的开发还应注重高品位和高附加值,以满足高端游客的需求。目前许多地区的乡村旅游产品设计过于低端,缺乏创新和特色,导致游客的消费意愿不高。一些地区的旅游产品设计仅停留在初级农产品和简单手工艺品的层面,未能开发出具有高附加值的文化商品。

（四）乡村旅游难以实现可持续发展

1. 缺乏专业的乡村旅游人才

乡村旅游的可持续发展离不开专业人才的支持,然而现阶段我国乡村旅游的从业主体主要是企业管理者,他们对乡村旅游的认知存在一定的局限性,且缺乏有效的管理工作经验。旅游专业人才的匮乏,直接影响了乡村旅游的管理水平和服务质量,制约了乡村旅游的进一步发展。

许多乡村旅游企业的管理者对乡村旅游的认知存在局限性。他们往往将乡村旅游简单地理解为提供餐饮、住宿和观光服务,而忽视了乡村旅游在文化传承、生态保护和社会效益方面的重要作用。乡村旅游开发缺乏长远规划,难以实现可持续发展。乡村旅游的核心吸引力在于其独特的自然风貌和文化传统,但许多管理者未能充分认识到这一点,导致景区开发同质化严重,缺乏特色和竞争力。

乡村旅游的管理需要专业的知识和经验,但许多管理者缺乏有效的管理经验,造成景区运营效率低下,一些景区在服务质量、市场推广和资源整合方面存在明显不足,未能满足游客的多样化需求。乡村旅游的管理涉及多个方面,包括资源开发、市场推广、服务管理、环境保护等,需要管理者具备全面的专业知识和实践经验,许多管理者缺乏系统的培训和学习,在管理过程中面临诸多困难。

乡村旅游的发展需要专业人才的支持,但许多地区缺乏具有专业知识的人才,使得景区管理水平低下,难以满足游客的需求,一些景区在服务人员的培训和管理方面存在明显不足,服务质量参差不齐,游客的体验感不佳。乡村旅游的服务质量直接影响到游客的满意度和景区的声誉,但许多景区在服务人员的招聘和培训方面缺乏系统的规划和管理,服务水平难以提升,一些景区未能为服务人员提供系统的培训,致使他们在服务过程中缺乏专业性和规范性,影响了游客的体验感。

2. 缺乏健全的乡村旅游管理机构

乡村旅游的快速发展为乡村经济注入了新的活力,但在这一过程中许多地区缺乏健全的管理机构,未能形成有效的组织体系和协调机制,这在一

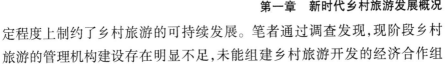

定程度上制约了乡村旅游的可持续发展。笔者通过调查发现,现阶段乡村旅游的管理机构建设存在明显不足,未能组建乡村旅游开发的经济合作组织或产业联盟,无法对乡村旅游的运营主体进行合理管控,从而影响了乡村旅游的长期发展。

乡村旅游的开发涉及多个领域和部门,包括农业、文化和旅游、环保等,需要各部门之间的协调与合作,然而许多地区在开发过程中未能建立统一的管理机构,各部门之间缺乏有效的沟通与协作。如一些地区在乡村旅游开发中,农业部门负责农产品开发,文化和旅游部门负责民俗活动及市场推广,但由于缺乏统一的管理机构,各部门之间的工作未能有效衔接,造成资源浪费和重复建设。

乡村旅游的开发需要经济合作组织或产业联盟的支持,以提升资源利用效率和市场竞争力,现阶段许多地区还未组建这样的组织,乡村旅游的运营主体各自为战,难以形成合力。一些地区的乡村旅游企业之间缺乏合作,不能共享资源和市场信息,因而市场竞争激烈,资源利用效率低下。此外,缺乏健全的管理机构还使得乡村旅游的运营主体难以进行合理管控,影响了景区的服务质量和游客体验,一些景区在开发过程中未能制定科学的管理规范和服务标准,服务质量参差不齐,游客的体验感不佳。

3.缺乏乡村旅游开发管理机制与体系

乡村旅游的可持续发展离不开科学的管理机制与体系的支持,各产业若想实现持续发展,都需要形成符合当地实际情况的特色管理体系,然而部分地区的乡村旅游开发在管理机制与体系建设方面存在明显不足,没有充分重视这一问题,影响了乡村旅游的长期发展。在新时代背景下,乡村旅游可能迎来"爆发式"的增长,而完善的管理机制与体系是确保其良好经营和持续发展的关键。

乡村旅游的开发需要科学的管理机制来规范开发行为,确保资源的合理利用和环境的有效保护。许多地区在乡村旅游开发中缺乏系统的管理机制,开发行为往往缺乏科学依据和规划指导。一些地区在开发过程中过度追求经济效益,忽视了生态环境的保护,造成资源浪费和环境破坏。

乡村旅游的发展需要完善的管理体系来协调各方利益,提升资源利用效率。乡村旅游的开发涉及多个利益相关方,包括政府、企业、社区和游客等,需要各方之间的协调与合作,然而许多地区在开发过程中缺乏完善的管理体系,各方利益难以得到有效协调。一些地区在开发过程中,政府与企业之间缺乏有效的沟通机制,政策支持不到位,企业发展受限。

乡村旅游的管理机制与体系还需要注重文化传承和社区参与,确保乡村旅游的文化价值和社会效益。乡村旅游的吸引力在于其独特的文化内涵和社区参与,但许多地区在开发过程中忽视了这一点。一些地区在开发过程中过度商业化,忽视了乡村文化的传承和保护,导致文化资源流失。

第三节
新时代乡村旅游发展的新趋势

一、新时代乡村旅游的主要作用

由于受到资源、基础设施及市场定位等多方面的限制,我国乡村旅游的发展主要聚焦于提供丰富多彩的休闲娱乐活动、瓜果种植采摘体验以及地道的地方美食体验,这些活动在有效增加农民收入、促进农村各产业均衡发展以及转移农村剩余劳动力等方面均发挥了积极的作用。随着人民对美好生活的向往日益增长,乡村旅游在国家政策的有力引导、社会资金的持续注入以及专业人才的培养壮大等多方支持下,将迎来更加广阔的发展前景,在乡村振兴的伟大征程中发挥出更加显著的作用。

(一)满足人民美好生活需要

习近平总书记在党的十九大报告中深刻指出,新时代的主要任务之一就是要不断满足人民日益增长的美好生活需要。这一论断不仅体现了党对人民生活的深切关怀,也符合经济学和心理学等相关理论的论证。

从经济学角度来看,劳动价格的决定理论等经济学原理揭示,当劳动者的收入达到一定程度时,他们不仅满足于基本的物质需求,而且追求休闲、娱乐等消费享受,这意味着随着经济的发展和人民生活水平的提高,人们对于休闲娱乐的需求日益增长。

从心理学角度来看,人的需要理论等心理学原理也表明,人们在满足基本生存需求后,会追求更高层次的精神需求。乡村旅游以其丰富多样的自然资源、浓厚的历史文化底蕴,为游客提供了一个远离城市喧嚣、回归自然怀抱的绝佳去处,能够很好地满足人们对于休闲、娱乐、文化体验等方面的需求。

(二)实现全面小康

习近平总书记在党的十九大报告中明确提出,要"促进农村一二三产业融合发展"以及"拓宽增收渠道",这为乡村旅游的发展指明了方向。我国许多拥有丰富旅游资源的农村地区,尽管坐拥得天独厚的自然条件,却依然深陷贫困的泥潭。

新时代乡村旅游作为推动农业现代化和实现全面小康的重要途径,其地位和作用愈发凸显,乡村旅游以其低碳、生态的特点,不仅符合当前绿色发展的理念,更在促进农村区域一二三产业综合发展方面展现出巨大的潜力。

发展乡村旅游可以进一步提高农民收入,拓宽他们的增收渠道,同时促进农村劳动力在本地实现转移,减少人口外流现象。更重要的是乡村旅游的发展能够带动贫困地区整体脱贫,助力这些地区的人民奔向小康生活,因此乡村旅游在实现全面小康的征程中必将发挥更加重要的作用。

(三)保护自然资源和历史文化

部分农村地区为了追求短期的经济利益,不惜以破坏自然生态为代价,如毁林开荒、填湖造田等,这些做法不仅严重破坏了生态平衡和自然景观,还可能导致恶性循环,进一步削弱这些地区的经济活力和生活宜居性,而发展乡村旅游提供了一条既能提高农民收入又能维护自然景观和生态平衡的有效途径。

乡村旅游强调对自然景观的合理运用,通过科学规划和有序开发将自然风光转化为旅游资源,既满足游客亲近自然、享受美景的需求,又为当地农民带来了可观的经济收益,这种发展模式有助于引导农村地区转变发展方式,从过去的资源消耗型转向生态友好型,实现经济与环境的双赢。

我国数千年的悠久历史孕育了丰富多彩的地方文化,这些文化瑰宝是中华民族的宝贵财富,然而随着城市化、现代化的加速推进,许多年轻人纷纷离开农村,导致大量优秀的地方文化因缺乏经济支撑和人才传承而面临失传的危机。而乡村旅游的发展为地方文化的传承与保护提供了新的契机,乡村旅游通过吸引游客参与地方文化的体验和学习,不仅促进了文化的传播与交流,还激发了年轻人对传统文化的兴趣和热爱,为地方文化的传承注入了新的活力。

自然资源和优秀地方传统文化的结合，丰富了乡村旅游的内涵和特色，并促进了其自身的可持续发展，这种发展模式在保护自然资源、传承地方文化的同时，也为乡村旅游的多元化、特色化发展提供了有力支撑。

(四)改善农村基础设施

我国很多乡村地区虽然拥有丰富的自然资源，但基础设施相对落后，这在一定程度上制约了乡村经济的发展，如交通不便、饮用水供应困难等问题不仅影响了当地居民的生活质量，也限制了乡村旅游发展的潜力。

乡村旅游的发展为改善农村基础设施提供了新的契机，随着乡村旅游的兴起，游客数量不断增加，这直接带动了地方财政收入的增长；地方政府可以利用这部分收入，加大对农村基础设施的投资力度，优先解决交通、饮用水等关键问题，便利的交通条件可以缩短城乡之间的距离，使游客更加便捷地到达乡村旅游目的地，同时良好的住宿条件和生活设施也是吸引游客的重要因素。提升乡村旅游的接待能力和服务质量，可以进一步吸引游客，形成乡村旅游与基础设施改善、农民收入增加的良性循环。

乡村旅游的发展不仅有助于推动农村经济的多元化发展，还能够促进农村基础设施的改善，提升农民的生活水平，为乡村振兴注入新的活力。

(五)促进农村经济均衡发展

我国传统农业长期以来面临收益低、吸引力不足的问题，导致劳动力、资金等生产要素向城市集中，限制了农村地区的进一步发展，而乡村旅游的兴起为农村经济注入了新的活力，不仅直接增加了农民收入，还显著提升了农村地区吸引生产要素的能力，推动了农业现代化和服务业的升级，促进了一二三产业的融合发展，为农村经济的均衡发展提供了重要支撑。

通过开发农家乐、民宿、采摘园等项目，农民可以将闲置的土地、房屋等资源转化为旅游资源，获得额外的经济收益。乡村旅游还带动了农产品的销售，通过将本地特色农产品与旅游相结合，打造"旅游+农业"的模式，提升了农产品的附加值，进一步增加了农民收入。

随着乡村旅游的兴起，越来越多的资金、技术和人才开始流向农村地区，投资者愿意在乡村旅游项目中投入资金，建设高标准的旅游设施；农业科技企业将现代农业技术引入乡村，推动农业生产的现代化；年轻人返乡创业，为乡村旅游注入新的活力。这些生产要素的流入不仅促进了乡村旅游

的发展,还为农村经济的全面升级提供了重要支撑。

通过将农业生产与旅游体验相结合,乡村旅游促进了农业向观光农业、体验农业等新型业态转型;乡村旅游还带动了服务业的发展,为农村经济注入了新的动力。这种产业融合不仅能够提升农村经济的整体效益,还能为农民创造更多的就业机会,促进农村社会的全面发展。

二、新时代乡村旅游的发展趋势

乡村旅游在我国正处于初步发展的关键时期,一些协会的成立以及公司的加入不仅使乡村旅游的行业特征逐渐明晰,也促使资源规划更加专业化。与此同时,一些实现乡村振兴战略、推动传统文化传承、满足人民更高质量的生活需求等有助于乡村旅游业发展的政策将会陆续推出,旨在彻底贯彻党的十九大报告的号召。未来乡村旅游将会逐步向高效益、高附加值、高质量的方向发展。

(一)高质化的发展趋势

近年来,政府的大力扶持与社会的广泛关注不仅为社会效益和乡村经济收益做出了突出贡献,还帮助村民增强了参与旅游开发的信心。村民信心的提升源于政策的支持、市场的认可以及乡村旅游带来的实际经济效益,当农民具备了足够的信心且农村旅游受到更多的关注时,旅游从业者的综合素质也会在潜移默化中得到提升,这种提升不仅体现在服务技能的改进上,还表现在对乡村旅游发展理念的深刻理解上。村民们逐渐意识到乡村旅游不仅仅是简单的观光活动,而是需要融入文化、生态和服务等多重元素,这样才能实现可持续发展。

随着乡村旅游业不断发展,产品质量和服务标准将进一步提升,为游客们带来更加贴心、便捷、安全、卫生的消费体验,乡村民宿将更加注重舒适性和个性化设计,从传统的简单住宿向精品化、主题化方向发展,满足游客对高品质住宿的需求;餐饮服务将更加注重食品安全与地方特色,通过挖掘传统乡村美食文化,打造独具特色的饮食体验,同时引入科学的管理模式,确保食品卫生和营养均衡;旅游活动将更加注重互动性和文化内涵,通过设计参与性强、文化底蕴深厚的体验项目,如农耕体验、手工艺制作、民俗节庆等,让游客在游玩中感受到乡村的独特魅力。

在当地社会参与、游客需求、市场竞争和政策推动等外在因素的影响下,村民们对乡村旅游的理解与认知将会发生历史性转变,他们将从被动参与者转变为主动推动者,更加注重品牌建设、文化挖掘和生态保护。村民们会主动学习现代管理知识,提升服务质量;会积极参与乡村旅游规划,提出符合本地特色的发展建议;会更加重视环境保护,避免过度开发对乡村生态造成破坏。这种转变不仅能够提升乡村旅游的整体水平,还能增强村民的归属感和自豪感。

乡村旅游将会逐步迎来饮食科学、功能全面、住宿舒适、服务规范等高质化的发展趋势,这种趋势不仅能够提升游客的满意度,还能为乡村经济注入新的活力,助力乡村振兴战略的全面实施,未来的乡村旅游将更加注重细节和品质,从游客的需求出发,提供全方位的优质服务。在饮食方面将结合现代营养学理念,推出健康、绿色的乡村美食;在住宿方面将注重舒适性与文化特色的结合,打造独具风格的乡村民宿;在服务方面将引入专业化的管理模式,确保服务流程的标准化和人性化。

(二)特色化的发展趋势

我国乡村旅游在快速发展的同时,也遇到了诸多发展困境和瓶颈,其中经营模式单一化的问题尤为突出。大量的乡村旅游开发者将"农作物采摘"和"农家乐"作为旅游产品的主题,导致产品同质化严重,缺乏创新和特色,这种单一化的经营模式无法满足新时代背景下游客日益多样化的需求,也在一定程度上限制了乡村旅游发展的稳定性和可持续性。为了突破这一困境,乡村旅游必须走向特色化的发展道路,通过挖掘本地资源和文化,打造独具魅力的旅游产品,从而吸引更多游客并提升市场竞争力。

党的十九大为我国乡村旅游业创新性发展、特色化发展指明了方向。报告强调要推动乡村振兴战略的实施,注重乡村文化的传承与创新,促进乡村经济多元化发展。在这一背景下,乡村旅游开发者应积极将当地传统文化、建筑、生态景观与旅游产品深度融合,开发出极具特色的文艺活动、工艺品、本土美食和自然景点,逐步引领我国乡村旅游走向特色化的发展趋势。

乡村旅游应注重传统文化的挖掘与传承,每个乡村都有其独特的历史文化底蕴,开发者可以通过举办民俗节庆、传统手工艺体验、地方戏曲表演等活动,让游客在参与中感受到乡村的文化魅力。一些地区可以依托非物质文化遗产资源,打造文化体验基地,让游客亲身参与传统技艺的制作过程,如陶艺、编织、剪纸等,这不仅能增强游客的参与感和体验感,还能为当地文化传承注入新的活力。

乡村旅游应充分利用本地生态资源打造独具特色的自然景观,开发者可以根据当地的地形地貌、气候条件和生态环境,设计出与众不同的旅游项目。山区可以开发登山、徒步、露营等户外活动;水乡可以打造划船、垂钓、湿地观光等项目;草原地区则可以推出骑马、牧羊等体验活动。通过将自然景观与旅游活动相结合,乡村旅游能够为游客提供更加丰富和独特的体验。

乡村旅游还应注重本土美食的开发与推广。地方美食是乡村旅游的重要组成部分,开发者可以挖掘传统饮食文化,推出具有地方特色的美食体验项目。开发者可以开设农家厨房,让游客亲自参与食材的采摘和烹饪过程;也可以举办美食节,集中展示和销售本地特色小吃和农产品。通过对美食文化的传播,乡村旅游在吸引更多游客的同时,还能带动当地农产品的销售,促进乡村经济的发展。

最后,乡村旅游应注重特色旅游产品的开发,开发者可以结合本地资源和文化,设计出独具特色的旅游纪念品和手工艺品。开发者利用当地特产制作精美的工艺品,或者将传统文化元素融入现代设计中,推出具有实用性和纪念意义的旅游商品,这些特色产品不仅能够增加旅游收入,还能提升乡村旅游的品牌形象。

(三)功能呈多样化趋势

我国正处于老龄化逐渐加重的时期,同时,随着经济社会的快速发展和人们生活水平的不断提高,乡村旅游的功能需求也发生了显著变化。在这一背景下,人们对保健、生态环境感受、近距离接触大自然以及环境保护等方面的意识显著增强,而且随着经济收入的增加,越来越多的人开始热衷于乡村旅游,在为乡村经济发展注入新的活力的同时,也对乡村旅游的功能提出了更高的要求。传统的以观赏和休闲娱乐为主的乡村旅游模式已无法满足现代游客的多样化需求,乡村旅游的功能正在逐步向教育服务、养老健身、传承传统文化、保护生态环境、体验现代农业等多样化方向拓展。

随着人们对自然和文化的关注度提升,越来越多的家庭选择将乡村旅游作为亲子教育和研学旅行的重要方式,开发者可以结合当地的自然景观、历史文化资源和农业生产实践,设计出具有教育意义的旅游项目,如开设农业科普基地,让游客了解现代农业技术;组织生态考察活动,帮助游客认识自然生态系统的运行规律;开展传统文化体验活动,让年轻一代感受乡村文化的魅力。教育功能的融入,不仅能够丰富游客的体验,还能提升乡村旅游的社会价值。

随着老龄化社会的到来,越来越多的老年人希望在自然环境中享受健康、舒适的养老生活,乡村地区空气清新、环境优美,非常适合发展康养旅游。开发者可以依托乡村的自然条件,打造集休闲、疗养、健身于一体的康养基地,如提供温泉疗养、森林氧吧、田园瑜伽等服务,满足老年人对健康生活的需求;同时还可以结合中医养生文化,推出具有地方特色的健康调理项目,进一步吸引老年游客。

乡村旅游在传承传统文化方面的功能也不容忽视。乡村是传统文化的重要载体,通过乡村旅游,可以让更多人了解和传承地方文化。开发者可以组织民俗表演、传统手工艺制作、地方戏曲欣赏等活动,让游客在参与中感受传统文化的魅力。同时,还可以通过文化展览、乡村博物馆等形式,系统展示乡村的历史和文化,增强游客的文化认同感。

在生态环境保护方面乡村旅游也承担着重要功能。随着人们对环境保护意识的增强,乡村旅游开发者越来越注重生态资源的合理利用和可持续发展,通过设计生态旅游项目,如湿地观光、森林徒步、鸟类观察等,可以让游客在亲近自然的同时,增强环保意识;还可以通过推广绿色农业、有机种植等方式向游客传递生态保护的理念,推动乡村生态环境的改善。

乡村旅游的现代农业体验功能也日益受到游客欢迎。随着农业科技的进步,现代农业呈现出多样化、科技化的特点,开发者可以结合现代农业技术,打造集观光、体验、科普于一体的农业旅游项目,如开设智慧农业展示园,让游客了解现代农业技术的应用;组织农事体验活动,让游客亲身参与种植、采摘等农业生产过程。这些体验不仅能够满足游客的好奇心,还能促进农业与旅游的深度融合。

(四)全域化的发展趋势

通过分析可以发现,大部分去乡村旅游的游客往往不会在目的地过夜,这种现象在一定程度上限制了乡村旅游的整体收益,究其原因主要是旅游项目单一、配套设施不完善以及旅游体验深度不足等。为了有效提升乡村旅游的整体收益,未来的发展将更加注重全域化布局,通过在旅游地周边以及沿途地区增设观赏、娱乐、休闲项目,提升游客在旅游途中的整体体验,并延长他们在旅游目的地的停留时间。全域化的发展趋势不仅能够完善乡村周边地区的娱乐设施,还能推动乡村旅游向更高质量、更广范围的方向发展。

全域化的发展趋势强调将乡村旅游与周边区域资源进行深度融合,打破传统乡村旅游点状分布的局限性,形成以乡村为核心、辐射周边区域的旅游网络,这一过程中旅游开发者将更加注重旅游线路的规划与设计,将沿途的自然景观、文化遗址、特色村落等资源串联起来,打造一条集观光、体验、休闲于一体的旅游线路。旅游开发者可以在乡村旅游目的地周边开发徒步步道、骑行路线等,让游客在前往乡村的途中也能享受到自然风光和户外活动的乐趣;还可以在沿途设置观景平台、休息驿站等设施,为游客提供更加舒适的旅游体验。

在全域化发展的背景下,乡村旅游将更加注重旅游产品的多样性和层次性,除传统的农家乐和农作物采摘,开发者还可以结合当地资源,推出更多具有吸引力的旅游项目。开发者可以依托乡村的自然风光,开发露营基地、星空观测点等特色项目;利用乡村的文化资源,打造民俗文化村、手工艺体验馆等文化体验场所;结合现代农业技术,建设农业科技园、智慧农场等科普教育基地。多样化的旅游项目不仅能够满足不同游客的需求,还能延长游客的停留时间,从而提升乡村旅游的整体收益。

全域化的发展趋势还要求乡村旅游在配套设施和服务水平上进行全面提升,为了吸引更多游客并延长他们的停留时间,乡村旅游目的地需要完善住宿、餐饮、交通等基础设施。可以建设具有地方特色的乡村民宿,提供高品质的住宿体验;开发具有乡村风味的美食街区,满足游客的饮食需求;优化交通接驳服务,方便游客在乡村旅游区域内的流动。通过这些措施,乡村旅游能够为游客提供更加便捷、舒适的旅游环境,进一步增强游客的满意度和忠诚度。

在全域化发展的过程中,乡村旅游还将更加注重与周边区域的协同发展,通过与周边城市、景区、文化遗址等资源的联动,乡村旅游可以形成更大的旅游吸引力。乡村可以与周边城市合作推出"乡村+城市"的旅游套餐,吸引城市游客前往乡村体验田园生活;也可以与周边景区联合打造"乡村+自然"的旅游线路,满足游客对自然风光和乡村文化的双重需求。这种区域协同发展的模式能够扩大乡村旅游的影响力,并带动周边地区的经济发展,实现资源共享、互利共赢。

（五）带动解决"三农"问题

发展乡村旅游对推动农村发展、带动农村经济具有十分重要的意义，将成为解决我国当前存在的农民、农村、农业问题的重要途径。乡村旅游不仅能够为乡村地区带来直接的经济收益，还能通过产业链的延伸，促进农业转型升级、改善农村基础设施、增加农民收入，从而为"三农"问题的解决提供有力支持。乡村旅游项目的开发帮助了许多农村贫困居民实现脱贫，成为脱贫攻坚的重要抓手之一。

乡村旅游能够有效增加农民收入，改善农民生活条件。通过发展乡村旅游，农民可以将闲置的房屋、土地等资源转化为旅游资产，开办农家乐、民宿、采摘园等项目，直接获得经济收益；乡村旅游还能为当地农民提供就业机会，如导游、服务员、手工艺制作等岗位，帮助农民实现就近就业，减少外出务工的压力；乡村旅游还能带动农产品的销售，通过将本地特色农产品与旅游相结合，打造"旅游+农业"的模式，提升农产品的附加值，进一步增加农民收入。

乡村旅游能够促进农业转型升级，推动农业现代化发展。传统农业往往面临生产效率低、市场竞争力弱等问题，而乡村旅游为农业提供了新的发展思路，通过将农业生产与旅游体验相结合，开发者可以打造集观光、体验、科普于一体的现代农业旅游项目。开发者可以建设农业科技园、智慧农场等，让游客了解现代农业技术的应用；推出农事体验活动，让游客亲身参与种植、采摘等农业生产过程。这种"农业+旅游"的模式不仅能够提升农业的经济效益，还能推动农业向绿色、生态、可持续的方向发展。

乡村旅游还能够改善农村基础设施，提升农村人居环境。为了吸引更多游客，乡村旅游目的地需要完善交通、住宿、餐饮等基础设施，这在一定程度上推动了农村地区的建设和发展，如修建乡村公路、改善供水供电设施、建设污水处理系统等，提升了乡村旅游的服务水平，还改善了当地居民的生活条件。乡村旅游的发展还能带动农村文化设施的建设和文化活动的开展，丰富农民的精神文化生活。

乡村旅游能够促进农村社会的全面发展，助力乡村振兴战略的实施。通过发展乡村旅游，农村地区的经济结构将更加多元化，农民的收入来源将更加广泛，农村的生态环境和文化资源将得到更好的保护和利用，这种全面发展不仅能够提升农村的整体竞争力，还能增强农民的幸福感和获得感，为实现乡村振兴战略目标奠定坚实基础。

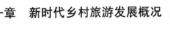

第四节
国内外乡村旅游发展比较与启示

一、国内乡村旅游发展实践经验

(一)辽宁省乡村旅游实践

辽宁省位于中国东北地区,拥有约2110公里的大陆海岸线,自然资源丰富,文化底蕴深厚。2009年,随着滨海公路的通车,辽宁省将分散在沿海各地的景点串联起来,形成了独具特色的滨海文化旅游带。辽宁省政府以此为契机,将乡村旅游作为推动区域经济发展的重要抓手,重点围绕6个沿海城市,整合滨海旅游资源,打造了集都市休闲、湿地生态、海岛度假、滨海风光、温泉疗养、边境旅游等多功能于一体的旅游区域,构建了一条以滨海为轴线的文化旅游廊道,这一举措提升了辽宁省旅游业的整体竞争力,也为乡村旅游的发展注入了新的活力。

辽宁省政府将乡村旅游与民俗文化相结合,深入挖掘乡村的资源优势,形成了"乡村旅游+文化、农业、手工业、体育、医疗康养"的多元化产品体系。例如,通过开发农事体验、手工艺制作、民俗节庆等活动,游客可以亲身参与其中,感受地道的乡土风情;通过结合当地的自然资源,推出健康养生、休闲娱乐等项目,为游客提供全方位的旅游体验。这种创新模式不仅丰富了乡村旅游的内涵,也促进了文化、旅游与其他产业的深度融合,为当地经济发展注入了新的动力。

辽宁省政府还成功打造了一批具有示范意义的乡村旅游示范点,这些示范点不但成为国家级和省级乡村旅游的重点项目,还吸引了大量游客前来体验。如大连的渔家乐、丹东的边境旅游、营口的温泉疗养等都成为辽宁省乡村旅游的亮点,在这些地方游客可以参与农事劳作,品尝地道的乡村美食,体验传统的民俗活动,甚至学习手工艺制作,感受乡村生活的独特魅力。依托于当地的自然景观和历史背景,乡村旅游还涵盖了健康养生、休闲娱乐等多方面内容,为游客提供了多样化的选择。

辽宁省乡村旅游的成功实践不仅促进了当地经济的发展,还带动了农民收入的增加和生活质量的提升。通过发展乡村旅游,许多农民从传统的农业生产中转型,成为旅游服务的提供者,开办农家乐、民宿,销售农产品和手工艺品,实现了收入的多元化;乡村旅游的发展也激发了村民的创业热情,吸引了外出务工人员返乡创业,为乡村注入了新的活力;乡村旅游还促进了城乡之间的交流与互动,让更多的城市居民有机会近距离接触并了解中国丰富多彩的民间文化,增强了文化认同感和归属感。

随着时间的推移,辽宁省的乡村旅游已经形成了一股强大的吸引力,成为很多国内外游客的必访之地。辽宁省通过整合资源、创新模式、提升服务,不仅打造了独具特色的乡村旅游品牌,还为全国乡村旅游的发展提供了宝贵的经验。未来辽宁省将继续深化乡村旅游与文化的融合,推动乡村旅游向更高层次发展,为实现乡村振兴和区域经济协调发展贡献力量。

(二)浙江省乡村旅游实践

浙江省作为中国乡村旅游发展的先行者,以其独特的自然资源、深厚的文化底蕴和创新的发展模式成为全国乡村旅游的标杆。浙江省明确提出要通过乡村旅游带动农副产品销售,并提供具有参与性和体验性的旅游产品,同时打造串联民宿、旅游景点、农家乐等的旅游线路,形成了独具特色的乡村旅游发展模式。浙江省还注重将乡村旅游与农副产品销售相结合,通过旅游带动农业产业链的延伸和升级,使游客在体验乡村旅游的同时还可以参与农事活动,如采摘水果、种植蔬菜、制作传统食品等,这种发展模式不仅增加了农民的收入,还提升了农产品的附加值,并推动农业与旅游的深度融合。浙江省还通过举办农特产品展销会、乡村集市等活动,进一步拓宽农副产品的销售渠道,形成"以旅促农、以农兴旅"的良性循环。

在乡村旅游产品开发中,浙江省特别注重游客的参与性和体验性,设计多样化的体验项目,如传统手工艺制作、民俗文化体验、乡村美食制作等,使游客能够参与其中,感受乡村生活的独特魅力。在丽水的古村落,游客可以学习制作传统竹编工艺品;在安吉的茶园,游客可以体验采茶、制茶的全过程;在莫干山的民宿,游客可以参与农事劳作,享受田园生活的乐趣。这些体验性旅游产品不仅丰富了游客的旅游体验,也增强了乡村旅游的吸引力。浙江省还通过整合乡村旅游资源,打造了多条串联民宿、旅游景点、农家乐等的旅游线路,如杭州的"西湖—龙井茶村—千岛湖"、宁波的"东钱湖—奉化溪口—象山渔村"、温州的"雁荡山—楠溪江—泰顺廊桥"等线路,不仅涵盖了自然景观、文化遗产,还融入了乡村生活体验,为游客提供了多样化的选择。通过优化旅游线路,浙江省不仅提升了乡村旅游的整体吸引力,还促进了区域旅游经济的协调发展。

　　浙江省在乡村旅游发展中,特别注重运营团队的专业化建设,通过建立服务评价规范体系,提升乡村旅游运营团队的服务水平。乡村旅游运营团队以乡村旅游目的地的各类经营户和游客为服务对象,提供顶层设计、市场运营、品质提升、支撑服务等公共产品,确保乡村旅游目的地的良好运行,如莫干山的民宿集群通过引入专业运营团队实现了从单一住宿服务向综合旅游体验的转型升级,成为全国乡村旅游的典范。浙江省在乡村旅游发展中创新地提出了"村落景区运营"概念,通过"公司+村+合作社+个人""乡贤+合作社+农户"等多种模式激活乡村资源,解决了市场开发中的痛点、堵点和薄弱点,如安吉县通过引入专业旅游公司,使其与当地村集体、合作社和农户合作,共同开发乡村旅游项目,形成了"政府引导、企业运营、村民参与"的共赢模式,实现了乡村旅游的可持续发展。

　　浙江省乡村旅游的发展不仅增加了农民收入,还促进了乡村基础设施的改善和社区凝聚力的提升。通过发展乡村旅游,许多乡村实现了从"空心村"到"网红村"的转变,从而吸引了大量游客和投资,推动了乡村经济的振兴。乡村旅游还促进了城乡文化交流,增强了城市居民对乡村文化的认同感和归属感。

(三)山东省乡村旅游实践

　　山东省作为中国乡村旅游发展的重要区域,近年来在政府大力支持和创新实践中取得了显著成效。山东省政府投入1亿元用于乡村旅游项目的发展,这一举措不仅有助于改善农村经济结构、推动经济转型升级,还能激励社会资金投向乡村旅游重点项目,从而使得农村经济发展不再局限于单一的农业生产,而是实现了一二三产业的融合发展,为农民带来了更多的收益,改善了乡村的生产生活条件。山东省的乡村旅游发展注重因地制宜,充分利用当地的自然景观、文化遗产和民俗风情,打造了独具特色的乡村旅游产品,泰安的泰山脚下乡村游、青岛的崂山渔村游、烟台的葡萄酒庄园游等都成为山东省乡村旅游的亮点,不仅吸引了大量游客,还带动了当地农副产品的销售,促进了农业与旅游的深度融合。

　　近年来,山东乡村旅游的节会品牌也越来越受到欢迎,为了更好地传播这一特色,山东省发起和组织了"好客山东·乡村好时节"等多种节会活动,以此来提高知名度,增强乡村旅游品牌的影响力,这些节会活动不仅展示了山东省丰富的乡村文化和自然资源,还为游客提供了多样化的旅游体验。如在"乡村好时节"活动中,游客可以参与农事体验、民俗表演、手工艺制作等活动,感受乡村生活的独特魅力;山东省还通过举办乡村旅游论坛、推介会等活动,进一步提升了乡村旅游的品牌形象和市场影响力。

在乡村旅游发展中,山东省特别注重基础设施的建设和服务的提升,通过政府直接投资和社会资本的引入,许多乡村地区的基础设施得到了显著改善,为乡村旅游的发展提供了有力保障。山东省还加强了对乡村旅游从业人员的培训,通过开展乡村旅游服务技能培训、管理知识讲座等活动,提高了从业人员的专业素质和服务水平,为游客提供了更加优质的旅游体验。

山东省还注重乡村旅游与当地传统文化的结合,通过挖掘和传承传统文化,打造具有地方特色的旅游产品,在曲阜的孔子故里,游客可以参观孔庙、孔府等文化遗产,感受儒家文化的深厚底蕴;在潍坊的风筝之乡,游客可以参与风筝制作和放飞活动,体验传统手工艺的乐趣。这些文化体验项目丰富了乡村旅游的内涵,增强了游客的文化认同感和归属感。

二、国外乡村旅游发展实践经验

(一)德国乡村旅游发展实践

德国作为乡村旅游的发源地之一,其乡村旅游发展历程和经验对全球乡村旅游产业具有重要的借鉴意义。德国乡村旅游的起源可以追溯到17世纪中叶,由于农业生产力的提高和粮食生产过剩,导致农产品价格下跌,农民收入减少。为了改善这一状况,德国政府开始鼓励农民发展乡村旅游,以此作为增加收入、改善农业结构的重要途径。

1. 历史沿革与发展理念

德国乡村旅游的发展经历了从自发到有序、从单一到多元的演变过程,最初农民自发地将闲置的农舍改造为简易的住宿场所,为城市居民提供短期度假服务;随着人们对乡村旅游需求的增加,政府开始介入,将乡村旅游纳入乡村发展的整体规划中,形成了"乡村整合性发展"的理念,这一理念强调乡村旅游不仅是经济产业,更是促进乡村全面振兴的重要手段。

德国政府还制定了一系列扶持政策和措施,如提供低息贷款支持农舍

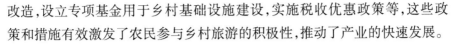

改造,设立专项基金用于乡村基础设施建设,实施税收优惠政策等,这些政策和措施有效激发了农民参与乡村旅游的积极性,推动了产业的快速发展。

2. 主要形式与特色

德国乡村旅游的主要形式是度假农场,这种模式充分利用了农村现有资源,将农业生产与旅游服务有机结合,农民将闲置的农舍、仓库等改造为具有乡村特色的民宿,为游客提供住宿、餐饮等服务;同时游客还可以参与农事活动,体验乡村生活,购买新鲜的农产品。

德国度假农场的特点主要体现在:①小规模经营,政府鼓励小规模、家庭式的经营方式,以保持乡村的自然风貌和纯朴特色;②多元化体验,除了住宿,还提供农事体验、自然教育、手工艺制作等多种活动;③本地化特色,强调突出地方特色,避免同质化竞争;④可持续发展,注重环境保护,提倡绿色经营。

3. 质量保障体系

为确保乡村旅游的服务质量,德国建立了完善的质量保障体系,如德国农民协会负责度假农场的评估和认证工作,制定了严格的质量标准,涵盖住宿条件、卫生标准、服务质量等多个方面。通过认证的农场可以获得"度假农场"标志,这既是对其服务质量的认可,也是对游客的保障。此外,德国还建立了完善的培训体系,农民协会和相关机构定期组织培训课程,内容包括服务技能、经营管理、市场营销等,帮助农民提高经营水平;同时还提供专业的咨询服务,协助农民解决经营中的各种问题。

4. 发展成效与启示

经过长期发展,德国乡村旅游已成为乡村经济的重要组成部分,它不仅增加了农民收入,改善了农村面貌,还促进了城乡交流,保护了传统文化。据统计,德国目前有超过 2 万家度假农场,每年接待游客超过 2000 万人次,创造的经济价值超过 20 亿欧元。

德国乡村旅游的成功经验为我们提供了重要启示:①政府引导与市场运作相结合,政府提供政策支持和基础设施,具体经营由市场主导;②注重特色与品质,保持乡村特色,同时确保服务质量;③强调可持续发展,在发展中注重环境保护和文化传承;④建立完善的支持体系,包括质量认证、培训、咨询等。

德国乡村旅游的发展经验表明,乡村旅游不仅是增加农民收入的有效途径,更是实现乡村全面振兴的重要手段,通过政府引导、市场运作、质量保障和持续创新,乡村旅游可以成为推动乡村发展的重要引擎。

(二)澳大利亚乡村旅游发展实践

澳大利亚作为世界著名的畜牧王国和旅游胜地,其乡村旅游发展独具特色,形成了以观光度假农场为主导的成熟模式。澳大利亚的乡村旅游不仅充分利用了其丰富的自然资源和独特的农牧业优势,还通过创新的产品设计和优质的服务,为游客提供了深度的乡村体验,在国际旅游市场上享有盛誉。

1. 发展背景与资源优势

澳大利亚乡村旅游的兴起与其独特的自然条件和发达的农牧业密不可分。作为世界最大的岛屿国家,澳大利亚拥有广袤的土地和多样的自然景观。从热带雨林到沙漠,从海岸线到内陆草原,为乡村旅游提供了丰富的自然资源基础。另外,澳大利亚发达的畜牧业和现代农业也为乡村旅游提供了独特的产业支撑。

澳大利亚政府高度重视乡村旅游的发展,将其作为促进区域经济发展和增加农民收入的重要途径。各州政府制定了专门的乡村旅游发展规划,提供资金支持和技术指导,鼓励农民参与旅游开发。澳大利亚旅游协会等专业机构也为乡村旅游经营者提供培训和市场推广支持。

2. 主要形式与特色

澳大利亚乡村旅游以观光度假农场为主要形式,这种模式充分利用了澳大利亚的农牧业资源,为游客提供了独特的乡村体验。观光度假农场的主要特点包括:①主题鲜明,每个农场都有明确的主题定位,如畜牧体验、葡萄酒庄园、有机农场等,避免了同质化竞争;②深度体验,游客可以深度参与农场活动,如放牧、挤奶、剪羊毛等,获得真实的农场生活体验;③灵活住宿,农场提供多种住宿选择,游客既可以选择与农场主家庭同住以体验当地生活,也可以选择独立的度假小屋以享受私密空间;④多元化活动,除了农场活动,农场还提供骑马、钓鱼、徒步等户外活动,满足不同游客的需求;⑤文化互动,游客可以通过与农场主交流互动,进而了解澳大利亚的乡村文化和社会生活。

3. 运营模式与服务质量

澳大利亚观光度假农场的成功运营得益于其专业的运营模式和完善的

服务体系:①标准化管理,建立了统一的服务标准和质量控制体系,确保服务质量;②专业培训,为农场主提供专业的旅游服务培训,提高其经营能力;③市场营销,通过统一的品牌推广和在线预订平台,扩大市场影响力;④环境保护,注重可持续发展,实施严格的环境保护措施;⑤社区参与,鼓励当地社区参与旅游开发,确保旅游收益惠及当地居民。

4. 发展成效与经验启示

澳大利亚乡村旅游不仅成为农村经济的重要支柱,创造了大量就业机会并增加了农民收入,还促进了城乡交流,提高了农村社区的生活质量。同时乡村旅游在保护和传承澳大利亚乡村文化方面发挥了重要作用,并通过发展生态旅游推动了环境保护和可持续发展。

澳大利亚乡村旅游的成功经验为我们提供了重要启示:①发展乡村旅游应因地制宜,充分利用本地资源,打造特色旅游产品;②注重游客的深度参与和体验,提升产品吸引力;③建立专业的运营体系,确保服务质量;④持续创新,开发新产品以满足市场需求变化;⑤政府、企业和社区应协同合作,实现多方共赢。

澳大利亚乡村旅游的发展经验表明,通过充分利用本地资源、创新产品设计、提升服务质量和注重可持续发展,乡村旅游可以成为推动农村经济发展的重要力量。

(三)日本乡村旅游发展实践

日本作为亚洲乡村旅游发展的典范,其实践经验对于解决城乡发展不平衡问题具有重要的借鉴意义。日本乡村旅游的兴起源于应对城乡差距扩大、农村衰落的现实挑战,经过数十年的探索和实践,形成了独具特色的发展模式。

1. 发展背景与政策演变

日本乡村旅游的兴起与日本经济社会发展密切相关,20 世纪 60 年代由于日本经济高速增长以及城市化进程加快,农村地区面临农业衰退、人口流失、老龄化加剧等问题。为应对这些挑战,日本政府开始探索通过发展乡村旅游来振兴农村经济。

1992 年日本农林水产省提出"绿色旅游"计划,标志着日本乡村旅游进入系统化发展阶段。该计划旨在通过城乡交流促进农村振兴,主要内容包括完善农村旅游基础设施、开发农业体验项目、举办农村文化活动以及推广当地农产品。2000 年以后日本乡村旅游发展理念发生了重要转变,从单纯追求经济效益转向注重可持续发展,强调城乡共生和文化传承。这一转变体现在重视农业与旅游的深度融合、加强农业文化教育功能、建立城乡互助机制以及注重生态环境保护等方面。

2. 主要形式与特色

日本乡村旅游形成了多样化的产品体系,主要包括:①农庄民宿,利用农舍改造的住宿设施,提供农家餐饮和农业体验,强调与当地居民的交流互动;②农业体验项目,包括农作物种植体验、农产品加工体验等,让游客深入了解农业生产过程;③农村节庆活动,结合当地传统文化,展示特色农产品,促进社区参与,增强文化认同感;④教育旅行,面向学生的农业体验课程、农业知识普及活动和环境保护教育,培养下一代对农业和乡村的理解与热爱。

3. 运营模式与实施机制

日本乡村旅游的成功得益于其独特的运营模式和完善的实施机制:①农协主导,农村农协负责设施建设和活动组织,都市农协负责市场推广和需求对接,建立城乡农协协作机制;②社区参与,鼓励当地居民参与旅游开发,建立利益共享机制,促进社区凝聚力提升;③标准化管理,制定统一的服务标准,实施质量认证制度,建立投诉处理机制,确保服务质量;④人才培养,开展专业培训课程,培养乡村旅游指导员,建立人才交流机制,提升从业人员素质。

4. 发展成效与经验启示

日本的乡村旅游不仅在经济层面增加了农民收入、创造了就业机会、促进了农产品销售,还推动了农村经济的整体发展,成为乡村振兴的重要引擎。乡村旅游改善了农村基础设施,促进了城乡之间的交流与互动,有效缓解了人口流失问题,提升了农村社区的活力和凝聚力。乡村旅游为传统农业文化的传承提供了平台,增强了农村居民的文化自信,同时也促进了文化创新与发展,使乡村文化在现代化进程中焕发新的生机。乡村旅游的发展还推动了生态农业的实践,改善了农村人居环境,为实现可持续发展奠定了坚实基础。

日本乡村旅游的成功经验为我们提供了重要启示:①政府引导与市场运作相结合是推动乡村旅游发展的关键,政府通过政策支持和基础设施建设为乡村旅游创造良好环境,而市场机制则在资源配置中发挥决定性作用,同时建立多方参与的合作机制,确保各方利益得到平衡;②注重特色与品质是乡村旅游可持续发展的核心,通过突出地方特色、确保服务质量、建立标准化体系,可以有效提升乡村旅游的竞争力;③强调可持续发展是乡村旅游长期繁荣的保障,在追求经济效益的同时,必须注重生态保护和文化传承,建立长效机制,确保发展的可持续性;④重视社区参与是乡村旅游成功的重要基础,通过确保当地居民利益、促进社区能力建设、增强社区凝聚力,帮助实现共同发展,使乡村旅游真正成为惠及当地社区的发展方式。

日本乡村旅游的发展经验表明,通过系统规划、创新模式、完善机制和持续投入,乡村旅游可以成为解决城乡发展不平衡问题、实现乡村振兴的重要途径之一。

三、国内外乡村旅游发展经验启示

(一)国内乡村旅游发展经验启示

国内部分地区乡村旅游展示了"公司+村+合作社+个人"等多种模式的有效性和潜力,为全国乡村旅游的转型升级提供了宝贵的实践参考。这些经验体现了资源整合、政府引导、特色打造、品牌建设等方面的创新,展示了乡村旅游在推动乡村振兴、促进农民增收、传承传统文化等方面的重要作用。

1. 资源整合与多元化发展

整合当地自然资源、文化资源和产业资源,使之形成独特的乡村旅游吸引力,是国内乡村旅游成功的重要经验之一。浙江省安吉县通过整合竹林资源、茶文化资源和生态资源,打造了"中国竹乡"和"白茶之乡"的乡村旅游品牌,吸引了大量游客,同时开发多种旅游活动,如农事体验、手工艺制作、民俗节庆等,满足不同游客的需求,这种多元化的发展模式丰富了乡村旅游的内涵,增强了游客的参与感和满意度,为当地经济带来了显著的增长效应。

2. 政府引导与资金投入

政府在乡村旅游发展中扮演着至关重要的角色,通过财政拨款、税收优惠等方式为乡村旅游项目提供资金支持,降低企业和个人参与的风险。山东省政府投入1亿元用于乡村旅游项目的发展,改善了农村基础设施,同时还吸引了大量社会资本投入乡村旅游领域。此外,政府还通过公私合营模式引导企业参与乡村旅游投资,实现资源的最优配置,这种政府引导与资金投入的模式为乡村旅游的快速发展提供了强有力的支持。

3. 特色打造与规范管理

注重保护和传承当地特色文化,打造独特的乡村风貌和品牌形象,是国内乡村旅游成功的关键,如云南省丽江古城通过保护和修复传统建筑、传承纳西族文化,打造了独具特色的乡村旅游品牌,成为国内外游客的热门目的地。引入专业人才对乡村旅游项目进行规范管理,提升服务质量,如浙江省莫干山民宿集群通过引入专业运营团队,实现了从单一住宿服务向综合旅游体验的转型升级。制定民宿管理规范,确保游客的住宿体验,也是提升乡村旅游服务质量的重要举措。

4. 品牌建设与市场营销

通过挖掘和整理当地的历史文化、民俗风情,打造独特的乡村旅游品牌,是国内乡村旅游成功的重要经验,如陕西省袁家村通过挖掘关中民俗文化,打造了"关中印象体验地"的乡村旅游品牌,吸引了大量游客。利用传统节日、地方习俗等开展相关活动,提升品牌知名度和影响力,如山东省通过举办"好客山东·乡村好时节"等节会活动,增强了乡村旅游的品牌影响力。利用互联网和新媒体进行广泛宣传,也是提升乡村旅游知名度的重要手段,如通过社交媒体平台发布乡村旅游的精彩瞬间和特色活动,吸引更多游客关注和参与。

5. 滨海文化旅游带开发

依托独特的滨海资源,开发海洋主题旅游产品,是国内乡村旅游发展的又一成功经验,如辽宁省通过整合滨海旅游资源,打造了集都市休闲、湿地生态、海岛度假、温泉疗养等功能于一体的滨海文化旅游带,吸引了大量游客。将海洋文化与当地传统文化相结合,打造具有地方特色的文化旅游产品,如福建省湄洲岛通过挖掘妈祖文化,打造了独具特色的海洋文化旅游品牌,成为国内外游客的热门目的地。这种滨海文化旅游带的开发模式丰富了乡村旅游的产品体系,提升了乡村旅游的吸引力和竞争力。

(二)国外乡村旅游发展经验启示

国外乡村旅游的成功经验,尤其是在政策支持、生态保护、产品创新、政府引导以及品牌建设等方面的做法,为国内乡村旅游的转型升级带来了重要启示。

1. 实施税收优惠政策

许多国家通过税收优惠政策支持乡村旅游的发展,如对乡村旅游相关产业实行减税或免税政策,降低企业的运营成本,激发其投资热情和创新能力,这些政策不仅能够吸引更多社会资本投入乡村旅游领域,还能推动乡村旅游产业的快速发展。德国和法国通过减免乡村旅游企业的所得税和增值税,鼓励农民将闲置农舍改造为民宿,促进了乡村经济的振兴。税收优惠政策的实施,不仅降低了企业的经营压力,还提高了乡村旅游的竞争力,为游客提供了更多优质且价格合理的旅游产品。税收优惠政策还能够吸引更多的中小型企业进入乡村旅游市场,促进市场竞争,推动服务质量的提升。

2. 农业生产与农村生态相结合

国外许多国家注重将农业生产与农村生态保护有机结合,强调农村环境的保护和改善,如建设生态农业、绿色农业等项目,提高了农产品的质量,增加了农民收入,还改善了农村的生态环境,为乡村旅游提供了优美的自然环境。日本的"绿色旅游"计划强调农业与旅游的深度融合,通过发展有机农业和生态农场,吸引城市居民到乡村体验农耕生活,这种模式不仅提升了乡村旅游的吸引力,还促进了农业的可持续发展,实现了经济与生态的双赢。生态农业的发展还能够增强游客的文化体验,使其在享受自然风光的同时,了解农业生产的全过程,增强对乡村文化的认同感。

3. 多元化旅游体验

国外乡村旅游的成功经验表明,多元化的旅游体验是吸引游客的关键,将自然探险、自然园林、农事体验、野外生活等多种旅游元素融为一体,可以为游客提供丰富多彩的旅游体验,如澳大利亚的观光度假农场不仅提供住宿和餐饮服务,还设计了挤牛奶、剪羊毛、骑马等农事体验活动,让游客在亲近自然的同时感受乡村生活的宁静与美好。这种多元化的旅游体验满足了游客的多样化需求,增强了乡村旅游的吸引力和竞争力,还能够延长游客的停留时间,增加旅游消费,为当地经济带来更多的收益。

4. 政府引导与支持

政府在乡村旅游发展中扮演着至关重要的角色,政府应提供资金支持,用于乡村旅游基础设施建设和资源开发,如意大利政府通过设立专项基金,支持乡村地区的道路、供水、供电等基础设施建设,为乡村旅游的发展创造了良好的条件。政府应制定乡村旅游发展规划,明确发展方向和目标,为乡村旅游的可持续发展提供指导,如韩国政府通过制定"乡村旅游振兴计划",明确了乡村旅游的发展重点和支持措施,推动了乡村旅游的快速发展。政府还应引导社会资本投入乡村旅游领域,通过公私合营模式推动乡村旅游产业的快速发展。政府的引导与支持不仅能够为乡村旅游提供必要的资源和保障,还能够增强投资者和经营者的信心,促进乡村旅游的长期发展。

5.农旅融合与品牌建设

推进农旅融合是乡村旅游发展的重要方向,通过将本地的农耕文化融入乡村旅游中,打造具有地方特色的乡村旅游品牌,如法国的葡萄酒庄园旅游将葡萄种植、酿酒工艺与旅游体验相结合,形成了独具特色的乡村旅游品牌,吸引了大量国际游客。同时推动农业生产方式的现代化,提高农产品附加值,形成品牌效应和规模效应,如新西兰通过发展有机农业和生态农场,打造了"纯净新西兰"的乡村旅游品牌,提升了乡村旅游的知名度和影响力。农旅融合与品牌建设的发展模式可以增强乡村旅游的竞争力,促进农业的转型升级,还能够增强游客的忠诚度,使其成为乡村旅游的长期客户。

6.社区参与与利益共享

国外乡村旅游的成功经验还表明,社区参与是乡村旅游可持续发展的重要保障,通过鼓励当地居民参与旅游开发,建立利益共享机制,确保旅游收益惠及当地社区,如泰国的社区旅游模式通过成立合作社,让村民共同参与旅游项目的开发和运营,实现了旅游收益的公平分配,这种模式既增强了社区的凝聚力,还提高了村民的生活质量,为乡村旅游的可持续发展奠定了坚实基础。社区参与还能够增强游客的文化体验,使其在旅游过程中感受到当地居民的友好和热情,增强对乡村旅游的认同感。

7.数字化与智能化应用

随着数字技术的发展,国外乡村旅游开始广泛应用智能化技术,以提升服务质量和游客体验。如西班牙的乡村旅游通过开发智能预订系统和虚拟现实(VR)技术,为游客提供个性化的旅游服务和沉浸式的文化体验。数字化与智能化的应用提高了乡村旅游的运营效率,还增强了游客的参与感和满意度。数字化技术还能够为乡村旅游提供精准的市场分析和预测,帮助经营者更好地了解游客需求,优化产品设计和服务内容。

第二章
消费需求变化对乡村旅游的影响

　　随着社会的不断进步和人们生活品质的提升,乡村旅游的消费需求正经历着一场深刻变化,现代消费者已不再满足于传统的观光式旅游,他们愈发向往自然、健康且富含文化底蕴的旅游体验,这促使乡村旅游逐渐摆脱单一的观光模式,朝着多元化、个性化的方向发展。乡村旅游经营者必须紧跟市场动态,敏锐捕捉消费者的新需求,并灵活调整经营策略,以丰富多样的旅游产品来满足消费者日益增长的差异化需求。从简单的农家乐到深度的文化体验,从单一的景观游览到多元化的活动参与,乡村旅游正在不断拓展其内涵与外延。同时,体验经济的兴起也对乡村旅游提出了新的要求,经营者需要注重深度体验设计,通过提供多样化的体验活动、精心打造独特的旅游场景以及营造浓厚的文化氛围,来增强游客的参与感和满足感。这些变化不但提升了乡村旅游的吸引力,也促进了乡村旅游产业的转型升级和可持续发展。

第一节
乡村旅游消费需求及其特征

一、乡村旅游消费需求类型及变化

（一）乡村旅游消费需求类型

　　随着社会经济的发展和消费观念的转变,乡村旅游消费需求呈现出多样化和复杂化的特点。乡村旅游消费群体及其动机更加多元化,年轻化趋势尤为明显,越来越多的游客选择到乡村游,不仅是为了观光游览,更是为了远离城市的喧嚣和水泥建筑的压抑,到乡村呼吸清新空气、放松身心、回归自然。基于消费群体和出行动机的视角,乡村旅游消费需求主要分为物质性需求、体验性需求和精神性需求三类,这三类需求既相互独立又相互交织,共同构成了乡村旅游消费的核心驱动力。

1. 物质性需求

物质性需求是乡村旅游消费的基础,主要依托原始农业生产和乡村的自然资源。这类需求包括对乡村自然风光、生态环境、农副产品等的消费,是游客选择乡村旅游的最初动机和基本保障。物质性需求的特点是弹性较小、易于满足,是游客以往出行的首要考虑。

在乡村旅游的早期发展阶段,物质性需求是吸引游客的主要因素。游客选择到乡村旅游,往往是为了逃离城市的喧嚣,享受乡村的宁静与自然风光,许多游客喜欢在乡村漫步,欣赏田园风光,呼吸新鲜空气,感受大自然的魅力。乡村的农副产品也是吸引游客的重要因素,游客希望通过乡村旅游品尝地道的农家饭菜,购买新鲜的蔬菜、水果、禽蛋等农副产品,体验乡村生活的淳朴与自然。这种物质性需求不仅满足了游客的基本生活需求,还为他们提供了独特的感官享受。

随着消费升级和旅游市场的成熟,物质性需求在乡村旅游中的地位逐渐下降,游客对乡村旅游的期望不再局限于物质层面的满足,而是更加注重体验性和精神性需求。游客希望享受乡村的自然风光的同时,还希望通过参与农事活动、学习传统手工艺、体验民俗文化等方式,获得更深层次的旅游体验。尽管如此,物质性需求仍然是乡村旅游的基础,它为游客提供了必要的物质保障和感官享受,是乡村旅游体验的重要组成部分。在乡村旅游的发展过程中,物质性需求与精神性需求相辅相成,共同构成了乡村旅游的丰富内涵与独特魅力,因此,乡村旅游经营者应继续关注并满足游客的物质性需求,同时注重提升体验性和精神性需求的满足度,以实现乡村旅游的持续健康发展。

2. 体验性需求

体验性需求是现阶段乡村旅游消费的主要驱动力,侧重于游客对乡村生产、生活、劳作及特色文化活动的参与,这类需求强调游客的亲身参与和互动体验,如参与农事活动(采摘、种植、喂养动物)、学习传统手工艺(编织、陶艺)、体验民俗文化(节庆活动、民间艺术表演)等。体验性需求的核心在于让游客通过亲身参与,感受乡村生活的独特魅力,获得不同于城市生活的体验感,这种需求不仅满足了游客对新鲜感和趣味性的追求,还增强了游客与乡村之间的情感连接,成为乡村旅游吸引力的重要来源。

　　游客对乡村旅游的期望从简单的观光游览转向深度体验。他们希望通过参与乡村的生产、生活和文化活动,获得独特的旅游体验。许多游客喜欢参与农事活动,如采摘水果、种植蔬菜、喂养动物等,这些农事活动不仅让游客感受到了农业生产的乐趣,还让他们了解乡村生活的艰辛与美好。民俗文化体验是体验性需求的另一重要方面,许多乡村旅游目的地通过举办节庆活动、民间艺术表演等方式,展示当地的传统文化和风俗习惯。如游客可以参与乡村的丰收节、庙会、婚礼等传统活动,感受乡村文化的独特魅力。这种文化体验丰富了游客的旅游内容,增强了游客对乡村文化的认同感和归属感。

　　体验性需求的满足不仅提升了游客的旅游体验,还为乡村旅游目的地带来了显著的经济效益和社会效益。通过设计丰富的体验项目,乡村旅游目的地可以吸引更多游客,延长游客的停留时间,增加旅游消费。体验性需求的满足还可以促进乡村文化的传承和发展,通过让游客参与传统手工艺制作、民俗文化活动等,乡村旅游目的地可以激发当地居民对传统文化的自豪感和保护意识,推动乡村文化的传承和创新。

　　乡村旅游从业者需要进一步挖掘和开发体验性需求,通过设计多元化、个性化的体验项目,满足游客对深度体验的追求;乡村旅游从业者可以结合当地资源和文化特色,开发更多具有地方特色的体验活动,如乡村音乐会、自然探险、生态教育等;乡村旅游从业者还可以通过引入现代科技,如虚拟现实(VR)、增强现实(AR)等技术提升体验项目的互动性和趣味性,为游客提供更加丰富和深刻的旅游体验。

　　3.精神性需求

　　精神性需求是乡村旅游消费的高级形态,主要依托乡村特色地域文化、自然景观与研学、新兴业态的结合,旨在帮助消费者改善和提高自身素质、文化修养、道德修养等,这类需求的核心在于通过乡村旅游获得精神上的满足和升华,反映了消费者对高品质生活和内在成长的追求。随着社会经济的快速发展和生活节奏的加快,越来越多的人希望通过乡村旅游逃离城市的喧嚣,回归自然,寻找内心的宁静与平衡,这种精神性需求不仅推动了乡村旅游的转型升级,还为乡村旅游注入了新的文化内涵和精神价值。

乡村的自然风光、清新的空气、慢节奏的生活方式为游客提供了一个远离城市喧嚣、放松身心的理想场所。许多游客选择乡村旅游,是为了在田园风光中散步、在乡间小路上骑行、在田野间冥想,感受大自然的宁静与美好。这种与自然的亲密接触不仅能够缓解压力,还能够帮助游客重新审视自己的生活,从而找到内心的平衡与满足。

乡村是传统文化的重要载体,许多乡村保留了丰富的民俗文化、传统手工艺和历史遗迹,游客希望通过乡村旅游,感受传统文化的魅力,增强对乡村文化的认同感和归属感。游客可以参与乡村的节庆活动、学习传统手工艺、参观历史遗迹,通过这些活动了解乡村的历史和文化,感受传统文化的深厚底蕴,这种文化体验既丰富了游客的旅游内容,又增强了游客对乡村文化的认同感和归属感。

随着教育观念的转变,越来越多的家长希望通过乡村旅游让孩子在自然和文化中获得成长,许多乡村旅游目的地顺势而为,推出了自然教育、文化考察、生态研学等项目,让孩子在参与中学习知识、培养能力、提升素质。这种研学活动不仅能够满足孩子的好奇心和求知欲,还能够帮助他们树立正确的价值观和人生观。除此之外,研学活动也为成人提供了学习和成长的机会,一些乡村旅游目的地推出了成人研学项目,如传统文化研修、生态农业学习等,帮助游客在旅游中获得知识和成长。

由于现代生活压力的增加,越来越多的人开始寻求通过乡村旅游来达到身心的放松与平衡。因此,一些乡村旅游目的地推出了冥想、瑜伽、太极拳等身心修养项目,帮助游客在自然环境中放松身心、调整状态,这种结合自然与人文的身心修养方式,不仅满足了现代人对于健康生活方式的追求,也为乡村旅游增添了新的活力与魅力,促进了乡村旅游产业的多元化发展。

近年来,随着消费者对于精神文化需求的日益增长,精神性需求越来越受到人们的青睐,成为乡村旅游发展的重要趋势。众多乡村旅游地积极响应这一变化,深入挖掘和开发精神层面的旅游资源,推出了一系列丰富多样的旅游产品和服务。从深度文化体验到寓教于乐的研学活动,再到修养身心的特色项目,这些创新举措不仅极大地丰富了乡村旅游的内涵,还精准地满足了游客对高品质、深层次精神文化体验的追求,推动了乡村旅游向更高层次、更多元化的方向发展。

（二）乡村旅游消费需求变化

我国乡村旅游已进入快速发展阶段,旅游消费模式正逐步从传统的观光旅游向休闲旅游、度假旅游模式转变,这一转变反映了消费者对旅游品质的更高追求,也推动了乡村旅游从粗放式发展向精细化运营的转型。可持续化发展和品质化发展将是乡村旅游的必然选择,这就要求乡村旅游项目必须依托当地自然环境和特色文化,通过产业创新,将乡村特色自然资源、悠久的历史文化和恬淡的生活方式作为核心吸引力,形成种类多元、档次适中的旅游产品体系,并积极打造优越的观光环境和完善的配套设施,让游客在游览过程中彻底放松身心,获得深度的旅游体验。

过去的乡村旅游主要以观光为主,游客的消费行为集中在"到此一游"的打卡式体验,然而随着消费者对旅游品质要求的提高,越来越多的游客希望通过乡村旅游获得放松、休闲和深度体验,游客更倾向于选择在乡村民宿中度过一个悠闲的周末,参与农事活动、手工艺制作,或是享受乡村的宁静与自然风光,这种消费需求的变化推动了乡村旅游从单一的观光模式向多元化、深度化的休闲度假模式转型。随着环保意识的增强,游客对乡村旅游的环境质量和服务品质提出了更高要求。乡村旅游项目必须注重生态环境的保护和资源的可持续利用,通过开发绿色旅游产品、推广生态农业、建设环保设施等方式实现经济效益与生态效益的平衡。同时乡村旅游还需要提升服务品质,通过优化住宿条件、完善配套设施、提供个性化服务等方式满足游客对高品质生活的追求。一些乡村旅游目的地通过建设高端民宿、设计深度体验项目、提供定制化服务,吸引了大量追求品质生活的游客。

文化因素是乡村旅游规范化、持续健康发展的根本保证。游客参与乡村旅游,期望亲身体验当地深厚的历史文化底蕴、丰富的民俗风情以及独特的传统生活方式,以此获得精神上的深度满足与升华。为此,乡村旅游项目需深入挖掘并利用当地的文化资源,巧妙地将文化元素融入各项旅游产品和服务中。举办民俗节庆活动,展示传统手工艺,开发富有教育意义的文化研学项目,这些举措都能极大地增强游客的文化沉浸感与体验感。文化与旅游深度融合,不仅能够提升乡村旅游的吸引力,还能够促进乡村文化的传承和发展。

产业化发展是指通过整合资源、优化产业链,实现乡村旅游的规模化、专业化运营。实施"公司+村+合作社+个人"等多元化合作模式,能够有效促进乡村旅游资源的合理配置与高效利用。规范化发展是指通过制定服务标准、加强行业监管，提升乡村旅游的服务质量和市场竞争力。具体而言，制定民宿管理规范、培训从业人员、建立服务质量评价体系等措施，都是提升乡村旅游规范化水平的有效途径。而特色化发展是指通过挖掘和利用当地的自然资源和文化特色，打造独具特色的乡村旅游品牌。开发特色农副产品、设计独特的旅游线路、举办地方特色文化活动等，都是增强乡村旅游吸引力、提升竞争力的关键举措。三管齐下，共同推动乡村旅游的全面发展。

乡村旅游消费需求的变化反映了消费者对旅游品质的更高追求，也为乡村旅游的转型升级提供了新的机遇。乡村旅游从业者需要紧跟消费趋势，通过可持续化发展、品质化发展、文化融合和产业化运营，满足游客对高品质生活的追求，从而实现乡村旅游的可持续发展。这种以休闲度假为核心、以文化内涵为支撑的旅游模式不仅能够提升游客的满意度和忠诚度，还能够为乡村旅游注入新的活力，推动乡村旅游向更高层次发展。

二、乡村旅游消费需求的新特点

（一）从数量的要求提升为品质的要求

在消费升级的背景下，消费者的需求从对数量的追求逐渐转向对品质的追求。品质不仅仅代表产品的质量、性能，更涵盖了产品的个性、特色和用途。随着商品数量的不断丰富和消费需求的不断提升，消费者已经不再满足于一般性的数量堆积和质量优异，而是更加注重产品的独特性和体验感，这种转变反映了消费者对生活品质的更高追求，尤其是在身份归属感、优越性、环保性、人性化设计以及群体认同感等方面的需求日益凸显。

在物质生活日益丰富的今天，消费者希望通过消费来体现自己的身份、品位和生活态度。选择高端定制化的旅游产品、购买环保可持续的农副产品或是体验具有文化内涵的乡村生活，都成为消费者表达自我价值的方式，这种消费行为不仅满足了物质需求，更满足了精神层面的追求，使消费者在消费过程中获得归属感和优越感。随着环保意识的增强，消费者更加倾向于选择对环境友好的产品和服务。游客更愿意选择生态农场、绿色民宿等环保型旅游产品，这不仅体现了对自然环境的尊重，也符合现代消费者对可持续发展的追求。人性化设计也成为提升产品品质的重要因素，无论是旅游设施的设计,还是服务流程的优化,都需要充分考虑消费者的实际需求和体验感受,以提供更加贴心、舒适的服务。

在社交媒体高度发达的今天,消费者希望通过消费来获得群体的认同和认可。选择网红民宿、打卡特色景点、参与热门活动等,都是消费者追求群体认同感的表现。同时消费者也希望成为潮流的引领者,通过选择独特、新颖的产品和服务展现自己的个性和品位,这种消费心理推动了乡村旅游产品的不断创新和升级,以满足消费者对个性化和引领感的需求。特别是新生代消费者,他们生长于商品充足的时代,对消费的需求更加注重品质的保证和提升,精致、个性、情调、轻奢成为他们消费的基本起点。新生代消费者不仅关注产品的实用性,更注重产品的情感价值和文化内涵。在乡村旅游中,他们更倾向于选择具有设计感的高端民宿、参与深度体验的农事活动,或是品尝具有地方特色的美食,这种消费需求推动了乡村旅游从传统的观光模式向高品质、深度体验模式转型。

消费升级下的需求新特点体现了消费者对品质、个性、环保和群体认同感的追求,这种转变不仅对乡村旅游产品的设计和开发提出了更高要求,也为乡村旅游的转型升级提供了新的机遇。乡村旅游从业者需要紧跟消费趋势,提升产品品质,优化服务体验,并融入文化内涵,以满足消费者对高品质生活的追求,从而实现乡村旅游的可持续发展。

(二)从结果的要求提升为体验的要求

在消费升级的背景下,消费者的需求从对结果的追求逐渐转向对体验的追求。结果型的追求关注的是"我得到了什么",其核心在于是否拥有某种商品或服务;而体验型的追求则关注"我感受到了什么",其核心在于是否在消费过程中获得了愉悦和满足。这种转变反映了消费者对消费过程的重视,尤其是在全民追求"仪式感"的今天,提升消费体验成为商家抓住消费者的关键。

消费体验的提升不仅取决于产品本身,还包括消费的环境、时间、氛围以及与商家的互动等综合过程。在乡村旅游中,游客不仅关注住宿条件和餐饮质量,更注重整个旅游过程中的体验感。一个成功的乡村旅游项目不仅需要提供舒适的住宿和美味的食物,还需要营造独特的乡村氛围,设计丰富的体验活动,如农事体验、手工艺制作、民俗节庆等,让游客在参与中感受到乡村生活的魅力。此外,与商家的互动也是提升消费体验的重要环节,通过提供个性化的服务、贴心的关怀和及时的反馈,商家可以增强游客的满意度和忠诚度。

在社交媒体高度发达的今天,消费者不仅关注消费过程中的体验,还注重消费后的分享和评价。通过分享自己的旅游经历、美食体验和活动参与,消费者不仅能够记录美好的瞬间,还能够获得他人的关注和认同,这种分享行为是对消费体验的延伸,也是对商家服务质量的反馈。游客在社交媒体上分享自己在乡村旅游中的美好体验,能够提升乡村旅游的知名度,还能够吸引更多潜在游客的关注。因此,商家需要注重消费后的服务,通过提供优质的售后服务和互动平台增强消费者的满意度和忠诚度。

在消费过程中,细节往往决定成败。在乡村旅游中,商家可以通过提供个性化的欢迎仪式、定制化的旅游路线、贴心的服务细节,增强游客的体验感。商家还需要关注游客的个性化需求,通过提供多样化的产品和服务,满足不同游客的需求。比如,针对家庭游客,可以提供亲子活动和家庭套餐;针对情侣游客,可以提供浪漫的晚餐和私密的住宿环境;针对团体游客,可以提供团队建设活动和集体娱乐项目。这种个性化的服务能够提升游客的体验感,增强游客的满意度和忠诚度。

从结果的要求提升为体验的要求,反映了消费者对消费过程的重视和对个性化服务的追求,这种转变对商家的服务能力提出了更高要求,为乡村旅游的转型升级提供了新的机遇。乡村旅游从业者需要紧跟消费趋势,提升消费体验、优化服务细节、注重个性化需求,满足消费者对高品质生活的追求,从而实现乡村旅游的可持续发展。这种以体验为核心的消费模式能够提升游客的满意度和忠诚度,为乡村旅游注入新的活力,进而推动乡村旅游向更高层次发展。

(三)从物质的要求提升为精神的要求

在消费升级的背景下,消费者的需求从对物质的追求逐渐转向对精神的追求。当下消费更加注重精神的满意和满足,消费者不仅关注商品的实际功能和质量,更注重消费过程中内心的感受和情感的共鸣,这种转变反映了消费者对个性化、情感化和文化内涵的更高追求。

在消费过程中,消费者倾向于选择能够彰显个性与品位的产品和服务,以此体现自我价值和生活态度。乡村旅游的游客除了关心住宿的舒适度与餐饮的品质外,更加重视能否通过旅游经历获得心灵的平静与满足。

一个成功的乡村旅游项目既要提供舒适的住宿环境与美味的食物,也要营造独特的文化氛围,并设计多样的体验活动,例如农事体验、手工艺制作、民俗节庆等,让游客在亲身参与中深刻感受乡村生活的魅力及其深厚的文化底蕴。

消费者在选择商品时,已越过了单纯关注实际功能和质量,更加注重消费过程中所带来的情感体验与文化共鸣。同样在乡村旅游领域,游客的关注点也不仅限于住宿条件和餐饮质量,他们更加看重的是能否通过旅游体验深入感受乡村的文化底蕴与人文情怀。这种精神层面的满足不仅极大地增强了游客的体验感,也显著提升了他们的满意度与忠诚度。

另外,消费者的需求正经历着从理性向感性与理性并重的转变。在乡村旅游中,游客在考量旅游产品的性价比和服务质量的同时,更加追求通过体验获得情感上的满足与认同。这种结合理性与感性的需求模式进一步提升了消费者的满意度与忠诚度,为乡村旅游向更高层次的发展注入了动力。

从物质需求向精神需求的转变凸显了消费者对个性化、情感化及文化内涵的深层次追求,这一转变不仅对乡村旅游服务者的能力提出了更高要求,也为乡村旅游的转型升级提供了新的契机。为了适应这一消费趋势,乡村旅游从业者需紧跟步伐,通过增强精神层面的满足感、优化服务细节以及满足个性化需求,来回应消费者对高品质生活的向往,从而确保乡村旅游的可持续发展。

(四)从大众化的要求提升为分众化的要求

随着我国经济的发展和人民生活水平的不断提高,旅游消费需求发生了显著变化,从过去的大众化、标准化逐渐向分众化、个性化转变,这种转变不仅反映了消费者对旅游体验的更高追求,也体现了旅游行业从粗放式发展向精细化运营的转型。由于我国现代旅游发展起步较晚,旅游需求与经济发展呈现出协同跟进的过程。如今随着消费者经济水平的提升和消费观念的升级,游客对旅游的体验要求从过去的大众化逐渐向私人定制化发展,这一趋势在近几年表现得尤为明显,且消费群体更趋于年轻化。

过去旅游消费主要以大众化的观光旅游为主,游客多集中在热门景点。然而随着消费者对旅游体验的深度和个性化需求的增加,传统的热门景点已无法满足所有人的需求,越来越多的游客开始追求小众化、特色化的旅游目的地和体验方式,乡村旅游、生态旅游、文化体验游等逐渐成为热门选择。这种分众化的需求推动了旅游市场的细分,促使旅游从业者根据不同人群的需求,开发多样化的旅游产品和服务。

随着年轻消费群体的崛起,个性化、定制化的旅游体验越来越受到青睐,年轻游客更注重旅游的独特性和参与感,希望通过旅游展现自己的个性和生活方式。在乡村旅游中,年轻游客更倾向于选择具有设计感的高端民宿、参与深度体验的农事活动,或是探索未被过度开发的乡村秘境,这种个性化需求既推动了旅游产品的创新,也促使旅游从业者更加注重服务细节和体验设计,以满足不同游客的独特需求。

过去游客多集中在知名景区,导致热门景点人满为患,旅游体验大打折扣。如今越来越多的游客开始将目光转向乡村、田野、山林等自然风光优美、文化底蕴深厚的地方,这些地方不仅能够提供宁静舒适的旅游环境,还能让游客在远离城市喧嚣的同时,感受自然与文化的魅力。一些偏远乡村通过开发特色民宿、农事体验、民俗文化展示等项目,吸引了大量追求深度体验的游客。

分众化需求的崛起对旅游行业提出了新的挑战和机遇。一方面,旅游从业者需要根据不同人群的需求开发多样化的旅游产品和服务,以满足消费者的个性化需求。比如,针对家庭游客,可以提供亲子活动和家庭套餐;针对年轻游客,可以提供探险活动和社交体验;针对老年游客,可以提供康养旅游和文化体验。另一方面,旅游从业者还需要注重服务质量的提升,通过提供个性化、定制化的服务,增强游客的满意度和忠诚度。

从大众化的要求提升为分众性的要求,反映了消费者对旅游体验的更高追求和旅游行业的转型升级,这种转变推动了旅游市场的细分和产品的创新,也为乡村旅游等新兴旅游形式的发展提供了新的机遇。旅游从业者需要紧跟消费趋势,通过开发个性化、定制化的旅游产品和服务,满足消费者对高品质旅游体验的需求,从而实现旅游行业的可持续发展。以分众化需求为核心的旅游模式不仅能够提升游客的满意度和忠诚度,还能够为旅游行业注入新的活力,推动旅游市场向更高层次发展。

第二节
消费偏好多元化与乡村旅游策略调整

一、乡村旅游消费偏好的具体表现

旅游消费偏好指的是游客在特定的旅游目标或心理需求基础上,对旅游项目、活动内容及相关服务的主观评价和认知。它是消费者在旅游决策过程中表现出的倾向性选择,反映了游客对旅游体验的个性化需求和价值取向。新时代乡村旅游消费偏好具体表现为以下几个方面。

(一)高频次的消费习惯

随着社会经济的发展和人们生活水平的提高,乡村旅游逐渐成为现代消费者休闲娱乐的重要选择之一。近年来,消费者在乡村旅游中展现出更加高频次的消费习惯,即更倾向于进行频繁的乡村旅游活动。

1. 消费者表现出对乡村旅游活动的高度参与和频繁参与的行为

与传统的长途旅行相比,乡村旅游具有距离短、时间灵活、成本较低等特点,使得消费者能够更加方便地安排出行,消费者不再将旅游视为一年仅几次的奢侈活动,而是将其融入日常生活中,成为一种常态化的休闲方式。无论是周末的短途游,还是节假日的家庭聚会,乡村旅游都成为消费者的首选,高频次的参与行为提升了消费者的生活质量,也为乡村旅游市场带来了持续的需求。

2. 消费者制订了较为固定的乡村旅游计划

随着生活节奏的加快和工作压力的增加,越来越多的消费者开始注重生活的平衡与调节。乡村旅游作为一种放松身心、亲近自然的方式,逐渐成为消费者生活中不可或缺的一部分。消费者会根据自己的时间安排制订每月或每季度的乡村旅游计划,定期前往乡村地区进行短途度假,这种规律性的旅行计划使他们能够更好地规划时间和预算,形成了一种可持续的消费模式。

3. 消费者进一步促进了高频次消费

消费者生活水平的提高和对休闲娱乐需求的增加,进一步推动了高频次乡村旅游消费习惯的形成。随着收入的增加和消费观念的转变，人们不再仅仅满足于物质生活的改善，而是更加注重精神层面的满足。乡村旅游作为一种集自然风光、文化体验、休闲娱乐于一体的旅游形式，恰好满足了消费者对多元化休闲方式的需求，无论是欣赏田园风光、体验农家生活，还是参与乡村文化活动，消费者都能在乡村旅游中找到属于自己的乐趣。多样化的体验使得乡村旅游成为消费者短途度假的理想选择，进一步促进了高频次消费的形成。

消费者在乡村旅游中展现出的高频次消费，反映了现代生活方式和消费观念的转变，随着消费者需求的不断升级和市场竞争的加剧，乡村旅游产业需要在产品创新、服务质量、环境保护等方面不断努力，以满足消费者的高频次消费需求，推动乡村旅游市场的健康发展。

（二）多元化消费需求

随着社会不断发展以及人们生活水平的提升，乡村旅游的内涵和外延正在发生着深刻的变化。消费者对乡村旅游的需求不再局限于传统的农村风光，而是呈现出更加多元化的趋势。多元化消费需求的产生既是社会经济发展和文化交流增加的必然结果，也是消费者兴趣偏好和审美需求变化的直接体现，主要体现在景观体验、文化体验、手工艺品购物、美食体验以及休闲娱乐需求等多个方面。

1. 景观体验需求

景观体验是乡村旅游的核心需求之一，但消费者的需求已经从单一的自然风光观赏扩展到更广泛的生态旅游需求。传统的乡村旅游主要以田园风光、山水景观为主，如今消费者更加注重与自然的深度互动。生态旅游需求的兴起反映了消费者对环境保护和可持续发展的关注，他们希望通过乡村旅游亲近自然，同时也能参与生态保护活动，如植树造林、湿地保护等。这种需求的变化促使乡村旅游经营者开发更多与生态相关的旅游产品，如自然教育课程、生态探险活动等，以满足消费者对自然景观的多样化需求。

2. 文化体验需求

文化体验成为乡村旅游多元化需求的重要组成部分。随着文化自信提升和文化交流增加，消费者对传统文化的探索和文化交流互动的兴趣日益浓厚。乡村旅游不仅是一种休闲方式，更成为消费者了解地方文化、体验传统习俗的重要途径。消费者希望通过乡村旅游参与当地的节庆活动、学习传统手工艺、体验农耕文化等,这种文化体验需求的增加推动了乡村旅游与文化产业的深度融合,促使乡村地区挖掘和展示自身独特的文化资源,打造具有地方特色的文化旅游品牌。

3.手工艺品购物需求

在手工艺品购物方面,消费者的需求也从单纯的购买扩展到制作体验。特色手工艺品作为乡村文化的重要载体,深受消费者喜爱,游客不仅希望购买到具有地方特色的手工艺品作为纪念品,还希望能够参与手工艺品的制作过程,体验传统技艺的魅力,陶艺制作、编织工艺、木雕艺术等手工艺体验项目逐渐成为乡村旅游的热门活动。这种需求的变化为乡村手工艺人提供了新的发展机遇,同时也促进了传统手工艺的传承与创新。

4.美食体验需求

美食体验是乡村旅游多元化需求的另一重要体现。消费者在乡村旅游中不仅追求味觉上的享受,还希望通过美食了解地方文化和生活方式,许多游客会特意前往乡村品尝地道的农家菜、参与农产品的采摘和加工,甚至学习烹饪地方特色菜肴。这种美食体验需求的增加,推动了乡村餐饮业的升级,促使经营者开发更具地方特色的美食产品,同时结合农业资源打造"从田间到餐桌"的全链条体验。

5.休闲娱乐需求

休闲娱乐需求也是乡村旅游多元化消费需求的重要组成部分。随着生活节奏的加快,消费者对休闲度假和康体活动的兴趣日益增加,乡村旅游不仅为消费者提供了远离城市喧嚣的机会,还成为他们放松身心、恢复活力的重要方式。许多游客选择在乡村地区进行瑜伽、冥想、徒步等康体活动,或者参与农事体验、垂钓等休闲项目。这种需求的变化促使乡村旅游经营者开发更多与健康、休闲相关的旅游产品,以满足消费者对休闲娱乐的多样化需求。

多元化消费需求是乡村旅游发展的重要趋势,反映了消费者对旅游体验的更高追求,未来乡村旅游产业需要在产品创新、服务质量、文化挖掘等方面持续努力,以满足消费者日益多元化的需求,推动乡村旅游市场的可持续发展。政府和社会各界也应加强对乡村旅游的支持和引导,促进乡村资源的合理利用和文化的传承保护,为消费者提供更加丰富、优质的旅游体验。

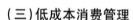

(三)低成本消费管理

随着乡村旅游的快速发展,消费者在进行乡村旅游时更加注重低成本的消费体验,倾向于选择价格合理、性价比高的产品和服务,这种消费趋势反映了消费者对经济实惠的追求,体现了他们对乡村旅游产品和服务质量的理性评估。

1. 低价产品偏好

消费者在选择乡村旅游产品时往往倾向于选择价格相对较低的住宿、餐饮、娱乐等项目,以降低整体的旅游费用,这种低价偏好并非单纯追求廉价,而是希望在有限的预算内获得尽可能丰富的旅游体验。许多游客会选择价格实惠的农家乐或民宿,而不是高档酒店;在餐饮方面他们更倾向于品尝当地的特色小吃或农家菜,而非价格较高的餐厅。低价产品偏好反映了消费者对乡村旅游的务实态度,同时也促使乡村旅游经营者提供更多经济实惠的选择,以满足市场需求。

2. 性价比关注

在追求低成本的同时,消费者对性价比的关注也日益增强,他们不仅希望以较低的价格获得基本的旅游服务,还渴望通过这些服务获得合理的体验。游客在选择住宿时不仅关注价格,还会考虑住宿环境的舒适度、卫生条件以及是否具有地方特色;在选择娱乐项目时,他们希望活动内容既有趣又具有文化内涵,而不仅仅是简单的观光。这种对性价比的关注促使乡村旅游经营者在控制成本的同时,不断提升服务质量和体验价值,以满足消费者对高性价比的期待。

3. 特价促销

消费者对乡村旅游的特价促销活动表现出较高的敏感性,很多游客更愿意在特价促销期间进行预订,以获取更大的优惠。节假日或旅游淡季时,许多乡村旅游目的地会推出住宿折扣、套餐优惠或免费体验活动,这些促销手段能够吸引大量游客。消费者对特价促销的敏感性既反映出他们对价格的关注,也体现了他们在消费决策中的精明和理性。乡村旅游经营者需合理利用特价促销策略,有效吸引客流,提高市场竞争力。

4. 多元化需求与性价比的平衡

通过实地调查与文献研究发现,我国乡村旅游消费者虽然对多元化体验存在巨大需求,但更注重性价比,他们希望在乡村旅游活动中能够获得更

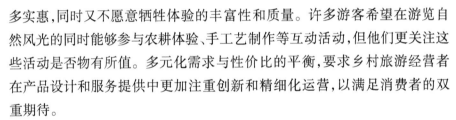

多实惠,同时又不愿意牺牲体验的丰富性和质量。许多游客希望在游览自然风光的同时能够参与农耕体验、手工艺制作等互动活动,但他们更关注这些活动是否物有所值。多元化需求与性价比的平衡,要求乡村旅游经营者在产品设计和服务提供中更加注重创新和精细化运营,以满足消费者的双重期待。

5. 当地产品与特价促销的关注

消费者在乡村旅游中更倾向于选择当地产品和特价促销类商品。他们热衷于选购当地的农副产品与手工艺品,这些商品不仅价格亲民,更承载着独特的地域风情与文化底蕴,成为游客们馈赠亲友或留作纪念的佳品。同时,特价促销类商品,诸如限时特惠的住宿套餐、优惠力度大的门票等,也极大地激发了消费者的购买欲望。这一现象不仅为乡村旅游的经营者开辟了新的收益渠道,更为当地经济的蓬勃发展注入了强劲动力。

消费者对低价产品、性价比和特价促销的关注,反映了他们的消费偏好,也为乡村旅游经营者提供了新的发展思路。通过合理控制成本、提升服务质量和创新促销策略,乡村旅游可以在满足消费者需求的同时实现自身的可持续发展。

二、基于消费偏好的乡村旅游策略调整

(一) 丰富消费服务项目与内容

为了引导和满足消费者多元化的需求,乡村旅游产业应不断丰富消费服务项目与内容,以提升游客的消费体验。传统的风景观光已无法完全满足现代游客的需求,乡村旅游需要向更深层次、更多元化的方向发展,除了自然风光的欣赏,还可以推出特色文化体验项目、手工艺品制作体验、当地美食品鉴活动等,以增强游客的参与感和体验感。

1. 市场调研与需求分析

在丰富乡村旅游服务项目之前,首先需要通过科学的市场调研与需求分析,了解目标消费者的兴趣、需求和期望,这一过程包括以下基本程序和流程。

明确调研的目标,例如了解游客对文化体验、手工艺活动、美食体验等方面的兴趣程度;设计科学合理的调查问卷,涵盖游客的基本信息、旅游偏好、消费习惯以及对乡村旅游的期望等内容;通过分析社交媒体平台上的用

户评论、旅游博主的推荐内容等,获取游客的真实反馈和潜在需求;选择具有代表性的游客群体进行问卷调查,确保样本的多样性和广泛性;对部分游客进行深度访谈,进一步挖掘他们的个性化需求和潜在兴趣点;对收集到的数据进行整理和分析,找出游客的主要需求和偏好;根据分析结果撰写调研报告,为后续的服务项目开发提供依据;根据调研结果调整乡村旅游的发展战略,确保服务项目与市场需求相匹配。

2. 丰富服务项目与内容

结合需求分析的结果,乡村旅游经营者可以开展各类特色项目,以满足游客的多元化需求。具体包括以下几个方面。

(1)特色文化体验项目开发。特色文化体验是乡村旅游的核心吸引力之一,开发符合当地文化特色的体验项目,可以让游客更深入地了解乡村的历史、文化和传统。结合当地的民俗节日,举办特色庆典活动如春节庙会、端午龙舟赛等,让游客参与其中,感受浓厚的文化氛围。此外,组织当地艺术团体进行传统音乐、舞蹈、戏剧等表演,能够生动展示乡村的文化魅力,为游客带来视听上的享受。这些特色文化体验项目既丰富了乡村旅游的内容,又为游客提供了独特而深刻的旅游记忆,从而提升了乡村旅游的吸引力和竞争力。

(2)手工艺品制作体验活动。手工艺品制作体验活动既能够增强游客的参与感,还能为乡村旅游增添独特的文化价值。开设陶艺制作工坊,让游客亲手制作陶器,体验从泥土到成品的全过程,感受传统工艺的魅力;组织游客学习传统的织布或编织技艺,制作具有地方特色的纺织品或手工艺品,既能传承文化,又能让游客带走独一无二的纪念品;提供绘画或雕刻工具,让游客在专业指导下创作属于自己的艺术作品,既能激发创造力又能加深对当地文化的理解。同时,邀请当地艺术家或手工艺人进行传统手工艺品的展示和制作示范,如剪纸、刺绣、木雕等,不仅能让游客近距离感受传统工艺的精髓,还能通过互动体验增强他们的参与感和文化认同感。这些手工艺品制作体验活动不仅丰富了乡村旅游的内容,还为游客提供了深度参与的机会,使其在动手实践中感受到乡村文化的独特魅力,从而提升旅游体验的满足感和记忆点。

(3)美食品鉴活动。美食是乡村旅游的重要组成部分,开发美食品鉴活动可以让游客在品味当地特色美食的同时,深入了解食材的来源和烹饪过程,从而获得更加丰富的旅游体验。邀请游客参与农家菜的烹饪过程,学习使用当地的食材和传统的烹饪方法,不仅能让他们感受到乡村生活的质朴与乐趣,还能提升对地方饮食文化的认知;举办美食品鉴会,展示当地的特色菜肴和小吃,让游客在品尝美味的同时了解其背后的文化故事,进一步增强对乡村文化的认同感;组织游客参与农作物的采摘和加工过程,如采摘水果、制作果酱等,增强活动的互动性和趣味性,让游客在动手实践中体验到乡村生活的独特魅力。这些美食品鉴活动不仅满足了游客的味蕾需求,还通过美食这一载体将乡村的自然、文化和生活方式融入其中,为游客创造了难忘的旅游记忆。

3. 营销推广与包装

在开发丰富的乡村旅游服务项目后,还需要通过有效的营销推广与包装,将这些项目精准地推荐给目标游客群体,以提升其吸引力和市场竞争力。首先,制订针对性的营销计划是关键,根据目标游客的特点和需求,突出新推出的文化体验项目和活动的独特性,例如通过强调手工艺制作、美食品鉴等活动的参与性和文化价值,吸引注重体验感的游客群体。其次,线上宣传是重要的推广渠道,利用官方网站、社交媒体平台(如微信、微博、短视频等)发布有吸引力的宣传视频、图片和文字内容,生动展示了乡村旅游的丰富文化体验,并通过互动话题、直播等形式增强用户的参与感和兴趣;同时线下推广也不可忽视,通过参加旅游展会、与旅行社合作等方式,直接面向潜在游客进行宣传,扩大乡村旅游的知名度和影响力。此外,口碑营销是一种高效且低成本的方式,鼓励游客在社交媒体上分享他们的旅游体验,通过真实的用户反馈和推荐,形成良好的口碑效应,从而吸引更多游客前来体验。通过线上线下的全方位推广和精准包装,乡村旅游不仅能够提升品牌形象,还能在竞争激烈的旅游市场中脱颖而出,实现可持续发展。

4. 持续优化与创新

乡村旅游的服务项目与内容需要根据市场反馈和游客需求的变化进行持续优化与创新,以保持竞争力和吸引力。首先,定期更新活动内容是关键,根据季节变化和游客兴趣推出新的文化体验项目和活动,例如春季举办农耕体验、夏季推出水上活动、秋季组织丰收庆典、冬季开展民俗文化节等,确保每个季节都能为游客提供新鲜且独特的体验。其次,引入科技元素是提升游客体验的重要手段,利用虚拟现实(VR)、增强现实(AR)等技术为游客提供更加沉浸式的文化体验,例如通过 VR 技术重现历史场景,或利用 AR 技术让游客在游览过程中与虚拟元素互动,增强趣味性和参与感。此外,加强游客互动也是优化服务的重要途径,通过问卷调查、意见反馈等方式及时了解游客对服务项目的满意度和建议,并根据反馈进行针对性改进,例如调整活动流程、优化服务质量或增加新的体验项目。这种动态调整和创新的过程,不仅提升了游客的体验感,也为乡村旅游注入了新的发展动力。

(二)推进消费服务个性化设计

随着旅游市场的发展和消费者需求的多样化,乡村旅游景区需要加强个性化设计,以满足不同游客的兴趣、需求和特点,为其提供定制化的旅游体验。个性化服务不仅能够提升游客的满意度,还能增强乡村旅游的吸引力和市场竞争力。

1. 行程定制

行程定制是满足游客个性化需求的重要环节,乡村旅游景区应提供灵活的行程定制服务,让游客能够根据自身的兴趣偏好选择景点、活动和体验项目。为喜欢古典文化、历史文化和民族文化的游客设计深度文化之旅,包括参观历史遗迹、参与民俗活动、体验传统手工艺等,让他们在沉浸式的文化体验中感受乡村的独特魅力;为喜欢户外活动的游客提供探险体验项目,如徒步、山地骑行、露营等,满足他们对自然和冒险的追求;为老年游客设计康养旅游项目,包括温泉疗养、健康讲座、轻松的文化体验等,确保他们在旅游过程中既能放松身心又能感受到乡村的宁静与美好。

2. 导游服务个性化

导游服务是影响游客体验的重要因素,乡村旅游景区应培训专业的导游团队,帮助导游根据游客的特点、需求和偏好提供个性化的解说和服务。针对喜欢历史传说和民间故事的游客,导游可以重点讲解当地的历史背景、文化典故和民间传说,增强游客的文化体验;针对喜欢自然环境和生态景观的游客,导游可以侧重介绍当地的生态环境、动植物资源以及自然保护措施,让游客更深入地了解乡村的自然之美;针对家庭游客,导游可以提供互动性强的解说服务,如组织亲子游戏、讲故事等,增强家庭成员之间的互动和乐趣。

3.住宿选择个性化

住宿是旅游体验的重要组成部分,乡村旅游景区应提供多样化的住宿选择,以满足不同游客对住宿环境的个性化需求。为喜欢宁静和私密环境的游客提供乡村民居或独立小院,让他们在安静的环境中放松身心;为喜欢社交和互动的游客提供合住空间或青年旅舍,让他们有机会结识其他游客,并分享旅行经历;为追求高品质服务的游客提供精品民宿或度假酒店,配备完善的设施和贴心的服务,满足他们对舒适和便利的需求。

4.定制化活动体验与服务套餐

在活动体验层面乡村旅游景区应推出各种定制化的体验活动,以满足不同游客的兴趣和需求。如为艺术爱好者提供艺术创作工作坊,如绘画、陶艺、摄影等,让他们在乡村的自然环境中激发创作灵感;为美食爱好者提供烹饪课程或美食品鉴活动,让他们学习当地的烹饪技艺,品尝地道的乡村美食;为家庭游客设计亲子互动活动,如农耕体验、手工艺制作、自然探索等,增强家庭成员之间的互动和乐趣。在服务套餐层面乡村旅游景区应整合行程、导游、住宿和活动,为游客提供一站式的个性化服务。如为文艺青年设计包含文化体验、艺术创作和特色住宿的套餐,满足他们对文化和艺术的追求;为家庭游客设计包含亲子活动、家庭住宿和健康餐饮的套餐,满足家庭游客的需求。

5.持续优化与反馈机制

为了确保个性化服务的有效实施,乡村旅游景区需要建立持续优化和反馈机制。景区可以通过问卷调查、意见箱等方式收集游客的反馈,了解他们对个性化服务的满意度和建议;利用大数据技术分析游客的行为和偏好,为个性化服务的设计和优化提供科学依据;根据游客反馈和数据分析结果,不断优化服务内容和流程,确保个性化服务能够满足游客的期望。

(三)完善针对消费者的消费服务保障机制

为了提升消费者的信心和安全感,乡村旅游景区需要构建一个针对消费者的服务保障机制,以增强游客的信任感,为乡村旅游的可持续发展提供有力支持。

1.加强安全管理

安全管理是乡村旅游服务保障机制的主要内容之一,乡村旅游景区应建立健全的安全管理体系,确保游客在旅游过程中的人身和财产安全。在景区内增设监控摄像头,覆盖主要景点、停车场和游客集中区域,实时监控景区动态,预防安全隐患,同时安排安保人员进行定期巡逻,及时处理突发事件;在景区内设置紧急救助站点,配备专业的救援设备和人员,确保在发生意外情况时能够迅速响应并提供救助,例如在山区或水域景区设置救援站,提供急救包、担架等设备;在景区入口、危险区域和重要节点设置清晰的安全提示标志,提醒游客注意安全,同时通过宣传手册、广播等方式向游客普及安全知识,增强他们的自我保护意识。

2. 提高服务质量

服务质量是影响游客体验的重要因素,乡村旅游景区应通过定期或不定期的培训活动,提升从业人员的服务水平,使其更好地满足游客的需求。具体措施包括:对导游进行定期培训,涵盖专业知识培训、服务态度培训、文化敏感性培训及服务技巧培训等,确保他们能够为游客提供专业、热情的服务;制定统一的服务标准,规范从业人员的服务行为,确保游客在不同景区都能享受到一致的高质量服务;建立游客反馈机制,及时收集游客对服务质量的评价和建议,并根据反馈进行改进,例如通过问卷调查、意见箱等方式了解游客的需求和不满,及时调整服务策略。

3. 提供清晰的价格与服务说明

在宣传和销售过程中,乡村旅游企业应提供清晰的价格和服务说明,避免产生误导和纠纷。具体措施包括:在官方网站、旅游平台和宣传材料中明确标明各项费用,如门票、住宿、餐饮、活动等,避免隐性收费或价格不透明的情况;详细说明各项服务的内容和标准,例如住宿条件、餐饮标准、活动安排等,确保游客在预订前能够充分了解服务内容;在签订旅游合同时,明确双方的权利和义务,避免因信息不对称而产生的纠纷。

4. 提高信息透明度

乡村旅游景区应提供详尽的旅游信息,包括景区规则、注意事项、应急流程等,以增强游客对旅游目的地的了解。具体措施包括:通过官方网站、宣传手册、导览图、社交媒体等多种渠道向游客传达相关信息,确保游客能够便捷地获取所需信息;在景区内设置应急信息公示牌,明确应急联系方式、逃生路线和紧急集合点,确保游客在紧急情况下能够迅速获得帮助;通过导览图、宣传册或导游解说,向游客介绍当地的文化背景、生态环境和旅游资源,增强游客对乡村文化的理解和认同。

5.建立投诉处理与纠纷解决机制

为了进一步提升游客的安全感和满意度,乡村旅游景区应建立完善的投诉处理与纠纷解决机制。具体措施包括:在景区内设置投诉箱、投诉热线和在线投诉平台,确保游客能够方便地反映问题;建立快速响应机制,确保在接到投诉后能够及时处理并给予反馈,避免问题扩大化;设立专门的纠纷调解机构,通过协商、调解等方式解决游客与景区之间的纠纷,维护双方的合法权益。建立投诉处理与纠纷解决机制,能够有效化解矛盾,提升游客的满意度和信任感,从而为游客提供更加安全、透明和优质的旅游体验。

(四)搭建消费管理评价与反馈平台

为了有效识别消费者的消费需求和消费动机,乡村旅游景区应搭建一个消费管理评价与反馈平台,帮助景区及时了解游客的需求和意见,促进景区与游客之间的良性互动,从而不断提升服务质量,增强游客的满意度和忠诚度。

1.构建在线评价系统

在线评价系统是收集游客反馈的重要工具,乡村旅游景区可以开发或使用现有的在线评价系统,让游客能够方便地提交对乡村旅游服务的评价和建议。具体措施包括:拓宽评价维度,使在线评价系统涵盖多个方面,如服务态度、景区设施、交通便利、活动体验、住宿条件等,以帮助游客更系统地表达意见;评价系统的界面设计应简洁明了、操作便捷,确保游客能够轻松完成评价;为了鼓励游客积极参与评价,景区可以设置一定的激励机制,如提供优惠券、积分奖励等。通过在线评价系统,乡村旅游景区能够全面了解游客的真实体验和需求,为服务改进提供依据,从而不断提升服务质量。

2.构建实时反馈渠道

实时反馈渠道是解决游客问题、提升游客满意度的重要手段,乡村旅游景区应设置多种实时反馈渠道,如在线聊天、客服热线、微信小程序等,让游客能够在体验过程中及时提出问题或反馈。具体措施包括:确保游客可以通过多种方式(如电话、微信、应用程序等)进行实时反馈,满足不同游客的使用习惯;建立快速响应机制,确保在接到游客反馈后能够及时处理并给予回复,避免问题扩大化;景区应建立问题跟踪机制,对重要问题进行持续跟踪,确保其得到彻底解决,并向游客反馈处理结果。通过实时反馈渠道,乡村旅游景区能够及时解决游客的问题,从而为游客提供更加优质的服务体验。

3. 开展定期的满意度调查活动

定期的满意度调查活动是深入了解游客需求的重要手段,乡村旅游景区可以通过问卷调查、电话回访等方式定期开展满意度调查活动。具体措施包括:设计科学合理的调查问卷,涵盖游客的基本信息、旅游体验、服务评价等内容,确保调查结果的全面性和准确性;选择具有代表性的游客群体进行调查,确保样本的多样性和广泛性;对调查结果进行深入分析,识别游客的主要需求和不满,找出服务中的薄弱环节。通过定期的满意度调查活动,乡村旅游景区能够及时发现服务中存在的问题,并采取针对性的改进措施,从而不断提升服务质量。

4. 数据分析和改进机制

在收集大量游客评价和反馈数据后,乡村旅游景区应充分利用大数据技术,对数据进行分析和挖掘,以识别消费者的偏好和共性需求。具体措施包括:通过分析游客的在线评价,识别游客对各项服务的满意度和改进建议;利用大数据技术分析游客的行为数据,如游览路线、消费习惯等,了解游客的偏好和需求;通过分析社交媒体平台上的用户评论和讨论,获取游客的真实反馈和潜在需求;对景区各项服务的投入和产出进行分析,评估服务改进的经济效益和社会效益。乡村旅游景区通过数据分析和改进机制能够更全面、切实、有效地了解游客的多元化需求,从而优化服务流程和项目,提升服务质量。

5. 建立反馈与改进的闭环机制

为了确保评价与反馈平台的有效运行,乡村旅游景区应建立反馈与改进的闭环机制。具体措施包括:对游客的反馈进行整理和分类,识别共性问题和高频需求;根据反馈结果制订针对性的改进计划,明确改进目标和时间表;落实改进措施并跟踪改进效果,确保问题得到有效解决;将改进结果向游客公示,增强游客的信任感和参与感。通过建立反馈与改进的闭环机制,乡村旅游景区能够形成良性的互动循环,不断提升服务质量和游客满意度,从而为游客提供更加优质的服务体验,推动乡村旅游产业的可持续发展。

第三节
体验经济与乡村旅游深度体验设计

一、体验经济与乡村旅游发展的关系

(一)体验经济的概念

体验经济(experience economy)的概念最早由美国学者 B. 约瑟夫·派恩二世与詹姆斯·H. 吉尔摩提出,他们于1999年出版的《体验经济》一书中首次系统阐述了体验经济的理论框架,认为体验是指当一个人达到情绪、体力、智力甚至是精神的某一特定水平时,其意识中所产生的美好感觉;并且当体验展示者的工作消失时,体验的价值仍得以延续。体验经济被视为继农业经济、工业经济、服务经济之后出现的第四个经济发展阶段,在这一阶段企业或组织以服务为舞台,以商品为道具,通过创造令人难忘的事件(memorable tourism experiences)来吸引消费者,从而产生经济价值。约瑟夫·派恩与詹姆斯·吉尔摩进一步指出体验经济的特点在于其强调消费者的参与感和情感共鸣,他们提出了"4E"体验模型,将旅游体验分为四种类型:娱乐体验(entertainment)、教育体验(education)、逃避体验(escape)和审美体验(estheticism)。娱乐体验强调轻松愉快的氛围,如观看表演或参与娱乐活动;教育体验注重知识的获取与技能的提升,如文化讲座或手工艺制作;逃避体验则强调逃离日常生活的压力,如探险旅行或沉浸式体验;审美体验则关注对美的感知与欣赏,如欣赏自然风光或艺术作品。这四种体验类型为旅游产品的设计与开发提供了理论依据。

在旅游研究领域,"旅游体验"这一概念最早由国外学者丹尼尔·J. 布尔斯廷(Daniel J. Boorstin)于1964年提出,他在《形象:美国假事件的指南》一书中指出旅游是一种流行的消费行为,源于大众旅游者对"虚假事件"(pseudo-events)的兴趣。布尔斯廷认为现代旅游体验往往是被精心设计和包装的,旅游者追求的是一种被制造的"真实性"。这一观点引发了学术界对旅游体验本质的深入探讨。1999年,国内学者谢彦君在《基础旅游学》中对旅游体验进行了系统研究,指出旅游本质上是一种以获得心理快感为目的的审美过程和自娱过程,本质上是愉悦和审美。他的研究为国内旅游体验理论的发展奠定了基础。

近年来,随着体验经济的兴起,旅游体验的研究得到进一步深化。学者开始关注旅游体验的多维性,包括感官体验、情感体验、认知体验和行为体验等。感官体验强调通过视觉、听觉、触觉等感官来感知旅游环境;情感体验则关注旅游者在旅游过程中产生的情感反应,如愉悦、兴奋、放松等;认知体验侧重于旅游者对目的地文化、历史和自然的理解与认知;行为体验则强调旅游者的参与性和互动性,如参与当地活动或与居民交流。

(二)体验型乡村旅游的发展意义

1. 满足游客的高品质旅游新需求

体验经济时代,随着社会经济的快速发展和人们生活水平的不断提升,游客的消费需求发生了显著变化。传统的观光旅游模式已无法满足现代游客对个性化、深度化旅游体验的追求,游客越来越重视文化、旅游等精神层面的消费支出,旅游消费升级趋势更加明显。他们不再仅仅满足于"有没有"旅游机会,而是更加关注旅游体验的"好不好",追求从"观美景"到"享美景"、从"大众化"到"品质化"的转变。因此体验性好、参与性强、小而精的高品质旅游项目逐渐成为市场热点。

体验型乡村旅游,正是顺应这一趋势而发展起来的,它通过设计多元化的体验活动,满足游客对深度参与和个性化体验的需求。例如,游客可以通过参与农耕体验、手工艺制作、民俗文化表演等活动,深入了解乡村的自然环境和文化传统,从而获得更加丰富和独特的旅游体验。此外,体验型乡村旅游还注重提升游客的感官体验和情感共鸣,通过打造独特的旅游场景和营造浓厚的文化氛围,为游客提供沉浸式的体验环境。例如在乡村民宿中融入当地的文化元素,让游客在住宿过程中感受到乡村的宁静与美好;在美食体验中展示食材的来源和烹饪过程,让游客在品尝美食的同时了解其背后的文化故事。这些细致入微的设计不仅提升了游客的旅游体验,还增强了他们对乡村旅游的认同感和归属感。

2. 促进乡村旅游提质增效

当前乡村旅游发展虽然如火如荼,但在快速发展的过程中仍存在一系列不容忽视的问题,比如许多乡村旅游项目盲目复制跟风,简单搬运抄袭其他地区的成功模式,导致产品同质化严重,缺乏独特性和创新性;产品结构

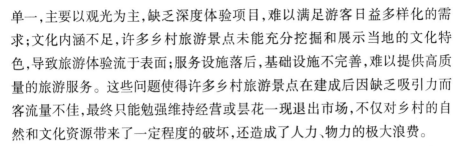

单一,主要以观光为主,缺乏深度体验项目,难以满足游客日益多样化的需求;文化内涵不足,许多乡村旅游景点未能充分挖掘和展示当地的文化特色,导致旅游体验流于表面;服务设施落后,基础设施不完善,难以提供高质量的旅游服务。这些问题使得许多乡村旅游景点在建成后因缺乏吸引力而客流量不佳,最终只能勉强维持经营或昙花一现退出市场,不仅对乡村的自然和文化资源带来了一定程度的破坏,还造成了人力、物力的极大浪费。

为了解决以上这些问题,乡村旅游需要通过创新发展模式,优化生产要素,开发体验型乡村旅游产品,从而推动新旧动能的有效转换,促进乡村旅游提质增效。体验型乡村旅游注重为游客提供多元化的深度体验活动,如农耕体验、手工艺制作、民俗文化表演等,这些活动不仅能够增强游客的参与感和满足感,还能充分展示乡村的独特魅力。通过开发这些体验项目,乡村旅游可以有效提升产品的吸引力,增强游客的感官体验、情感体验和精神满足,从而吸引更多游客前来体验。此外,体验型乡村旅游还注重提升服务质量和基础设施水平,完善交通、住宿、餐饮等配套设施,可以为游客提供更加舒适和便捷的旅游环境;培训从业人员,提升他们的服务意识和专业技能,能够为游客提供更加优质的服务体验。这些措施既满足了游客的体验性需求,也保证了客源的稳定供给,延长了乡村旅游的发展生命周期。体验型乡村旅游的发展还为乡村经济的可持续发展奠定了良好基础,开发多元化体验项目,可以吸引更多游客,延长游客的停留时间,从而增加旅游收入。体验型乡村旅游还促进了乡村文化的传承与发展,通过让游客参与当地的文化活动,乡村的传统文化得以传播和弘扬,增强了当地居民的文化自信。

3. 推动乡村产业振兴

实践证明,乡村振兴的关键在于产业振兴,而发展乡村旅游已成为推动乡村振兴的重要引擎。乡村旅游不仅能够带动乡村及周边地区的经济社会发展,还能改善村容环境、增加就业岗位、拓宽增收渠道、提高生活水平、提升文明程度,对乡村的全面发展具有显著的促进作用。乡村通过发展乡村旅游,可以充分利用当地的自然资源、文化优势和特色产业,形成独具特色的旅游经济模式,从而为乡村注入新的发展活力。

乡村旅游的发展能够有效拓展农业功能,延长农业产业链条,创新业态类型,从而推动乡村经济的多元化发展,如通过将农业与旅游相结合,乡村可以开发农耕体验、采摘活动、农产品加工体验等项目,让游客在参与农业生产的过程中感受乡村生活的乐趣。这样既丰富了旅游产品的内容,又提高了农产品的附加值,为农民创造了更多的收入来源。乡村旅游还可以带动相关产业的发展,如餐饮、住宿、交通、手工艺品制作等,使之形成完整的旅游产业链,进一步促进乡村经济的繁荣。

体验型乡村旅游产品的开发涉及食、住、行、游、购、娱各个方面,要求乡村进一步转变生产方式,注重产业融合发展。例如,在"食"的方面,乡村可以开发特色美食体验活动,吸引游客品尝地道的农家菜,并参与食材的采摘和烹饪过程;在"住"的方面,乡村可以打造独具特色的民宿,融入当地的文化元素,为游客提供舒适的住宿环境;在"行"的方面,乡村可以完善交通基础设施,提供便捷的出行服务;在"游"的方面,乡村可以设计多元化的旅游线路,涵盖自然风光、文化遗址、民俗活动等;在"购"的方面,乡村可以开发具有地方特色的旅游商品,如手工艺品、农副产品等,满足游客的购物需求;在"娱"的方面,乡村可以组织丰富多彩的文化活动,如民俗表演、节庆活动等,增强游客的参与感和体验感。

通过全方位增加体验性产品供给,乡村旅游不仅能够满足游客的多样化需求,还能推动乡村产业的转型升级。

(三)体验经济下乡村旅游的发展趋势

1.乡村旅游与传统文化融合发展

文化是乡村旅游发展的灵魂,也是其核心竞争力所在,乡村旅游的高质量发展离不开对当地传统文化的深度挖掘与巧妙融入,只有通过文化赋能才能让乡村旅游在激烈的市场竞争中脱颖而出。在发展乡村旅游的过程中,将现代化文化理念与农村传统文化习俗相结合,不仅有助于倡导新的生产生活方式,还能加强乡村旅游的文化建设,打造具有地域文化特色的旅游产品,为游客带来独特的旅游体验。

在乡村旅游与传统文化融合发展的过程中,首先,需要深入挖掘当地的文化资源。每个乡村都有其独特的历史、民俗、手工艺等文化元素,这些元素是乡村旅游发展的宝贵财富,通过对这些文化资源的系统梳理和整合,可以打造出具有鲜明地域特色的旅游产品。其次,乡村旅游的发展需要注重文化的创新与传承,传统文化的传承并不是简单的复制,而是要在保持其核心价值的基础上结合现代文化理念进行创新。此外,乡村旅游与传统文化融合发展还需要注重文化体验的深度与广度,游客不仅希望通过乡村旅游欣赏美丽的自然风光,更希望通过参与各种文化活动深入了解当地的文化内涵,因此乡村旅游应设计多样化的文化体验项目,如传统手工艺制作、民俗表演、农耕体验等,让游客在参与中感受文化的魅力。最后,乡村旅游与传统文化融合发展还需要加强文化传播与推广,利用多种渠道和方式将乡村的文化资源推广给更多的游客,是提升乡村旅游吸引力的重要手段。例如,利用互联网平台,通过短视频、直播等形式展示乡村的文化特色,吸引更多游客前来体验。

2. 乡村旅游与科学技术融合发展

科学技术是乡村旅游发展的重要推动力,科技与乡村旅游的深度融合不但拓展了传统乡村旅游的发展空间,还丰富了体验型乡村旅游的类型,提升了乡村旅游的科技含量。借助先进的科学技术,乡村旅游正在从传统的观光模式向智能化、体验化、互动化的方向转型升级,为游客带来更加多元化、特色化的旅游体验。

近年来,各类科技农业园、科普教育园区、智慧农业园迅速发展,成为乡村旅游的新亮点,这些园区通过引入现代农业技术如无土栽培、智能温室、无人机作业等,向游客展示现代农业的科技魅力。游客不仅可以参观现代化的农业生产过程,还可以亲自参与农事体验,感受科技给农业带来的变革。一些智慧农业园通过物联网技术,实时监测农作物生长环境,游客可以通过手机应用程序(App)了解作物的生长状况,甚至远程参与农场的种植管理。这种科技与农业的结合,不仅提升了乡村旅游的趣味性,也为游客提供了更加丰富的学习体验。

沉浸式体验、虚拟仿真体验等旅游项目成为乡村旅游发展的新趋势,一些乡村旅游景区通过VR技术还原当地的历史文化场景,游客可以"穿越"到古代,亲身体验传统民俗活动或历史事件。而AR技术则可以将虚拟信息叠加到现实场景中,为游客提供互动式的导览服务,游客通过手机或AR眼镜扫描景区内的标志性建筑,即可获取相关的历史文化介绍或趣味故事。这些技术的应用不仅增强了游客的参与感和互动性,也让乡村旅游的文化内涵得到更加生动的展现。

通过大数据、云计算、人工智能等技术,乡村旅游景区可以实现游客流量的实时监控、旅游资源的智能调度以及个性化服务的精准推送。一些乡村旅游目的地通过智慧旅游平台为游客提供定制化的旅游路线推荐、在线预订、电子导览等服务,极大提升了游客的便利性和满意度。智慧旅游系统还可以帮助景区管理者更好地了解游客需求,优化资源配置,提高运营效率。

3.乡村旅游与互联网融合发展

互联网时代的到来,使信息获取方式和消费习惯发生了深刻变革,也为乡村智慧旅游的发展创造了条件。乡村旅游与互联网的深度融合不仅改变了传统的营销方式,还推动了乡村旅游服务的智慧化升级,为游客提供了更加高效、便捷、个性化的旅游体验。

互联网的普及为乡村旅游提供了全新的营销平台,旅游从业者通过短视频平台(如抖音、快手)、微博、微信公众号等自媒体渠道,可以以更加直观、生动的方式展示乡村的自然风光、文化特色和旅游产品,如通过短视频展示乡村的四季美景、民俗活动或特色美食,能够迅速吸引游客的关注。此外,电商平台(如淘宝、京东)也为乡村旅游产品的销售提供了新的渠道,游客可以通过线上平台预订民宿、购买土特产或体验项目,极大提升了乡村旅游的便利性和吸引力。

互联网技术优化了乡村旅游的信息咨询服务,通过建立官方网站、手机App或小程序,乡村旅游景区可以为游客提供实时、全面的旅游信息,包括景点介绍、路线推荐、门票预订、交通指南等,游客只需动动手指,即可获取所需信息,极大提升了旅游规划的效率和体验的满意度。一些乡村旅游目的地通过开发智能导览系统,游客可以通过手机扫描二维码获取景点的语音讲解或图文介绍,增强了旅游的互动性和趣味性。

互联网技术的应用还推动了乡村智慧旅游系统的开发与完善,通过大数据分析,乡村旅游景区可以精准了解游客的需求和偏好,从而提供更加个性化的服务。根据游客的搜索记录和消费行为,智慧旅游系统可以推荐适合的旅游路线、餐饮选择和住宿方案。景区管理者还可以通过大数据实时监控游客流量,优化资源配置,避免景区拥堵,提升游客的游览体验,如在旅游高峰期景区可以通过智能调度系统引导游客分流,确保游览秩序和安全。

二、体验经济下乡村旅游发展存在的问题

(一)旅游产品同质化严重且文化内涵提升不够

1. 旅游产品同质化严重

我国乡村旅游在初期发展阶段凭借其独特的自然风光和乡土文化吸引了大量游客,然而随着乡村旅游的快速发展,许多地区的旅游产品逐渐趋于同质化,缺乏创新和特色。许多乡村旅游目的地提供的产品和服务大同小异,主要集中在农家乐、采摘园、田园观光等传统项目上,这种低层次的开发模式导致旅游产品在市场上缺乏竞争力,难以满足游客日益多样化的需求。长此以往,乡村旅游的客源市场将逐渐萎缩,影响其可持续发展。

2. 文化内涵提升不足

文化是乡村旅游的灵魂,然而在城镇化进程中乡村文化受到了巨大冲击,许多地区的传统文化在逐渐消失。乡村建筑风格趋于城市化,传统生产劳作方式被现代化农业取代,民俗民风逐渐淡化,传统节日的气息也日益减弱,这些变化导致乡村旅游的文化内涵停留在"物化"层次上,更多地以农家饮食和风景观光为载体,缺乏深层次的文化体验。一些乡村旅游景区虽然保留了传统建筑,但其内部装饰和功能已经完全现代化,失去了原有的文化韵味,游客在这样的环境中难以感受到真正的乡村文化魅力。此外,许多乡村旅游产品缺乏对当地文化的深度挖掘和创造性转化,导致文化体验流于表面,无法满足游客的精神需求和情感需求。

3. 文化体验的深度与广度不足

乡村旅游的文化体验项目大多停留在观赏层面,缺乏互动性和参与性,游客只能被动地观看民俗表演或参观传统建筑,无法深入参与其中,难以真正感受到乡村文化的魅力。比如许多景区的传统手工艺展示仅限于观看手工艺人制作过程,游客无法亲自参与制作;民俗表演也多为单向展示,游客缺乏互动机会。这种浅层次的文化体验难以满足游客对深度文化体验的需求,也无法形成持久的吸引力。

(二)旅游服务质量低

1. 基础设施不完善

近年来我国农村基础设施建设取得了显著进展,道路、水电和垃圾处理等基本设施已经得到改善,但作为旅游配套设施来说仍然存在诸多不足。

许多乡村旅游目的地缺乏规范的停车区域,游客车辆只能随意停靠在路边,不仅影响交通秩序,还存在安全隐患。此外,一些乡村旅游景区的公共厕所、休息区等设施配置不足,难以满足游客的基本需求。

2. 住宿服务质量不高

乡村旅游的住宿服务大多由当地居民以家庭旅馆或民宿的形式提供,虽然具有一定的乡土特色,但在服务质量上存在明显不足,许多民宿的卫生条件较差,房间设施简陋,无法为游客提供舒适的住宿环境。此外,住宿产品同质化严重,缺乏特色化和个性化设计,难以与乡村民俗风情深度融合。

3. 服务人员素质有待提升

乡村旅游的服务人员大多为当地居民,缺乏专业的服务培训,服务意识和技能水平较低。一些乡村旅游景区的服务人员态度冷淡,缺乏主动服务意识,无法为游客提供周到的服务。由于缺乏专业培训,服务人员对当地文化的了解有限,难以向游客提供深入的文化讲解和导览服务。

(三)资源环境的可持续性降低

1. 过度开发导致资源破坏

随着乡村旅游市场的扩大,许多地区为了追求经济利益,对自然资源进行过度开发,忽视了资源的承载能力和可持续性。一些乡村旅游景区为了吸引更多游客,大规模开发生态保护区,导致植被破坏、水土流失等环境问题。这种过度开发不仅破坏了乡村的自然景观,还影响了生态系统的平衡。

2. 资源保护意识薄弱

在乡村旅游开发过程中,许多地区缺乏对资源的保护意识,导致资源利用方式不当。一些乡村旅游景区在开发过程中,忽视了对传统建筑的保护,随意拆除或改造古建筑,导致文化遗产的流失。一些景区在运营过程中,缺乏对资源的维护和修缮,导致旅游资源逐渐失去原有的魅力。

3. 环境污染问题突出

随着乡村旅游的快速发展,游客数量的增加给乡村环境带来了巨大压力。一些乡村旅游景区缺乏完善的垃圾处理设施,导致环境污染问题日益严重。一些景区在开发过程中,忽视了污水处理和排放问题,导致水体污染,影响了乡村的生态环境。

三、体验经济视角下乡村旅游设计策略

(一)科学指导规划,打造鲜明主题品牌

1. 政府引导与科学规划

政府在乡村旅游发展中起着引导和协调的作用。首先,政府应坚持"规划先行、科学设计、合理开发、统筹发展"的原则,制定符合当地实际的乡村旅游发展规划。政府应通过深入调研充分了解当地的自然资源、文化底蕴和产业基础,确保规划的科学性和可操作性,比如依托当地的山水资源、民俗文化或特色产业,设计独具特色的旅游线路和体验项目。其次,政府应按照"以点带面,串点成线"的思路优先开发基础条件好、发展潜力大的乡村旅游地,形成示范效应。例如选择交通便利、文化资源丰富的村庄作为试点,集中力量打造精品旅游项目,再逐步向周边区域推广,形成区域联动发展的格局。

2. 政策支持与社会资本参与

乡村旅游的发展需要大量的资金和资源投入,仅靠政府的力量是远远不够的,因此政府应在基础设施建设、资金支持、政策优惠等方面为乡村旅游提供保障。同时政府应鼓励社会资本参与乡村旅游开发,通过吸引各类企业、社会组织以及当地农民等多元化主体参与,形成多方共建的格局。具体来讲,政府可以通过 PPP 模式(公私合营)引入社会资本,提升乡村旅游的开发水平和运营效率。政府可以提供土地、政策等支持,企业负责资金投入和运营管理,当地农民则通过参与旅游服务获得收益。这种合作模式既能够缓解资金压力,又能提高乡村旅游的专业化水平。

3. 主题化与品牌化发展

乡村旅游的主题化发展是提升其竞争力的关键,通过精准聚焦发展主题,从服务设施、旅游景观、旅游产品、宣传营销等方面全方位彰显主题特色,强化游客认知,围绕"生态田园""民俗文化""农耕体验"等主题打造独具特色的乡村旅游品牌。以"生态田园"为主题的乡村旅游可以重点展示乡村的自然风光和生态农业,设计田园观光、农事体验、生态教育等项目;以"民俗文化"为主题的乡村旅游则可以深入挖掘当地的民俗传统、节庆活动和手工艺文化,设计民俗表演、手工艺制作、文化展览等项目;以"农耕体验"为主题的乡村旅游可以见证大自然神奇的力量,体会到"粒粒皆辛苦"的含

义。通过主题化探索与差异化发展,使相邻地域的乡村旅游各具特色、错位互补,突破同质化发展窘况。

4. 品牌培育与标杆效应

着力培育知名品牌,树立行业标杆,发挥其带动作用,可以有效提升乡村旅游的知名度和美誉度。可以通过评选"最美乡村""特色旅游村"等活动,打造一批具有示范效应的乡村旅游品牌。同时利用新媒体平台进行品牌推广,扩大影响力,利用短视频、直播等形式展示乡村的自然风光、文化特色和旅游产品,吸引更多游客前来体验。此外还可以与旅行社、在线旅游平台合作,推出特色旅游线路和优惠活动,进一步扩大品牌影响力。

(二)提升管理服务水平,提高游客体验满意度

1. 加强监管,规范经营秩序

乡村旅游的服务质量提升首先需要从规范经营秩序开始,政府及相关管理部门应加强对乡村旅游市场的监管,制定并完善乡村旅游服务标准,明确住宿、餐饮、交通、导游等服务的具体要求。建立乡村旅游服务质量评价体系,定期对景区、民宿、餐饮等经营主体进行评估和考核,对于服务质量不达标的经营者应及时整改或淘汰,以维护乡村旅游的整体形象。通过规范经营秩序以及优化乡村旅游环境,为游客提供安全、舒适、放心的旅游体验。

2. 加强从业者培训,提升服务意识

乡村旅游的服务质量很大程度上取决于从业者的素质。乡村旅游的从业者多为当地农民,缺乏专业的服务培训,导致服务意识和技能水平较低,因此加强对从业者的培训指导是提升服务质量的重要环节。首先,应定期开展接待服务、文明礼仪、营销宣传、农业技能等方面的培训,帮助从业者掌握基本的服务技能和专业知识。其次,应有针对性地制定管理服务优化提升措施,帮助从业者准确定位自身与游客的关系。经过专业培训后,从业者不仅能够提供更加专业的服务,还能在与游客的互动中传递乡村文化的魅力。

3. 优化服务细节,关注游客需求

在服务细节上下功夫,是提升游客体验满意度的关键。乡村旅游的服务不仅要满足游客的基本需求,还要重点关注游客的个性化需求,以便提供更加贴心、细致的服务。在住宿方面民俗经营者可以通过提供个性化的房间布置、本地特色早餐等方式,增强游客的体验感;在餐饮方面可以推出具有地方特色的农家菜,并结合游客的口味偏好进行调整,满足不同游客的需求;在游览方面景区可以设置清晰的导览标识和多语种解说系统,方便游客自主游览。此外,还要积极听取游客的反馈意见,及时改进服务质量。

4.提供个性化服务,增强游客体验感

在体验经济视角下,游客对个性化服务的需求日益增加,乡村旅游应努力提供差异化、个性化的服务,比如可以为游客设计专属的旅游路线,结合游客的兴趣爱好推荐特色活动,如农耕体验、手工艺制作、民俗表演等。同时,乡村旅游可以利用大数据分析游客的偏好,为其推荐适合的旅游产品;通过智能导览系统为游客提供个性化的游览建议。通过提供个性化服务,增强游客的参与感和体验感,提升乡村旅游的吸引力。

(三)深入挖掘文化内涵,激发旅游产业活力

1.乡村文化保护与传承创新

乡村文化是乡村旅游的灵魂,其独特性是吸引游客的重要因素,各地应充分认识到自身的自然、人文资源特色,将文化作为乡村旅游发展的最大亮点,通过推进乡村文化保护、传承与创新赋予乡村旅游文化生命力。在文化保护方面,政府应加大对传统村落、文物遗迹的保护力度,制定相关政策和法规,确保文化遗产得到有效保护。在文化传承方面,可以通过举办文化培训班、非遗技艺传承活动等方式,培养年轻一代对传统文化的兴趣和热爱。在文化创新方面,乡村旅游可以将传统文化与现代元素相结合,推陈出新,打造具有时代特色的文化产品。

2.文化体验与产品设计

深度挖掘蕴含在传统村落、文物遗迹、非遗文化、民间艺术、农业形态等方面的文化元素,打造特色精品项目和旅游产品。在传统村落方面,可以通过修复古建筑、恢复传统街巷风貌,打造具有历史文化特色的旅游景点,让游客在旅游中感受乡村的历史变迁和文化积淀。在非遗文化方面,可以通过展示非遗技艺、举办非遗文化节等活动,让游客近距离感受非遗文化的魅力,增强与游客的互动性和体验感。在农业形态方面,可以将农耕活动与旅游体验相结合,设计农事体验项目,比如让游客参与插秧、收割等农事活动,体验农耕文化的乐趣。

3.节庆活动与品牌打造

充分发挥节庆文化资源,建立具有鲜明地域特色的节庆品牌活动,推出美食节、赏花节、民俗节、灯光节等旅游活动,为游客提供旅游新体验。通过节庆活动带动当地餐饮、住宿等产业的发展,实现文旅融合效用最大化。在美食节方面,可以展示当地的特色美食,并邀请游客参与美食制作,让游客在品尝美食的同时,感受乡村的饮食文化。在赏花节方面,可以利用乡村的自然风光,打造赏花胜地,吸引游客前来观赏和拍照。在民俗节方面,可以展示当地的民俗传统和节庆活动,让游客在参与中感受乡村的民俗文化。在灯光节方面,可以利用现代灯光技术,打造梦幻的灯光景观,吸引游客前来观赏。

4. 文化传播与推广

利用互联网平台和新媒体技术推广乡村文化资源,可以通过短视频、直播等形式展示乡村的文化特色,吸引更多游客前来体验;也可以与文化机构、教育机构合作,开展文化交流活动,提升乡村旅游的文化影响力。在短视频平台方面,可以通过制作精美的短视频,展示乡村的自然风光和文化特色,吸引游客的关注。在直播平台方面,可以通过直播乡村的节庆活动、文化展览等,让游客实时感受乡村的文化魅力。在文化交流活动方面,可以与高校、文化机构合作,开展文化研究和交流活动。

(四)创新开发特色项目,满足游客体验性需求

1. "乡村旅游+康养":打造健康休闲新体验

随着人们健康意识的提升,康养旅游成为乡村旅游的重要发展方向。结合乡村的自然环境和传统文化开发康养旅游项目,可以满足游客对健康生活的追求。比如,利用乡村的清新空气和优美环境,打造生态康养基地,提供瑜伽、冥想、森林浴等健康活动;结合中医药文化推出中药养生体验项目,让游客在放松身心的同时,感受传统医学的魅力。此外,还可以开发乡村温泉疗养、田园食疗等项目,将自然疗愈与乡村文化相结合,为游客提供全方位的康养体验。

2. "乡村旅游+体育":推动运动与休闲相结合

体育旅游是乡村旅游的重要创新方向,结合乡村的自然景观和体育资源开发体育旅游项目,可以吸引更多年轻游客和运动爱好者。例如,利用乡村的山地、河流等自然资源,开发徒步、骑行、攀岩、漂流等户外运动项目;举办乡村马拉松、山地自行车赛等体育赛事,提升乡村旅游的知名度和吸引力。此外,还可以设计乡村竞技项目,如乡村运动会、农事竞技等,让游客在参与中感受乡村的活力和乐趣。

3."乡村旅游+研学":打造教育与体验相结合的新模式

研学旅游是乡村旅游的重要创新领域,结合乡村的文化资源和自然环境开发研学旅游项目,可以满足游客对知识学习和文化体验的需求。例如,设计农耕文化研学项目,让游客参与农事活动,了解农业生产的全过程;结合非遗文化,推出传统手工艺研学课程,如陶艺制作、剪纸艺术等,让游客在动手实践中感受传统文化的魅力。此外,还可以开发自然教育项目,让游客在乡村的自然环境中学习生态知识,例如组织游客参与乡村生态考察,了解当地的动植物资源和生态系统,增强环保意识。

4."乡村旅游+文创":推动文化与旅游深度融合

文创旅游是乡村旅游的重要创新方向,结合乡村的文化资源和创意设计开发文创旅游项目,可以提升乡村旅游的文化附加值,如设计乡村文创体验坊,让游客参与手工艺制作、文化创意设计等活动;推出乡村文创产品,如手工艺品、文化纪念品等,满足游客的购物需求。此外,还可以结合乡村的节庆文化,推出文创主题活动,吸引游客参与,如可以举办乡村灯光节,利用现代灯光技术打造梦幻的灯光景观,吸引游客前来观赏和拍照。

5."浸入式"体验项目:增强游客参与感

"浸入式"体验项目是乡村旅游的重要创新形式,设计互动性强、参与度高的体验项目,可以让游客从"旁观者"变为"参与者",实现感官、认知、情感等需求的逐级提升。如设计乡村生活体验项目,让游客入住农家,参与农事活动,体验乡村的日常生活;推出乡村文化体验项目,让游客在参与中感受乡村的文化魅力。此外,还可以利用 VR 和 AR 技术打造"浸入式"文化体验项目,如通过 VR 技术还原历史场景,让游客"穿越"到古代,亲身体验传统民俗活动或历史事件。

第三章
老龄化社会与乡村旅游的发展

　　随着中国老龄化社会的加速发展,老年人口比例持续攀升,老龄化已成为社会发展的显著趋势。这趋势为乡村旅游带来了新的机遇与挑战。老年人对健康、休闲和文化体验的需求日益增长,但同时也暴露出乡村基础设施不足、适老化服务不完善等问题。为应对这些挑战,乡村旅游需要在规划中注重适老化设计。乡村养老旅游的发展模式也呈现出多元化趋势,包括康养型、文化型和生态型等模式,旨在通过多样化的服务满足老年人的需求,同时推动乡村经济的可持续发展。总之,老龄化社会为乡村旅游注入了新的活力,通过适老化设计和创新模式,乡村旅游不仅能够更好地服务老年群体,还能成为应对老龄化问题的重要途径,实现社会与经济的双重效益。

第一节
中国老龄化社会现状

一、人口老龄化的内涵及成因

(一)人口老龄化的内涵

　　人口老龄化是指总人口中年轻人口数量减少而老年人口数量增加,导致老年人口比重不断增加的人口年龄结构变化过程。这一现象是全球范围内普遍存在的趋势,尤其是在经济发达国家和地区老龄化问题尤为突出。人口老龄化不仅是一个人口统计学上的概念,更是社会经济、文化、医疗等多方面因素共同作用的结果。

1.老年人口数量的绝对或相对增长

人口老龄化首先表现为老年人口数量的绝对或相对增长。绝对增长是指老年人口的实际数量增加,随着医疗技术的进步和生活水平的提高,老年人口的平均寿命显著延长,导致老年人口的数量大幅增加。以中国为例,国家统计局发布,截至2024年60岁及以上人口已突破3亿,占总人口的22%,这一数字在未来几十年内还将持续增长。而相对增长是指老年人口在总人口中所占比例的增加,随着生育率的下降,年轻人口的比例逐渐减少,老年人口的比例相对上升。例如日本的生育率长期低于人口更替水平,导致老年人口比例迅速上升,2020年成为全球老龄化程度最高的国家之一。这种老年人口数量的绝对或相对增长,直接导致社会整体年龄结构向老龄化方向发展,对社会经济、社会保障和公共服务提出了新的挑战。

2.老年人口比例达到一定指标

人口老龄化的另一个含义是老年人口在总人口中的比例达到一定标准。按照联合国的传统标准,一个地区60岁及以上人口占总人口的10%即为老龄化社会,这一标准主要适用于发展中国家和地区,因为这些地区的医疗条件和生活水平相对较低,老年人口的寿命相对较短。中国的老龄化进程在20世纪末开始加速,远超传统标准。而新标准则是一个地区65岁及以上人口占总人口的7%即视为进入老龄化社会,这一标准主要适用于发达国家和地区,因为这些地区的医疗条件和生活水平较高,老年人口的寿命较长。日本、德国等发达国家早已进入老龄化社会,65岁及以上人口占比分别超过28%和21%。中国作为世界上人口最多的国家之一,正在快速步入老龄化社会。这种快速老龄化趋势对中国经济、社会保障和公共服务提出了严峻挑战。

(二)人口老龄化的成因

人口老龄化主要是两个力量作用的结果:一是人口出生率的持续快速下降,二是经济社会进步导致老年人平均余寿延长。这两个因素相互作用,共同推动了人口老龄化的进程。

1.人口出生率下降

随着经济的发展和城市化进程的加快,人们的生活方式和价值观念发生了很大变化,越来越多的家庭倾向于追求高质量的生活,而不是多子女的传统模式,如许多年轻夫妇选择推迟生育或不生育,以追求职业发展和个人自由。这种生育观念的变化在发达国家尤为明显,在发展中国家也逐渐成为一种趋势。低生育率直接导致年轻人口比例下降,老年人口比例相对上升,中国的总和生育率(TFR)已降至1.3左右,远低于人口更替水平(2.1),低生育率不但会导致人口结构的老龄化,还会对经济增长、劳动力供给和社会保障体系产生深远影响。在一些国家和地区,政府的生育政策也对人口出生率产生了重要影响。此外,高房价、高教育成本等经济因素也抑制了年轻夫妇的生育意愿。

2. 人均寿命延长

经济社会的进步,尤其是医疗技术的快速发展,显著提高了人类的平均寿命,许多曾经致命的疾病得到了有效控制,人类的平均寿命显著延长。例如抗生素的发明和普及、疫苗的广泛应用以及慢性病管理技术的进步,都极大地提高了人类的生存质量。经济社会的发展也带来了生活水平的显著提高,营养条件的改善、公共卫生设施的普及以及健康教育的推广,都有效延长了人类的平均寿命。世界卫生组织的数据显示,全球人口平均寿命从20世纪初的30多岁提高到现在的70多岁,部分发达国家甚至超过80岁。公共卫生条件的改善也对人均寿命的延长起到了重要作用,清洁饮用水的普及、卫生设施的改善以及传染病的有效控制降低了死亡率,延长了人类的平均寿命。此外,健康教育的推广也提高了人们的健康意识,促进了健康生活方式的普及。人均寿命的延长使得老年人口数量大幅增加,进一步加剧了人口老龄化。

二、人口老龄化对中国经济社会发展的影响

(一)人口老龄化给中国带来的挑战

1. 人口结构的变化

老龄化社会最显著的特征是老年人口在总人口中的比例不断上升,这一变化导致社会的人口结构发生重大调整,对经济发展、社会保障等产生深远影响。随着生育率的下降和人均寿命的延长,老年人口在总人口中的比例逐年增加。而老年人口比例上升的同时,劳动力人口(15~59岁)的比例却在逐渐下降,这种变化导致劳动力供给减少,进而影响经济增长和社会生产力。另外社会的年龄结构也呈现出扁平化的趋势,即各个年龄段的人口分布更加均匀,这种变化对社会资源分配、公共服务供给以及代际关系提出

了新的要求,例如教育资源的分配需要兼顾老年人口的需求,而医疗资源的配置则需要更多地倾向于老年群体。

2. 家庭结构的变化

老龄化社会还伴随着家庭结构的深刻变化,随着生育率的下降,家庭规模逐渐缩小,核心家庭成为主要的家庭结构形式,传统的"多代同堂"模式逐渐被"小家庭"模式取代,导致家庭养老功能被弱化。由于子女外出工作或独立生活,空巢家庭和独居老人现象日益普遍,这种现象在城市地区尤为突出,许多老年人面临孤独、缺乏照料等问题。据统计,中国的空巢老人比例已超过50%,这一趋势对传统的家庭养老模式提出了严峻挑战。随着家庭结构的变化,传统的家庭养老功能逐渐弱化,许多老年人不得不依赖社会化的养老服务,如养老院、社区照料中心等,这对社会的养老服务体系提出了更高的要求。政府和社会需要加大对养老服务的投入,完善社区养老设施,推广居家养老服务,以满足老年人日益增长的养老需求。

3. 经济发展的变化

随着老年人口的增加,劳动力人口比例逐渐下降,这种变化不仅增加了企业的用工成本,还可能导致经济增长放缓,因为劳动力是推动经济发展的核心要素之一。此外,老年人口的消费能力和意愿相对较低,主要集中在医疗、养老等基本生活需求上,这种消费结构的变化对市场需求产生了一定制约,可能导致消费市场萎缩,例如老年人口对房地产、汽车等大宗商品的消费需求较低,这直接影响了相关行业的发展,进而对整体经济增长产生连锁反应。与此同时,随着老年人口的增加,养老金、医疗保险等社会保障支出规模不断扩大,这种变化对政府财政提出了更高的要求,可能导致财政赤字增加。

4. 公共服务需求的变化

随着老年人口的增加,公共服务需求显著上升,养老服务成为社会关注的焦点。许多老年人需要依赖社会化的养老服务,如居家养老、社区养老、机构养老等,这种变化要求政府和社会加大对养老服务的投入,提高养老服务的质量和覆盖面,以满足老年人多样化的养老需求。老年人对医疗卫生资源的需求也显著高于其他年龄段,随着老年人口的增加,医疗卫生资源的需求也相应增加,这要求社会加大对医疗卫生事业的投入,提高医疗服务的质量和效率。此外,老龄化社会还要求公共设施进行适老化改造,以满足老年人口的特殊需求,许多城市通过建设无障碍设施、增加老年人活动中心、优化公共交通系统等方式,提升老年人口的生活质量,确保他们能够便利地参与社会活动。

(二)人口老龄化可能带来的机遇

1. 缓解就业压力,倒逼产业结构升级

随着中国人口老龄化的加剧,劳动力市场逐渐发生变化,劳动力老龄化,新成长劳动力数量减少,这在短期内有利于缓解就业压力。根据一些学者的研究,尽管中国经济增长速度有所放缓,但失业率并未大幅上升,这与人口老龄化有着密切的关系。老年人口的增加导致劳动力供给减少,尤其是在劳动密集型产业中,劳动力短缺的现象逐渐显现,这种劳动力短缺和用工成本的提升倒逼企业寻求资本和技术对劳动力的替代,从而推动产业结构的优化升级。从长期来看,老龄化带来的劳动力短缺将促使企业加大对自动化和智能化技术的投入,减少对低技能劳动力的依赖,制造业中的机器人技术、服务业中的智能客服系统等,都是企业在应对劳动力短缺时的解决方案。这种趋势不仅有助于提高生产效率,还能推动中国经济从劳动密集型向技术密集型转型,促进产业结构的优化升级。此外,随着劳动力供给的减少,企业为了留住现有员工,不得不提高员工的福利待遇和职业发展机会,这也有助于提升整体劳动力的素质和技能水平。

2. 促进老龄产业做大做强

中国拥有世界上最庞大的老年群体,这为老龄产业的发展提供了巨大的市场潜力。老龄产业涵盖养老服务业、老年医疗保健业、老年旅游业、老年金融业等多个领域,这些领域的发展不仅能够满足老年人多样化的需求,还能为经济增长注入新的动力。在就业方面老龄产业的发展将创造大量的就业机会,服务业单位 GDP 所创造的就业岗位比制造业等传统产业高出 30%。随着老龄产业的不断发展,相关行业的就业机会将进一步增加,特别是在护理、康复、心理咨询等领域将需要大量的专业人才。此外,老龄产业的发展还将带动相关产业链的延伸和升级,例如老年医疗保健业的发展将推动医疗器械、药品研发等领域的创新,老年旅游业的发展将促进交通、住宿、餐饮等相关行业的繁荣。

3. 促进老年人力资源开发利用

中国人口高龄化加速预计主要出现在 2030 年以后,在此之前老年人口的增长主要表现为低龄老年人的增长。据预测,中国 54~69 岁年龄组人口数量,将由当前的 2.23 亿,持续增长到 2030 年的 3.4 亿。这个年龄段的老年人大多具有丰富的知识、经验和技能优势,养育子女的负担较轻,且未来新进入这个年龄段的群体是目前的中壮年人口,他们大多具有较高的科学文化素质,继续为社会发展做贡献的意愿也在不断提升。如果退休制度、老年人力资源开发政策等能够得到适时调整和完善,这部分老年人口将成为可开发利用的潜在人力资源。通过适当的政策引导和培训,老年人可以继续在职场中发挥重要作用,特别是在教育、咨询、技术指导等领域,老年人的经验和技能具有不可替代的优势。此外,随着老年人健康水平的提升和寿命的延长,越来越多的老年人愿意在退休后继续参与社会劳动。这不仅能够缓解劳动力短缺的问题,还能为老年人提供更多的社会参与机会,提升他们的生活质量。

4.促进农业适度规模经营

农村人口老龄化使我国农村地区长期面临的人多地少矛盾得到逐步缓解,人均耕地面积增加,有利于土地流转和规模化经营,预计中国农村 15~59 岁劳动适龄人口数量将由目前的 3.94 亿下降到 2050 年的 1.59 亿。在保持 18 亿亩耕地红线的情况下,人均耕地面积将由 4.5 亩增加到超过 11 亩,这就为发展农业适度规模经营创造了条件。随着农村青壮年劳动力的减少,农村地区的土地流转和规模化经营将成为必然趋势,农民通过土地流转,可以将土地集中起来,进行规模化、集约化经营,提高农业生产效率,这不仅有助于提升农业的竞争力,还能为农民带来更高的收入。农业适度规模经营还将推动农业现代化进程,随着土地集中度的提高,农业机械化、智能化的应用将更加广泛,农业生产效率将大幅提升。同时,规模化经营还将促进农业产业链的延伸和升级,推动农业与二三产业的融合发展,为农村经济注入新的活力。

第二节
老龄化社会对乡村旅游的需求与挑战

随着全球老龄化进程的加速,老龄化社会已成为许多国家和地区面临的共同挑战。中国作为世界上人口最多的国家之一,老龄化问题尤为突出。老龄化不仅对社会经济发展产生了深远影响,也对旅游业尤其是乡村旅游提出了新的需求和挑战。乡村旅游作为一种结合自然风光、乡土文化和休闲体验的旅游形式,逐渐成为老年人追求健康、休闲和文化体验的重要选择。然而老龄化社会对乡村旅游的需求与挑战并存,如何在满足老年人需求的同时提升乡村旅游服务质量,成为当前亟待解决的问题。

一、老龄化社会对乡村旅游的需求

(一)健康与养生需求

随着年龄的增长,老年人对健康和养生的需求日益增强。乡村旅游目的地通常拥有清新的空气、优美的自然风光和丰富的农业资源,这些资源能够为老年人提供良好的养生环境。老年人希望通过乡村旅游活动放松身心,增强体质,延缓衰老。因此,乡村旅游产品设计中应注重健康元素的融入,如开展健康讲座、提供营养膳食、组织休闲健身活动等,以满足老年人的健康需求。

(二)文化体验与乡土情结

老年人往往对乡土文化有着深厚的情感,乡村旅游为他们提供了重温乡土记忆、体验传统文化的机会。乡村的历史遗迹、民俗活动、传统手工艺等资源,能够激发老年人的文化认同感和归属感。通过参与乡村文化活动,老年人不仅能够丰富精神生活,还能增强文化自信,提高生活质量。

(三)社交与心理需求

老年人退休后,社交圈子缩小,容易产生孤独感和失落感。乡村旅游为老年人提供了与他人交流、建立新社交关系的场所。通过参与集体活动,老年人能够增强社会参与感,缓解心理压力,提升幸福感。因此,乡村旅游产品设计中应注重社交元素的融入,如组织集体活动、提供交流平台等,以满足老年人的社交需求。

(四)安全与便利需求

老年人在旅游过程中,对安全和便利的需求较高。由于身体机能的下降,老年人在出行、住宿、用餐等方面需要更多的照顾和保障。乡村旅游目的地应提供适老化设施和服务,如无障碍通道、医疗救护服务、便捷的交通等,以确保老年人在旅游过程中的安全和便利。

二、老龄化社会对乡村旅游的挑战

(一)适老化设施不足

随着我国老龄化程度不断加深,老年群体已成为乡村旅游的重要客源。据统计,60 岁及以上老年人占乡村旅游游客总数的35% 以上,且呈逐年上升趋势。然而,当前乡村适老化旅游设施建设严重滞后,难以满足老年游客日益增长的需求。

乡村适老化设施缺失问题突出表现在多个方面,民宿房间设计缺乏适老化考虑,床铺高度不适、家具棱角尖锐、照明不足等问题普遍存在。浴室缺少防滑地砖、安全扶手、紧急呼叫装置等必要设施,给老年游客带来安全隐患。公共设施同样存在不足,景区步道坡度陡峭、缺少休息座椅,餐饮场所缺少无障碍通道,停车场距离景点过远等问题,都给老年游客带来诸多不便。

适老化设施缺失直接影响老年旅游体验质量,老年人普遍存在行动不便、视力听力下降等生理特征,因此对旅游设施的安全性、舒适性要求更高,而设施不完善导致老年游客在食、住、行、游、购、娱各环节都面临困难:餐饮场所缺少适合老年人的营养餐食,交通工具缺乏无障碍设计,购物场所缺少休息区,娱乐项目缺乏适老化改造。这些问题严重降低了老年游客的旅游体验,制约了乡村旅游市场的进一步拓展。

适老化旅游产品和服务供给不足,进一步加剧了老年游客的不便。乡村缺乏针对老年人的特色旅游线路设计,难以满足其慢节奏、深体验的需求。医疗、文化等全域资源共享机制不完善,老年游客在突发情况下面临就医难、救助难等问题。另外,适老化信息服务缺失,老年游客难以获取准确的旅游资讯和便捷的预约服务。

乡村适老化设施和服务的缺失,不仅影响了老年游客的旅游体验,也制约了乡村旅游产业的提质升级。这一问题折射出乡村公共服务体系的短板,凸显了乡村适老化改造的紧迫性。随着老龄化程度的加深,适老化设施不足对乡村旅游发展的制约作用将愈加明显,需要引起各方高度重视。

(二)旅游产品同质化严重

当前我国乡村旅游产品同质化问题日益凸显,这一问题在老年旅游市场表现得尤为突出。许多乡村旅游目的地缺乏对老年群体需求的深入研究和精准把握,导致旅游产品开发陷入"千村一面"的困境,难以满足老年人日益多元化的旅游需求。

乡村旅游产品同质化主要表现在产品类型单一、体验内容雷同等方面,多数乡村仍以观光旅游为主,局限于田园风光观赏、农家乐餐饮等传统项目,缺乏深度文化体验和互动参与环节。老年游客普遍反映乡村旅游项目缺乏新意,难以满足其对健康养生、文化体验、社交互动等方面的需求,一些乡村旅游产品盲目追求刺激性和娱乐性,完全超出老年人的身体承受能力,导致适老化产品供给严重不足。

旅游产品同质化直接影响老年游客的旅游体验和满意度。老年人出游动机多样,既有休闲放松需求,也有文化体验、健康养生等深层次诉求,单一化的旅游产品难以满足这些需求,导致老年游客参与度低、体验感差。一些老年游客反映乡村旅游项目"看得多、玩得少",缺乏互动性和参与性,难以留下深刻印象。这种状况不仅影响老年游客的重游意愿,也制约了老年旅游市场的进一步发展。

乡村旅游产品同质化还反映出市场定位的模糊和产品创新的不足。许多乡村旅游目的地缺乏明确的目标客群定位,产品开发缺乏针对性和特色性。在老年旅游产品开发方面普遍存在调研不足、创新乏力等问题,难以准确把握老年群体的真实需求。一些乡村旅游项目简单照搬城市旅游模式,忽视了乡村特色和老年群体的特殊性,导致产品缺乏吸引力和竞争力。

乡村旅游产品同质化问题的根源在于对老年旅游市场的重视不足和开发理念的滞后,许多乡村旅游经营者对老年旅游市场的潜力认识不足,缺乏专门的产品研发和营销策略。在产品设计上忽视老年人的生理特征和心理需求,缺乏适老化考虑。随着老龄化社会的到来,老年旅游市场潜力巨大。乡村旅游产品同质化问题如不得到有效解决,将严重制约老年旅游市场的发展,影响乡村旅游的可持续发展。

(三)专业服务人才匮乏

当前乡村旅游目的地普遍面临专业服务人才匮乏的困境,这一问题在老年旅游服务领域表现得尤为突出,直接影响到老年游客的旅游体验和安全保障。

乡村旅游服务人才短缺主要体现在专业人才数量不足和质量不高两个方面。多数乡村旅游从业者缺乏系统的专业培训,服务意识和技能水平难以满足老年游客的特殊需求。在医疗救护、健康管理等关键领域专业人才更是严重匮乏,调查显示,超过80%的乡村旅游点缺乏专业医护人员,急救设备和药品配备不足,难以应对老年游客突发疾病等紧急情况。

服务人才短缺直接影响老年游客的安全保障和旅游体验。老年群体普遍存在基础疾病多、突发风险高的特点,对专业医疗服务需求迫切,然而由于缺乏专业医护人员和急救设施,老年游客在突发疾病时往往难以及时获得有效救治,存在严重的安全隐患。此外,普通服务人员缺乏适老化服务技能,难以提供周到细致的服务,影响老年游客的旅游体验。

乡村旅游人才流失问题进一步加深了服务人才短缺的困境。由于工作环境艰苦、薪资待遇偏低、职业发展空间有限等原因,乡村旅游从业人员流动性较大。专业人才流失严重,导致服务质量难以提升,一些经过培训的服务人员往往在积累一定经验后选择离开,造成人才队伍不稳定,影响服务质量的连续性。

服务人才短缺问题折射出乡村旅游人才队伍建设机制的不足,多数乡村旅游目的地缺乏系统的人才培养规划,培训机制不完善,难以满足老年旅游服务专业化的需求。在人才引进方面缺乏有效的激励机制,难以吸引和留住专业人才。这种状况不仅制约了老年旅游服务质量的提升,也影响了乡村旅游产业的可持续发展。随着老年旅游市场的快速发展,服务人才短缺问题将愈加凸显。

(四)智慧化服务水平较低

随着科技的飞速发展,智慧化服务已成为提升旅游服务质量的重要手段。然而在许多乡村旅游目的地,智慧化服务水平依然较低,难以满足老年游客的需求,形成了"银色鸿沟"。这一现象不仅限制了乡村旅游的服务能力,也影响了老年群体的旅游体验。目前,许多乡村旅游目的地缺乏基本的智慧化设施,在线服务平台、智能导览系统、紧急呼叫系统等在城市景区已普及的服务,在乡村地区却难觅踪影。老年游客在旅游过程中常常面临信息获取困难、路线指引不清、紧急情况求助无门等问题。例如,一些老年游客反映在乡村旅游时无法通过手机获取实时景点信息,也找不到便捷的线上购票渠道,更不用说使用智能语音导览等先进服务。

智慧化服务的缺失对老年游客的旅游体验造成了多方面影响:信息获取不便,导致老年游客难以充分了解景点特色和文化内涵,降低了旅游的趣味性和知识性;缺乏智能导览和路线规划服务,增加了老年游客的体力负担和安全风险;紧急呼叫系统的缺失,更使老年游客在遇到突发情况时难以获得及时帮助,影响了旅游的安全感和舒适度。造成这一现象的原因是多方面的:首先,乡村旅游目的地普遍面临资金短缺问题,难以承担智慧化设施的建设和维护成本;其次,部分乡村地区网络基础设施薄弱,制约了智慧化服务的推广应用;此外,一些旅游从业者对老年游客的需求缺乏深入了解,忽视了智慧化服务的重要性。

第三节
乡村旅游的适老化设计

适老化设计是指在建筑室内外空间充分考虑老年人需求的设计理念。我国适老化设计起步较晚,且实践多集中于城市住宅和公共区域,乡村地区相对滞后。在当前乡村旅游快速发展的背景下,推进乡村适老化设计具有重要意义。乡村拥有丰富的旅游资源,以观光、度假、休闲为主,拥有良好的老年旅游发展基础,基于上述老龄化社会对乡村旅游的需求与挑战分析,提出以下几点乡村旅游适老化设计的建议。

一、基于大数据与数字素养,分层分类开发老年乡村旅游产品

随着我国老龄化进程的加快,老年旅游市场逐渐成为旅游业的重要组成部分。老年乡村旅游产品的开发与老年旅游者的旅游行为决策密切相关,其决策过程受收入、身体状况、心理需求和精神需求等多方面因素的影响。为了更好地满足老年旅游者的多样化需求,政府和当地乡村旅游企业可以从以下几个方面入手。

(一)加强数字化建设与数据采集分析

1. 夯实数字化基础建设

在乡村旅游开发中,数字化建设是提升服务质量和效率的重要手段。政府和企业应加大对乡村地区数字化基础设施的投入,包括网络覆盖、智能设备普及、数据平台搭建等,确保乡村旅游目的地具备基本的数字化服务能力。通过数字化手段,老年旅游者可以更方便地获取旅游信息、开展预订服

务、参与互动等,提升旅游体验。

2. 提升从业人员的数字素养

乡村旅游从业人员的数字素养直接影响到老年旅游者的体验。政府和旅游企业应加强对从业人员的数字技能培训,使其能够熟练运用数字化工具进行旅游规划、设计、营销和服务。例如,通过大数据分析,从业人员可以更好地了解老年旅游者的消费偏好、行为习惯和需求变化,从而提供更加精准的服务。

3. 动态构建老年旅游者画像

在旅游服务过程中,数据的采集和分析至关重要。通过大数据技术,旅游企业可以实时采集老年旅游者的消费数据、行为数据和反馈信息,形成动态的老年旅游者画像。这些画像包括老年旅游者的消费能力、偏好、健康状况、心理需求等信息,为旅游产品的设计和营销提供科学依据。例如,针对偏好康养度假的老年旅游者,企业可以设计以健康养生为主题的旅游产品;针对偏好文化体验的老年旅游者,可以推出以地方文化为核心的旅游线路。

(二)分层分类开发老年乡村旅游产品

1. 基础类老年旅游产品

基础类老年旅游产品主要面向大众老年旅游者,注重性价比和优质体验。这类产品可以依托同一旅游资源,开发不同价格区间的旅游产品系列,以满足不同收入水平老年旅游者的需求。例如,乡村观光旅游以自然风光和乡村风貌为核心,设计适合老年旅游者的观光线路,同时注重交通的便利性和舒适性;康养度假旅游则结合乡村的自然资源和气候条件,开发以健康养生为主题的度假产品,像温泉疗养、森林氧吧等,为老年旅游者提供身心放松的场所;生态旅游是以乡村的生态环境为依托,设计适合老年旅游者的生态体验活动,如田园采摘、生态徒步等,让老年旅游者在亲近自然的同时享受生态之美。

2. 高端定制类老年旅游产品

高端定制类老年旅游产品主要针对预算较高且对旅游品质要求极高的老年旅游者,这类产品注重个性化服务和深度体验,能够充分满足老年旅游者对精神文化需求的追求。例如,区域乡村文化之旅结合地方文化特色,设计以文化体验为核心的旅游线路,包括古村落探访、非遗文化体验等,让老年旅游者深入感受当地的历史文化底蕴;乡村度假之旅则为老年旅游者提供高端度假服务,配备私人别墅和专属管家服务,打造舒适、私密的度假体验,满足他们对高品质生活的向往;乡村书画之旅针对有书画爱好的老年旅游者,设计以书画创作为主题的旅游产品,提供专业的书画创作空间和专业指导,让老年旅游者在自然与艺术的交融中享受创作的乐趣。此外,地方传统产业体验结合地方特色产业,设计以手工艺、农事体验为主题的旅游产品,让老年旅游者亲身参与并感受地方文化的独特魅力,全方位满足他们对个性化、高品质旅游的需求。

(三)打造特色品牌,提升市场竞争力

1. 形成特色旅游品牌

在开发老年乡村旅游产品时,企业应注重打造具有地方特色的旅游品牌。现有的"夕阳红"旅游专列已经取得了一定的市场认可,企业可以在此基础上进一步创新,结合地方文化、自然资源和产业特色,推出更具吸引力的旅游产品。例如,可以设计"乡村文化之旅""乡村养生之旅""乡村艺术之旅"等特色品牌,形成差异化竞争优势。

2. 加强品牌宣传与推广

在品牌建设过程中,企业应充分利用数字化手段进行宣传和推广。例如,通过社交媒体、短视频平台等渠道展示老年乡村旅游产品的独特魅力,吸引更多老年旅游者参与。同时,企业还可以与旅行社、养老机构等合作,开展联合推广活动,扩大品牌影响力。此外,利用大数据平台进行精准营销,关注老年短视频市场,也是一种有效的推广方式。通过这些多元化的推广手段,企业能够更好地满足老年旅游者的需求,提升品牌知名度和美誉度。

二、在原有服务基础上突出适老特色,提供优质的乡村老年旅游服务

随着我国老龄化的加速发展,老年旅游市场呈现出蓬勃发展的态势。2016年国家旅游局发布了《旅行社老年旅游服务规范》,为旅行社服务老年游客提供了明确的服务规范参考。这一规范的出台标志着我国老年旅游服务进入了规范化、标准化的发展阶段。然而老年旅游服务不仅仅局限于旅行社,它还涉及旅游经营者、旅游目的地、城市信息、交通、住宿、购物、饮食、安全、基础设施、保险等多个方面,需要政府部门、饭店、酒店民宿、配套商业等多方的协同合作。

（一）加强基础设施建设

在乡村老年旅游服务中,加强基础设施建设是提升老年游客旅游体验的关键。乡村地区的交通、住宿、医疗等基础设施建设相对薄弱,需要通过加大投入来改善老年游客的旅游条件。

1.景区和住宿地设置无障碍设施

景区和住宿地设置无障碍通道、坡道、电梯等,方便老年人出行。这些无障碍设施不仅能够帮助行动不便的老年人更轻松地到达各个景点,还能提升他们的旅游舒适度。例如,在景区的主要入口和重要景点之间铺设平整的步道,设置休息座椅和遮阳棚,方便老年游客在游览过程中随时休息。同时,住宿设施也应考虑到老年人的特殊需求,提供低楼层房间、防滑地板、扶手等设施,确保他们的住宿安全。

2.增设医疗点,配备基本的医疗设备和药品,提供急救服务

在乡村旅游目的地设置医疗点,能够确保老年人在突发健康问题时能够及时得到救治,增强他们的安全感。医疗点应配备专业的医护人员,定期进行健康检查和急救培训,确保能够应对各种突发情况。此外,还可以与附近的医院建立合作关系,开通绿色通道,确保老年游客在需要时能够迅速转诊。

3.提供便捷的交通服务,优化公共交通线路

增加景区与周边交通枢纽的连接,方便老年游客到达和离开。改善交通条件,可以减少老年人在旅途中的疲劳,使他们能够更加轻松地享受乡村的自然风光和文化特色。例如,可以开通专门的旅游巴士,提供舒适的座椅和空调,确保老年游客在旅途中能够享受到舒适的乘车体验。同时,还可以在景区内提供电瓶车或观光车服务,方便老年游客在景区内游览。

通过完善基础设施,乡村地区可以吸引更多的老年游客,促进当地经济的发展。同时,这也为乡村地区的居民提供了更多就业机会,改善了他们的生活条件。因此,加强基础设施建设是乡村老年旅游服务中不可或缺的一环,需要政府、企业和社会各界的共同努力,共同推动乡村老年旅游市场的繁荣发展。

（二）优化服务内容与标准

为了提升乡村老年旅游的整体品质,必须从服务内容与标准入手,进行全方位的优化和升级。

1. 制定老年旅游服务标准

老年旅游服务标准需涵盖餐饮、住宿、交通、导游等各个环节,确保老年游客在旅游过程中能够享受到高质量、标准化的服务。例如,餐饮方面应提供营养丰富、易于消化的餐食,住宿设施需配备无障碍设施和紧急呼叫系统,交通安排要确保车辆的安全性和舒适性,导游服务则需配备经验丰富、耐心细致的专业人员。

2. 提供定制化服务

提供定制化服务是提升老年旅游体验的重要环节。针对老年人的身体状况和兴趣爱好,设计个性化的旅游行程,为不同需求的老年人提供专属服务。对于行动不便的老年人,安排无障碍旅游线路,确保景区和住宿设施的无障碍通道畅通,并配备轮椅和专人协助,让他们能够轻松游览;对于对历史文化感兴趣的老年人,设计深度文化体验之旅,安排参观古村落、博物馆、非遗传承基地等,并配备专业讲解员,深入讲解当地的历史文化背景,满足他们的求知欲。

3. 建立老年旅游服务质量评价体系

建立老年旅游服务质量评价体系是确保服务质量持续提升的重要手段。定期开展服务评比和认证,可以对老年旅游服务进行全面评估,从而推动服务质量的不断优化。具体而言,可以参考文化和旅游部开展的旅游市场服务质量评价体系建设试点工作,该试点旨在探索保障机制和实施路径,明确数据来源,总结评价过程中的问题和经验,对质量评价工作模式及评价模型提出建设性意见建议。在评价体系的构建中应注重收集老年游客的反馈意见,这可以通过发放游客旅游服务评价表、电话回访等方式进行。此外,还可以参考国家标准《旅行社老年旅游服务规范》中对服务质量监督与评价的相关规定,旅行社应定期对老年旅游服务的质量和效果进行监督和检查,确保服务质量的持续改进。

三、利用大数据和线上平台,做好乡村旅游智慧营销

随着老年旅游市场的快速发展,老年乡村旅游的智慧营销成为提升旅游服务质量、满足老年游客需求的重要手段。老年旅游市场具有广阔的前景,但同时也面临着信息获取渠道不畅、适老化服务不足等挑战。因此,充分利用大数据和线上平台,做好老年乡村旅游智慧营销,显得尤为重要。

(一)线下合作与宣传

老年游客的旅游信息主要来源于旅行社、报纸杂志、亲朋好友的推荐,其中旅行社是最主要的信息来源,因此,与国内外主要旅行社合作开发和宣传老年旅游产品至关重要。旅游企业应定期了解老年旅游市场需求,根据市场反馈不定期更新和制定反映市场需求的老年旅游产品。例如,泊心湾通过与4000多家旅行社合作,实现了老年旅游产品的广泛覆盖和精准推广。随着老年大学和社区养老的兴起,这些渠道也成为重要的信息传播网络,应予以重视。老年旅游俱乐部与乡村合作,通过联合营销活动和会员推广进一步扩大了老年旅游产品的影响力。通过这些线下合作与宣传措施,可以有效提升老年旅游产品的市场认知度和吸引力,为老年游客提供更加丰富和优质的选择。

(二)线上平台合作与推广

部分老年人旅游费用来自子女的赞助,而子女本身也是潜在的旅游客户,他们的旅游资讯大多来自线上平台,因此大力发展乡村旅游的省市区应加强与携程、去哪儿、飞猪旅行、美团等国内主要线上旅游服务平台的合作。通过这些平台可以寻找和强化老年乡村旅游产品的特色和差异化,并借助平台的旅游体验反馈,提升老年乡村旅游服务质量。

近年来,文化和旅游部资源开发司指导抖音、飞猪旅行、小红书等互联网平台,推出行动方案,启动实施乡村旅游数字提升行动。例如,飞猪旅行联合阿里巴巴公益开展"益起寻美"乡村旅游数字提升行动,通过"乡村旅游人才数字能力提升行动""乡村文旅推广 AI 智能体建设行动"和"乡村旅游产品供给提质增量行动"等三大专项行动,助力乡村旅游数字化升级。不仅提升了乡村旅游的知名度和美誉度,还为老年游客提供了更加丰富和个性化的旅游产品。此外,小红书的"乡村漫游"公益计划通过线上营销推广、线下设计改造和本地创作者培养等方式,打造独特的地方乡村文旅新名片,有效提升了老年乡村旅游产品的市场竞争力,吸引更多老年游客参与乡村旅游。

通过与线上平台合作,不仅可以扩大老年乡村旅游产品的市场覆盖范围,还能借助平台的大数据分析能力,深入了解老年游客的需求和偏好,从而设计出更加符合老年游客需求的旅游产品。同时,线上平台的用户评价和反馈机制也为旅游服务的持续改进提供了重要依据。

(三)智慧景区建设与大数据应用

进一步推进智慧景区建设,充分利用采集的旅游大数据进行实时监测、数据分析和数据可视化。通过这些功能可以深入分析老年旅游的行为特征和需求,从而开展个性化的老年乡村旅游营销。例如,利用大数据分析老年人的旅游行为,为他们推荐适合的旅游线路和目的地。此外,智慧旅游平台应优化界面设计,采用大字体、大图标等,简化操作流程,方便老年游客使用。

智慧景区建设不仅是提升游客体验的关键,也是推动旅游业高质量发展的重要手段。通过智慧化手段,景区可以实现从票务管理到导览服务的全方位升级。例如,智慧票务系统通过在线预约、电子门票和无感支付等技术,简化了购票流程,减少了现场排队等待时间。同时,智能导览与导航系统利用 AR/VR 技术和 GPS 定位,为游客提供个性化的虚拟导览服务,让游客通过手机或特定设备享受沉浸式游览体验。

在大数据应用方面,智慧景区能够通过实时监测和数据分析,精准描绘游客画像,实施个性化营销策略。例如,基于游客偏好推送定制化的旅游产品和服务,通过社交媒体和 OTA 平台开展线上线下互动活动,增强游客参与感和忠诚度。大数据技术还可以用于景区管理,通过分析游客行为数据,优化资源配置,提升安全管理水平,同时降低运营成本。

为了更好地满足老年游客的需求,智慧旅游平台应注重界面设计的适老化。采用大字体、大图标等设计元素,简化操作流程,让老年游客能够更轻松地使用平台服务。同时,通过数据分析,平台可以为老年游客推荐适合他们的旅游线路和目的地,提升他们的旅游体验。

(四)适老化服务与设施

智慧旅游适老化不仅是打造数字化设施,更重要的是提供有温度的服务。例如,西夏陵景区通过安装一键 SOS 报警装置,为老年游客提供紧急求助服务。此外,景区应保留线下购票渠道,为不擅长使用智能手机的老年游客提供便利。线上平台可以通过语音导览、电子地图等专项服务,帮助老年人解决智能设备使用问题。

在具体实践中,智慧旅游适老化服务的优化体现在多个方面。景区的界面设计和操作流程需要针对老年用户进行优化。"乐游上海"平台对交互界面进行了适老化改造,采用大字号、大按钮,简化操作流程,满足老年人的

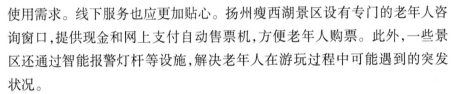

使用需求。线下服务也应更加贴心。扬州瘦西湖景区设有专门的老年人咨询窗口,提供现金和网上支付自动售票机,方便老年人购票。此外,一些景区还通过智能报警灯杆等设施,解决老年人在游玩过程中可能遇到的突发状况。

南京黄龙岘村针对老年游客的需求,开发了"康养+文化"旅游模式。村里建设了无障碍步道、适老化民宿和中医养生馆,为老年游客提供健康讲座、养生食疗等服务。此外,村里还结合当地的历史文化和民俗活动,开发了"乡村记忆馆"和"非遗体验工坊",让老年游客在休闲的同时感受乡村文化的魅力,成为适老化乡村旅游的典范。

智慧旅游适老化不仅需要技术的支持,更需要人文关怀的融入。景区应通过线上线下相结合的方式,为老年游客提供全方位的贴心服务,让他们在旅游过程中感受到温暖和关怀。通过这些措施,智慧旅游适老化将为老年游客带来更加便捷、安全和愉悦的旅游体验。

四、结合对外开放形势,大力开发对外老年乡村旅游市场

(一)国外老年旅游与乡村旅游研究的成熟经验

在中国知网(CNKI)检索老年旅游和乡村旅游相关文献,可以发现国外相关研究远早于国内。养老旅游的外文文献最早可追溯到1950年,比中文文献早了43年;乡村旅游的外文文献最早可追溯到1969年,比中文文献早了20年。这表明国外在老年旅游和乡村旅游领域的研究和实践已经较为成熟,形成了较为完善的理论体系和市场模式。这些经验可以为中国的老年乡村旅游市场开发提供宝贵的借鉴。

国外老年旅游市场的成熟反映了海外老年人强烈的旅游意愿和较高的消费能力。例如,欧美国家的老年人普遍有较长的退休时间和较高的经济收入,他们更倾向于通过旅游来丰富晚年生活。同时乡村旅游在国外的成功实践也表明,乡村地区的自然风光、文化底蕴和慢生活节奏对老年游客具有强大的吸引力。这些特点与中国乡村旅游资源的特点高度契合,为中国开发对外老年乡村旅游市场提供了良好的基础。

(二)对外开放形势下的市场机遇

近年来,中国与多个国家建立了友好城市关系,这为开发对外老年乡村旅游市场提供了重要的合作平台。友好城市之间的文化交流和旅游合

作,不仅可以促进双方的经济互动,还能增进民间友谊。例如,中国的许多城市与日本、韩国等国家的城市建立了友好关系,这些国家的老年游客对中国丰富的文化遗产和独特的乡村风光有着浓厚的兴趣。

通过与国外旅游企业合作,可以开发针对老年游客的定制化旅游产品。例如,结合中国乡村的特色资源,设计以养生、文化体验、自然观光为主题的旅游线路。同时,乡村旅游企业可以积极参与产品的开发设计中,打造具有国际竞争力的老年乡村旅游品牌。例如,结合中医养生、茶文化、传统手工艺等元素,开发独具特色的乡村旅游项目,吸引更多国际老年游客。

(三)打造开发对外老年乡村旅游品牌的策略

要成功开发对外老年乡村旅游市场,首先需要打造具有国际影响力的旅游品牌。这需要从多个方面入手,综合提升旅游产品的吸引力和服务质量。具体而言,应针对老年游客的需求,设计适合他们的旅游产品,例如,提供慢节奏的旅游线路,注重健康养生和文化体验,避免过于劳累的行程安排。同时提升乡村旅游的服务水平,特别是在医疗、交通、住宿等方面,为老年游客提供便利和安全保障。针对不同国家的老年游客,制作多语种的旅游宣传材料,包括网站、宣传册、视频等,方便他们了解旅游信息。最后与国外旅游企业、友好城市政府合作,共同推广老年乡村旅游项目,扩大市场影响力。通过这些综合措施,可以有效提升对外老年乡村旅游品牌的国际竞争力,吸引更多国际老年游客。

(四)乡村旅游企业的角色与责任

乡村旅游企业在开发对外老年乡村旅游市场中扮演着重要角色。企业需要深入了解国外老年游客的需求和偏好,结合本地资源设计符合他们期望的旅游产品。例如,针对欧美国家老年游客对健康养生和文化体验的偏好,企业可以开发以中医养生、传统手工艺体验等为主题的旅游项目。企业应注重提升服务质量,特别是在语言沟通、医疗支持和安全保障等方面,为老年游客提供贴心的服务。例如,配备专业的中英双语导游,提供紧急医疗服务,并在景区设置多语种的安全警示牌。企业还应积极参与国际旅游展会和文化交流活动,扩大品牌的国际知名度。例如,通过参加国际旅游博览会,展示中国乡村的特色旅游资源,与国外旅游企业建立合作关系。通过这些措施,乡村旅游企业不仅能够提升自身的竞争力,还能推动中国乡村旅游的国际化进程,吸引更多国际老年游客。

（五）政策支持与未来展望

政府的政策支持对于开发对外老年乡村旅游市场至关重要。近年来国家出台了一系列政策措施,为乡村旅游的发展提供了有力的保障。2023年6月2日文化和旅游部办公厅、农业农村部办公厅联合印发《乡村文化和旅游带头人支持项目实施方案(2024—2025年)》,计划2023—2025年每年培养支持500名左右的全国乡村文化和旅游带头人。2023年9月29日,国务院办公厅印发的《关于释放旅游消费潜力推动旅游业高质量发展的若干措施》提出,开展乡村旅游提质增效行动。这些政策为乡村旅游企业提供了资金支持和税收优惠,还鼓励企业开发针对国外老年游客的产品,提升服务质量和国际竞争力。

政府还要加强与国际友好城市的合作,推动双边旅游协议的签订,为老年游客提供签证便利和交通支持。例如,通过与日本、韩国等国家的城市建立友好关系,促进双方的文化交流和旅游合作。这些措施不仅有助于吸引更多的国际老年游客,还能提升中国乡村旅游的国际影响力。

随着乡村振兴战略的深入实施,乡村旅游将成为推动乡村经济发展的重要力量。乡村旅游产品将更加多样化,从传统的农家乐模式向更高质量、更丰富的业态转变,如乡村民宿、文艺村庄、IP农庄等。同时,乡村旅游企业将更加注重智能化与数字化发展,通过引入互联网、大数据、人工智能等技术手段,提升游客体验和服务质量。乡村旅游行业将更加注重绿色环保与可持续发展,推广绿色旅游理念,倡导低碳、环保的旅游方式,保护乡村生态环境,实现乡村旅游的绿色发展。通过这些政策支持和未来展望,乡村旅游企业将能够更好地开发对外老年乡村旅游市场,吸引更多国际老年游客,推动中国乡村旅游的国际化进程。

第四节
乡村养老旅游发展模式

乡村养老旅游是一种新兴的养老模式,主要面向城市老年居民,旨在满足他们对休闲、健康、怀旧和疗养的需求。乡村养老旅游通常包括游览乡村风光、体验农耕文化、参与传统手工艺制作、品尝农家美食等活动,使老年人在亲近自然的同时能够放松身心,增强体质。乡村养老旅游还注重老年人的心理健康,通过怀旧活动和社交互动帮助他们缓解孤独感,提升生活质量。这种旅游形式不仅为老年人提供了一个理想的养老环境,也为乡村经济发展注入了新的活力,促进了城乡之间的文化交流与融合。

一、乡村养老旅游的特点

乡村养老旅游近年来逐渐受到城市老年群体的青睐。其独特魅力在于将养老与旅游相结合,为老年人提供了一种全新的生活方式。以下将从多个方面详细阐述乡村养老旅游的特点。

(一)独特的活动对象

乡村养老旅游的主要服务对象是城市老年居民。随着我国老龄化进程的加快,城市老年群体对养老的需求日益多元化,他们不再满足于传统的居家养老或机构养老模式,而是更加追求健康、休闲、文化体验等方面的需求。《中国城市养老服务需求报告2022》显示,城市居民的养老观念正在发生变化,他们更加注重健康管理和积极的生活方式。乡村养老旅游正是迎合了这一趋势,为城市老年人提供了一个亲近自然、放松身心、体验乡村文化的平台。

近年来,城市老年人对养老的需求不再局限于基本的生活保障,而是逐渐向高品质、多元化的方向发展。他们希望通过旅游来丰富晚年生活,实现身心的健康和愉悦。乡村养老旅游结合了乡村的自然风光、文化底蕴和慢生活节奏,能够满足老年人对健康养生、文化体验和休闲娱乐的综合需求。乡村地区可以提供中医养生、温泉疗养、田园采摘等特色项目,让老年人在享受自然美景的同时,也能获得身心的滋养。此外,乡村养老旅游还能够为老年人提供一种全新的社交体验。在乡村环境中老年人可以结识志同道合的朋友,参与各种文化活动和手工艺体验,从而增强他们的社会参与感和归属感。这种多元化的养老方式既有助于老年人的身体健康,还能丰富他们的精神生活。

(二)丰富的旅游资源

乡村地区拥有得天独厚的自然资源和人文资源,为发展养老旅游提供了坚实的基础。乡村地区远离城市喧嚣,拥有清新的空气、优美的自然风光、丰富的动植物资源等。独特的院落凉亭、鲜艳的鲜花、清澈的河水、连绵的山脉、广阔的田野等,都能为老年游客提供舒适的休闲环境和愉悦的视觉享受。

乡村地区历史悠久,文化底蕴深厚,拥有独特的民俗风情、传统手工艺、地方戏曲、特色美食等。古老的村落建筑、传统的农耕文化、热闹的庙会活动、地道的农家菜肴等,都能为老年游客提供丰富的文化体验和精神享受。这些人文资源不仅展示了乡村的独特魅力,还能让老年游客在旅游过程中深入了解和体验中国传统文化。

乡村地区的旅游资源还具有很强的季节性和多样性。春季可以欣赏漫山遍野的鲜花,夏季可以享受清凉的河水和绿树成荫的田野,秋季可以体验丰收的喜悦,冬季可以感受乡村的宁静与祥和。这种多样性和季节性为老年游客提供了全年无休的旅游选择,丰富了他们的旅游体验。

(三)分布点多且广

我国地域辽阔,乡村众多,地理环境、气候条件、民俗风情等方面都存在明显差异,这为发展乡村养老旅游提供了广阔的空间。乡村养老旅游的分布点多且广,涵盖了从北方的草原到南方的水乡,从东部的沿海到西部的高原等多个地区。

1.地理环境多样

我国乡村地区拥有丰富的地理环境,从北方的广袤草原到南方的水乡古镇,从东部的沿海滩涂到西部的高原雪山,不同地区的乡村展现出不同的自然景观和气候条件。例如,北方的草原地区适合夏季避暑,南方的水乡则四季如春,适合全年旅居。这种多样化的地理环境为老年游客提供了多样化的旅游选择,能够满足他们在不同季节、不同气候条件下的旅游需求。

2.民俗风情各异

不同地区的乡村拥有独特的民俗文化、传统节日、民间艺术等,为老年游客提供了丰富多彩的文化体验。例如,北方的乡村有丰富的冰雪文化和冬季民俗活动,南方的乡村则以水乡文化和传统手工艺闻名。这些民俗风情不仅丰富了旅游的内容,还增强了老年游客的文化认同感和归属感。

3.空间特征

研究显示,乡村旅居养老的发展与"胡焕庸线"高度相关,东南地区分布密集,西北地区相对稀疏。同时乡村旅居养老的发展演化与中国三大经济带的地理区划高度耦合,整体呈现由沿海向内陆扩展、自东向西演进的趋势。这种分布特征为老年游客提供了更多的选择,无论他们身处何地,都能找到适合自己的乡村养老旅游目的地。

（四）参与性强

乡村养老旅游不同于传统的观光旅游,它更注重游客的参与性和体验性。通过丰富多样的活动,乡村养老旅游不仅让老年游客享受美丽的自然风光,还能让他们亲身参与乡村生活中,体验劳动的乐趣和文化的魅力。

1. 农业体验活动

老年游客可以亲身参与农耕、采摘、垂钓等农业活动,体验劳动的乐趣,感受乡村生活的魅力。在春天,老年游客可以参与播种活动,体验种植的乐趣;在夏天,他们可以参与田间管理,感受农作物的生长过程;在秋天,他们可以参与收获活动,享受丰收的喜悦。此外,垂钓活动也深受老年游客的喜爱,他们可以在乡村的河流或池塘边垂钓,享受宁静的时光。

2. 民俗文化体验

乡村地区拥有丰富的民俗文化资源,老年游客可以学习传统手工艺、参与地方戏曲表演、品尝特色美食等,深入了解当地的民俗文化。老年游客可以学习制作传统的手工艺品,如剪纸、陶艺、编织等,感受传统工艺的魅力;他们还可以参与地方戏曲表演,了解当地的戏曲文化,甚至可以亲自上台表演,体验戏曲的乐趣。此外,品尝当地的特色美食也是一种重要的文化体验,老年游客可以品尝到地道的农家菜肴,了解当地的饮食文化。

3. 休闲娱乐活动

乡村地区还可以提供棋牌、书画、摄影等休闲娱乐活动,丰富老年游客的业余生活。老年游客可以在乡村的凉亭或庭院中下棋、打牌,享受悠闲的时光;他们还可以参加书画活动,挥毫泼墨,展示自己的才艺;摄影爱好者可以在乡村的美丽景色中拍摄照片,记录下美好的瞬间。

（五）民俗风情浓郁

文化是旅游的灵魂,以农村自然风光为基础,以乡土文化为核心是乡村旅游的未来发展趋势和新的增长点。乡村养老旅游不仅是欣赏自然风光,更是深入体验乡村文化的旅程。

1. 传统文化传承

乡村地区保留着许多传统文化习俗,例如春节、端午节、中秋节等传统节日的庆祝活动以及婚丧嫁娶等人生礼仪,这些传统文化习俗可以为老年游客提供怀旧的情感体验。在春节期间，乡村地区会举办丰富多彩的庆祝活动，如舞龙舞狮、贴春联、挂灯笼等，让老年游客感受到浓厚的节日氛围。此外，乡村地区的婚丧嫁娶等人生礼仪也保留了许多传统习俗，如婚礼中的拜堂、闹洞房等，这些活动既展示了乡村文化的独特魅力，还能唤起老年游客对传统习俗的记忆。

2. 手工艺品和建筑

乡村地区拥有许多独特的手工艺品和传统建筑，例如刺绣、剪纸、木雕、石雕以及古村落、祠堂、庙宇等，这些都可以为老年游客提供艺术欣赏和文化熏陶。浙江省的新华村以银饰制作闻名，游客可以在这里学习银饰制作技艺，感受传统手工艺的魅力。此外，乡村地区的古建筑如祠堂、庙宇等具有极高的艺术价值，承载着丰富的历史文化内涵。例如，四龙镇的黄河战鼓表演和剪金山民俗文化旅游节，不仅展示了乡村的传统技艺，还通过文化活动的形式让游客深入体验乡村文化的魅力。

3. 文化活动体验

乡村地区还经常举办各种文化活动如戏曲表演、民俗节庆等，这些活动丰富了乡村的文化生活，也为老年游客提供了独特的文化体验。河北省武邑县的哈哈腔表演作为一种国家级非物质文化遗产，吸引了众多游客前来观看和学习。乡村地区的"村晚"活动也成为乡村文化的重要组成部分，通过自编自导自演的节目展示了乡村文化的活力和创造力。

二、人口老龄化背景下乡村养老旅游发展模式的创新策略

（一）完善相关配套设施建设

1. 建立和完善旅游公共服务体系

要实现乡村养老旅游的健康有序发展，建立和完善基础配套设施是关键。其中交通条件的改善尤为迫切，有效连接乡村与城市，缩短城乡距离，才能增强乡村对城市老年居民的吸引力。在快节奏的现代生活中，人们对时间成本的要求越来越高，因此，完善、便捷、舒适的城市公交体系至关重要。具体措施包括增加乡村地区的停车位数量和交通指示牌数量，这不仅为游客提供便利，还能使交通环境更加安全。此外，引入智能交通管理系统也是提升交通效率的有效手段。通过实时监控交通流量优化交通路线，减少拥堵，可以显著提高出行效率。这些措施将为老年游客提供更加便捷、安

全的交通环境,从而推动乡村养老旅游的可持续发展。

2.优化乡村养老旅游的服务保障体系

对乡村养老旅游的服务保障体系进行完善,是提升老年游客体验的关键环节。组织专业人员对乡村养老旅游地点周边的安全隐患进行排查和排除,建立完善的安全应急保障系统以及医疗救援站。在实际执行中可以依托城镇公共医疗单位的资源,建立和优化乡村养老旅游地的医疗设施,同时推进护理型养老机构的建设,从而完善乡村医疗体系,解决老年游客在农村医疗条件差的问题。具体措施包括在乡村设立小型诊所,配备基本的医疗设备和药品,并定期邀请城市医院的专家进行巡诊,提供高质量的医疗服务。还可以建立远程医疗系统,通过互联网技术让老年游客在乡村也能享受到城市医院的优质医疗资源。在乡村入口处建立旅游问询中心,为老年游客及其家属解答各种问题,增进他们对乡村养老旅游的了解,提供便捷、安全的旅游环境。旅游咨询中心可以提供详细的旅游指南、地图、交通信息等,帮助游客更好地规划行程。同时还可以设置休息区,提供免费的饮用水、充电设施等,让游客在旅途中得到充分的休息和放松。

3.加强环境保护和生态建设

乡村养老旅游的发展离不开良好的生态环境,因此应加强对乡村环境的保护,防止过度开发和污染。具体措施包括植树造林、治理水土流失、保护水源等,以改善乡村的生态环境。同时推广绿色旅游理念,鼓励游客参与环保活动,如垃圾分类、节能减排等,共同维护乡村的美丽环境。此外,政府和相关部门应加强对乡村生态环境的监管,确保旅游开发与生态保护之间的协调共赢。通过这些措施可以为老年游客提供一个更加健康、舒适、可持续的旅游环境,促进乡村养老旅游的可持续发展。

(二)深入挖掘民宿养老资源

为了使旅游城市化倾向得到有效避免,应以不改变乡村建筑整体风貌为前提,适当美化建筑内部装饰及外部环境。引入外部公司的独特文化理念和雄厚资金,结合老年人的兴趣、职业、性格等条件,明确其对健身设备、生活设施的需求,有针对性地修缮和改造乡村院落。在乡村养老旅游中,民宿不仅要具备住宿功能,还需蕴含丰富的文化内涵,有效结合当地先进文化,挖掘和糅合各种文化,展示本地文化特色,为老年游客带来更好的文化体验。

　　通过民宿经济等项目的开展,以城市老年养老群体及其周围的人为目标,能有效促进当地农特产品销售,实现农产品生产、销售、推广一体化,提升当地农业收入及品牌影响力。此外,乡村民宿的建设应尊重历史文化风貌,合理利用自然环境、人文景观、历史文化、文物建筑等资源,与农耕文化、传统工艺、民俗礼仪、风土人情等深度融合,修复传统建筑,促进乡村文化保护和传承。

　　在实际操作中,民宿开发需找准定位,适应不同群体、不同层次的需求,打造特色鲜明、类型丰富、品质优良、价格合理的产品体系。以乡村民宿开发为纽带,开展多元业态经营,拓展共享农业、手工制造、特色文化体验、农副产品加工、电商物流等综合业态,打造乡村旅游综合体,发挥带动效应。同时,民宿运营需摒弃传统模式,深度挖掘自身与所在地独特资源,发挥乡村美学内核的文化资源优势,为游客打造多样化、沉浸式体验。例如,云南大理的"云栖民宿"通过与周边餐馆、车行、民俗传承馆等合作,为游客打造全方位服务链,提供白族三道茶专家讲座等特色文化体验项目。这种模式不仅提升了民宿的吸引力,还促进了当地文化的传承与发展。民宿产品可围绕"原真性与现代性相融合"的理念,在装饰、设施、饮食、体验活动等方面巧妙融入特色元素。同时,提供有温度的服务,让游客深入体验当地生活。

(三)提升乡村养老旅游体验

　　随着城市老龄化进程的加快,越来越多的老年人渴望在养老的同时能够亲近自然、体验乡村生活。为了满足这一需求,乡村养老旅游应注重提升旅游体验,尤其是结合农业劳作和休闲养生的模式。相关管理人员应不断探索养老与休闲农业的深度结合,避免旅游城市化倾向,保留乡村建筑的整体风貌,同时适当美化建筑内部装饰和外部环境。具体而言,可以引入外部公司的独特文化理念和雄厚资金,结合老年人的兴趣、职业、性格等条件,明确他们在健身设备和生活设施方面的需求,有针对性地修缮和改造乡村院落。在乡村养老旅游中,民宿不只是住宿场所,还应蕴含丰富的文化内涵,结合当地先进文化,挖掘和糅合各种文化元素,展示本地文化特色,为老年游客带来更好的文化体验。

　　为了满足老年人参与农业劳作的需求,可以专门划分一部分农业用地,以出租的形式承包给前来养老旅游的群体,使他们能够参与力所能及的农业劳作,让老年人在养老旅游的过程中更深刻地体验农耕乐趣。同时为这部分老年人提供免费的农业技术指导与培训,提升他们对农业知识的了解程度。对于无法耕种土地的老人,应定期组织采摘、参观农产品的活动,增加其养老旅游的趣味性。

以上这些措施不仅可以提升乡村养老旅游的体验,还能促进当地农特产品的销售,实现农产品生产、销售、推广一体化,提升当地农业收入以及品牌影响力。此外,乡村养老旅游的发展还能推动乡村文化的传承与保护,促进乡村环境的改善和优化,为老年人提供更好的旅游体验。

(四)丰富乡村养老旅游的休闲活动

老年人在乡村停留的时间较长,多样化的休闲活动和休闲设施的支撑显得尤为重要。这些活动不仅能丰富老年人的生活,还能满足他们心理上的需求,增强他们的社交互动和文化体验。

1. 组织采摘劳作比赛

为了激发老年人的竞争兴趣,乡村养老旅游的管理人员可以定期组织一些采摘劳作方面的比赛。例如,举办水果采摘比赛、蔬菜种植比赛等,让老年人在参与中体验劳动的乐趣,同时增强他们的成就感。这些活动不仅能锻炼老年人的身体,还能促进他们之间的交流和互动,增强社区的凝聚力。

2. 俱乐部形式的娱乐与竞技活动

结合城市老年人的特点,通过俱乐部的形式将兴趣爱好相同的老年人聚在一起,定期开展相关的娱乐与竞技活动。例如,成立书法俱乐部、摄影俱乐部、棋牌俱乐部等,定期组织活动,让老年人在共同的兴趣爱好中找到归属感。这些俱乐部可以邀请专业的老师进行指导,提升老年人的技能水平,同时也能增强他们的社交能力。

3. 利用民俗活动和民间文化团体

乡村地区拥有丰富的民俗活动和民间文化团体,这些资源可以被充分用来丰富老年人的休闲生活。组织老年人参与当地的庙会、传统节日活动等,让他们亲身体验乡村的民俗文化。例如,在福建省长汀县童坊镇,每年正月十二都会举行传统的"闹春田"民俗活动,村民们抬着关公像在泥田里奔跑、角力,祈愿风调雨顺、五谷丰登。同时,可以邀请民间艺人进行表演,如戏曲、手工艺展示等,让老年人与民间文化团体互动,进一步增强乡村

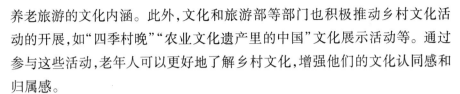

养老旅游的文化内涵。此外,文化和旅游部等部门也积极推动乡村文化活动的开展,如"四季村晚""农业文化遗产里的中国"文化展示活动等。通过参与这些活动,老年人可以更好地了解乡村文化,增强他们的文化认同感和归属感。

4.提供多样化的休闲设施

为了满足老年人多样化的休闲需求,乡村养老旅游地应提供多样化的休闲设施。例如,建设小型图书馆、文化活动中心、健身设施等,为老年人提供丰富的休闲选择。这些设施可以配备专业的管理人员,定期组织活动,确保老年人能够充分利用这些资源。此外,还可以设置休息站和医疗卫生站,为老年人提供休息、就医等服务,满足他们的休息、就医和紧急救助需求。在乡村养老旅游地,小型图书馆可以成为老年人获取知识、放松身心的好去处;文化活动中心则可以举办各种文化活动,如传统音乐演出、手工艺制作、文化讲座等,丰富老年人的文化生活;健身设施的建设能够帮助老年人保持身体健康,增强体质。

5.开展健康养生活动

结合老年人对健康养生的需求,乡村养老旅游地可以定期开展健康养生活动。例如,邀请中医专家进行健康讲座,内容涵盖中医养生理念、四季养生方法、常见疾病的中医预防和治疗等。这些讲座采用通俗易懂的语言,并结合实际案例,让老年人更好地理解和掌握养生知识。还可以举办养生瑜伽课程,帮助老年人增强体质、调节身心。同时提供温泉疗养服务,让老年人在享受自然美景的同时,也能放松身心,促进健康。通过这些活动,乡村养老旅游地不仅能够满足老年人对健康养生的需求,还能提升他们的生活质量,增强旅游体验的丰富度和满意度。

第四章
数智化融入乡村旅游的实践与探索

近年来,国家政策大力支持数字技术发展,为乡村旅游高质量增长提供了重要动力。2020年,文化和旅游部等十部门发布的《关于深化"互联网+旅游"推动旅游业高质量发展的意见》明确了智慧旅游的数字产业化战略,为旅游业的数字化转型奠定了基础。党的二十大报告进一步强调了高质量发展的必要性,提出全面推进乡村振兴,促进乡村产业融合与高效发展。随着人民生活水平提高和消费需求变化,大众对旅游的价值认知不断深化,不再满足于简单的景观游览,而是追求文化内涵和身心愉悦。传统旅游模式已难以满足市场需求,乡村旅游凭借其独特的自然环境和风土人情,成为新的关注点。乡村旅游不仅为游客提供亲近自然的机会,而且为游客提供了丰富的文化体验。数字化转型成为乡村旅游发展的亮点和突破点,是推动其高质量增长的有效路径之一。

第一节
数字技术在乡村旅游中的应用现状

随着数字技术的快速发展,乡村旅游的数字化转型已成为推动乡村全面振兴的重要途径。然而,在乡村旅游发展过程中仍存在一些现实问题。这些问题既影响了乡村旅游的可持续发展,也不利于数字信息技术与乡村旅游的深度融合。

一、数字基础设施建设滞后

尽管在乡村振兴战略的支持下,国家对农村地区的数字基础设施建设

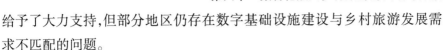

给予了大力支持,但部分地区仍存在数字基础设施建设与乡村旅游发展需求不匹配的问题。

(一)现代化数字基础设施建设规模不足

智慧乡村旅游的蓬勃发展离不开现代化数字基础设施的有力支撑,然而当前农村地区在相关建设方面仍存在明显不足。5G技术、物联网技术、大数据技术和云计算技术等新型信息基础设施在农村的普及程度较低,导致乡村旅游的数字化发展受到严重制约。例如,部分地区5G网络覆盖不足,影响了智慧旅游服务的推广。同时农村地区缺乏数据中心,使得旅游数据处理缓慢,无法满足乡村旅游数字化发展对数据存储、分析和应用的需求。这种基础设施的薄弱不仅影响游客的体验,也限制了乡村旅游的营销和管理创新。加强农村数字基础设施建设,提升网络覆盖广度与深度,加快5G网络向农村地区深入覆盖,推进数据中心建设,是推动智慧乡村旅游高质量发展的关键。

(二)乡村"数字鸿沟"依然存在

在当前乡村旅游快速发展的背景下,乡村"数字鸿沟"问题依然突出,严重制约了乡村旅游的高质量发展。与城市地区相比,乡村地区的数字化软件建设相对滞后,数字基础设施建设不够夯实。具体表现为乡村地区的互联网普及率、网络基础设施建设、数字技术应用等方面与城市存在较大差距。

1. 乡村地区的互联网接入能力不足

根据中国互联网络信息中心、智研咨询整理数据显示,截至2023年12月,我国城镇地区互联网普及率为83.3%,而农村地区仅为66.5%,两者差距达16.8个百分点。这种接入差距导致乡村在数字技术应用方面面临诸多困难,例如5G网络、光纤宽带等新型基础设施在乡村的覆盖范围有限,难以满足乡村旅游数字化发展的需求。

2. 乡村地区在旅游数据的收集和整合方面存在明显不足

由于缺乏完善的数字基础设施,乡村旅游数据难以全面收集和有效整合,导致无法将这些数据资源充分运用到乡村旅游服务体系中。例如,乡村地区缺乏专业的数字化平台和工具,无法实现旅游信息的实时更新和精准推送,影响了游客的体验。

3.乡村地区在数字技术的应用和推广方面也面临挑战

由于数字基础设施薄弱,乡村地区的旅游服务难以实现智能化和数字化升级。例如,智能导航、在线预订、虚拟现实等技术在乡村地区的应用程度较低,导致乡村旅游的服务质量和服务效率难以提升。

乡村"数字鸿沟"不仅影响了乡村旅游的整体质量,也对游客的体验产生了负面影响。游客在乡村地区可能无法享受到便捷的网络服务和丰富的数字化旅游体验,从而降低了对乡村旅游的满意度和重游意愿。因此,弥合乡村"数字鸿沟"、加强数字基础设施建设,提升乡村数字化水平,是推动乡村旅游高质量发展的关键所在。

二、复合型人才队伍建设落后

在乡村旅游数字化发展的背景下,复合型人才队伍建设的滞后已成为制约其高质量发展的关键瓶颈之一。数字技术赋能乡村旅游已成为重要趋势,但目前乡村旅游发展过程中仍缺少既懂乡村旅游知识又具备数字信息技术的复合型专业人才。

(一)人才吸引力不足

乡村旅游地区在吸引复合型人才方面面临诸多挑战,主要体现在以下几个方面。

1.薪资待遇与福利保障不足

既懂得乡村旅游相关知识,又具备数字信息技术的专业人才对薪资待遇期望较高。然而乡村旅游企业普遍规模较小,难以提供与城市同等水平的薪资待遇。乡村地区在社会保险、医疗、教育、子女就学等方面的支持相对不足,这些因素共同导致乡村旅游地区难以吸引或留住优秀的复合型人才。

2.基础设施与公共服务体系不完善

乡村旅游地区的发展基础相对薄弱,基础设施和公共服务体系不完善,严重影响了人才的吸引力。例如,交通不便、住宿条件差、餐饮服务水平低等问题,不仅影响游客的体验,也难以吸引高素质人才。此外,乡村地区的网络覆盖不足、信息化程度低也限制了数字技术在乡村旅游中的应用。

3.人才流失与培养机制不健全

由于上述问题的存在,乡村旅游地区的人才流失现象较为严重。一方面现有的复合型人才由于待遇和发展空间有限而选择离开;另一方面乡村旅游地区缺乏完善的培训机制和人才培养平台,难以培养出适应数字化转型需求的本土人才。例如,部分地区的乡村旅游从业者在数字技术应用、网络营销等方面的能力不足,影响了乡村旅游的数字化发展。

(二)主体数字素养偏低

与城市居民相比,农村地区居民的数字化水平仍有较大提升空间。移动智能终端在农村群众中的应用主要集中在娱乐、社交和通信方面,而在乡村旅游、医疗、教育等方面的应用还不够熟练。例如,部分乡村居民虽然能够使用智能手机,但对于如何利用数字平台推广乡村旅游产品、如何通过大数据分析优化旅游服务等方面知之甚少。这种数字素养的不足不仅影响了乡村旅游服务质量和服务效率,也限制了乡村旅游的数字化转型。例如,在乡村旅游目的地的推广中,由于缺乏专业的数字营销人才,许多优质旅游资源无法通过互联网平台有效展示,导致游客流量不足。乡村地区在数字技术的应用和推广方面也面临挑战,如智能导航、在线预订、虚拟现实等技术在乡村地区的应用程度较低,进一步影响了游客的体验和乡村旅游的市场竞争力。

三、乡村旅游产品创新不足

数字化发展为乡村旅游转型升级创造了条件,但由于"数字鸿沟"和人才队伍的影响,部分农村地区在发展乡村旅游方面层次较低,数字技术与乡村旅游产品创新结合得相对简单。

(一)产品同质化严重

当前乡村旅游在发展过程中面临的一个突出问题就是缺乏宏观规划和长远发展的顶层设计。由于没有形成科学合理的乡村旅游长远发展规划,部分地区在开发乡村旅游时,往往只着眼于短期的经济利益,而忽视了区域整体的协调发展和可持续性。这种短视行为导致了一个现象:一旦看到其他地区在旅游产品上有一定的创新性,就盲目跟风,"一哄而上",甚至在模仿过程中连基本的改动都没有,直接照搬照抄。这种缺乏创新和特色的开发模式,使得各地乡村旅游产品逐渐趋同,同质化现象愈发严重。

对于游客而言,乡村旅游的吸引力在于能够体验到不同地区的自然风光、独特的旅游产品以及丰富的风俗文化。然而当各地提供的旅游产品都千篇一律、缺乏个性时,游客的兴趣自然会大打折扣。例如,农家乐、观光采摘等项目在全国各地广泛存在,但这些项目往往缺乏深度和内涵,游客在不同地区体验到的几乎是相同的模式,难以感受到地域文化的独特魅力。这种同质化的旅游产品不仅无法满足游客多样化、个性化的需求,还容易引发市场的恶性竞争,导致价格战频发,进一步影响乡村旅游的可持续发展。

同质化的旅游产品还可能导致资源的浪费和生态环境的破坏。由于缺乏科学规划,一些地区在开发乡村旅游时,过度集中于少数热门项目,而忽视了本地其他丰富多样的旅游资源和文化特色。这种单一化的开发模式不仅无法充分发挥本地资源优势,还可能对生态环境造成不可逆转的损害,最终影响乡村旅游的整体吸引力和竞争力。

(二)数字技术与产品创新融合不足

部分地区在推动乡村旅游过程中虽然认识到了数字化技术的优势,并尝试将其融入乡村旅游产品创新中,但由于缺乏必要的智力支持和人才保障,产品创新仍处于探索阶段,数字技术与乡村旅游产品创新之间存在明显的"两张皮"问题。一些地区为了运用技术而运用技术,或是仅仅将数字技术作为乡村旅游产品创新的"噱头",并未真正实现技术与旅游产品的深度融合。这种现象导致乡村旅游产品在创新过程中缺乏深度和实用性。例如,部分乡村旅游项目虽然引入了智能导览系统、在线预订平台等数字技术,但这些技术的应用仅仅停留在表面,未能与当地的自然风光、民俗文化等特色资源有机结合,无法为游客提供真正具有吸引力的体验。因此,形成的乡村旅游产品难以吸引游客的关注,也无法实现预期的经济效益。

由于缺乏专业人才的指导和参与,乡村旅游在数字化转型过程中还面临诸多挑战。一方面乡村地区本身对数字技术人才的吸引力不足,导致相关技术的应用和推广受到限制;另一方面现有从业人员对数字技术的理解和应用能力有限,难以将技术优势转化为产品创新的动力。这些问题共同导致乡村旅游产品在数字化创新过程中难以取得实质性突破,无法满足游客日益增长的多样化、个性化需求。

四、数字乡村旅游尚未形成品牌效应

当前游客的旅游诉求越来越多元化,乡村旅游要在激烈的市场竞争中脱颖而出,需要在旅游品牌上"做文章"。然而,目前部分地区在乡村旅游发展过程中存在以下问题。

(一)缺乏主动性和积极性的规划

在探索数字乡村旅游发展的道路上,部分地区表现出明显的被动性与局限性。这些地区尚未认识到数字技术对于提升乡村旅游业价值和影响力的重要作用,因此在推动这一领域发展时往往停留在起步阶段,未能实现从传统模式向数字化转型的实质性突破。

1. 规划缺乏前瞻性

当前的规划多以短期目标为主导,忽视了长远发展的战略意义。这种短视的规划策略难以激发乡村旅游业与数字技术融合的潜力,更难形成有效的联动效应。例如,在基础设施建设、信息传播渠道构建以及旅游产品创新等方面,未能充分利用数字化手段提升服务质量和用户体验。

2. 缺乏整体性和协同性

在推动数字乡村旅游发展中,部分地区的规划局限于局部地区或单一项目,缺乏跨区域合作与资源整合的机制。这种短期化和局部化的策略难以形成具有影响力的联动效应,无法有效整合各地资源,限制了乡村旅游业的整体发展水平。

3. 未能提升影响力和号召力

由于规划的局限性,数字乡村旅游的发展在很大程度上受限于地域范围和受众群体。这不仅影响了乡村旅游品牌的塑造与推广,也削弱了其在全球化背景下的竞争力。因此在短期内难以实现对乡村旅游"摇旗呐喊"的效果,导致乡村旅游的整体影响力和市场号召力未能有效提升。

(二)农民主导的管理主体缺乏品牌建设意识

部分地区的乡村旅游管理主体仍以农民为主导。虽然这些农民在参与乡村旅游活动的过程中能够获得一定的经济收益,但他们往往缺乏市场竞争意识和创新精神,更倾向于守业而非创业。

1. 缺乏竞争意识与创新动力

由于农民群体更多关注现有业务的稳定性和安全性,较少考虑通过品牌建设、产品创新等方式来提升自身竞争力。这种守业而非创业的心态导致他们在利用数字技术推动乡村旅游发展时,往往局限于传统模式,难以探索新的商业模式和营销策略。

2. 品牌建设投入不足

在资源分配方面,农民管理主体倾向于维持现有业务的稳定性和简单操作性,而对于品牌建设这一长期投资领域则相对缺乏兴趣。这种偏向于短期收益而非长远发展的决策,导致乡村旅游项目的整体品牌形象、市场认知度以及核心竞争力难以得到有效提升。

3. 缺乏系统性的品牌战略

由于缺少明确的品牌意识和系统化的品牌战略规划,管理主体在数字乡村旅游的发展中往往难以形成统一的品牌识别体系和价值主张。这不仅影响了乡村旅游业的整体形象与吸引力,也限制了其在全球化竞争中的地位和影响力。

第二节
智慧乡村旅游平台的构建与运营策略

一、智慧乡村旅游平台概述

智慧乡村旅游平台作为现代科技与传统乡村旅游业融合的产物,在推动乡村旅游业发展中扮演着重要角色。这一平台通过整合丰富的旅游资源信息,不仅为游客提供了一站式的信息查询渠道,还大大提升了旅行体验的便捷性和舒适度。

从资源集成角度看,智慧乡村旅游平台涵盖了各类旅游资讯、景点介绍、开放时间表及交通指南等,使游客能够轻松获取所需信息,并通过地图展示和实时车程预估功能辅助行程规划。这不仅节省了游客的时间,也降低了出行的不确定性,让旅行变得更加有序与高效。

预约与购票功能是智慧平台的核心服务之一,它允许游客在线预订景点门票、酒店房间等服务,无需现场排队等待,大大提升了交易的安全性和便捷性。对于热门或限量资源的访问,提前预约成为必要手段,有效避免了资源短缺和拥挤的问题。

除基本的旅游服务外,智慧乡村旅游平台还提供了购物入口,不仅展示当地特色商品信息,支持线上购买,还利用 VR/AR 技术增加互动体验,让游客在未亲临之前就能"逛"遍当地市场。此外,它还可以推荐一些具有地方特色的体验项目,如农事活动、手工艺制作等,丰富了乡村旅游的文化内涵。

在线客服与自动回复功能是智慧平台提供贴心服务的关键部分。无论是遇到问题还是寻求帮助,游客都能通过文字或语音方式实时联系到客服人员。同时智慧乡村旅游平台引入自然语言处理技术对常见问题进行预设回答,确保用户能够快速获得满意答复,提高了服务效率和质量。

基于大数据分析,智慧乡村旅游平台还能收集并利用游客的浏览、预订、评价等行为数据,提供个性化推荐服务。智慧乡村旅游平台通过智能推送相关景点或活动信息,根据用户的兴趣偏好和历史行程,优化旅行体验,提高满意度。

综上所述,智慧乡村旅游平台不仅提升了旅游业的服务效率与质量,还促进了乡村文化的传承与发展。它将现代信息技术与传统旅游资源相结合,为游客提供了更加便捷、舒适、个性化的旅行体验,对推动乡村旅游产业的可持续发展和创新转型具有重要意义。随着技术的不断进步和完善,这一平台有望在未来发挥更大作用,成为连接城乡、促进经济社会发展的新纽带。

二、智慧乡村旅游平台的构建

(一)应用大数据及云平台技术

信息时代背景下,智慧乡村旅游平台的建设需要充分利用现代科技手段,以提升服务质量和效率。其中,大数据智能分析技术和云平台技术的应用尤为重要。

1.大数据智能分析技术的应用

大数据智能分析技术是通过收集、存储和处理大量复杂数据来揭示隐藏的模式、趋势和关联性的一种工具。在智慧乡村旅游平台上,这一技术能够自动收集用户的行为数据,包括但不限于用户的互动记录、搜索习惯、购买偏好等,从而构建出用户画像,即"脸谱分析"。这种分析不仅能够准确识别用户的年龄、兴趣爱好、居住地、消费水平及出游时间等基本信息,还能够深入洞察用户的潜在需求和行为模式。

通过大数据智能分析,智慧乡村旅游平台可以实现个性化服务。例如,基于用户的历史数据和偏好,平台能够推荐符合其口味的旅游景点、特色活动或商品,提供定制化的旅行方案和建议。这种精准营销不仅提高了用户体验,也有效提升了旅游资源的利用效率和经济效益。

2. 云平台技术的应用

随着数据量的爆炸性增长,传统的本地服务器存储和处理方式已经难以满足需求。云计算作为一种新兴的技术模式,通过将计算资源、存储设备和服务部署在远程数据中心,实现了对大数据分析的强大支持。云平台技术应用于智慧乡村旅游平台中,主要体现在以下几个方面。

(1)减少硬件成本与维护工作。采用云服务可以避免企业自行购买和维护昂贵的服务器和存储设备,降低了初期投资和日常运营的成本。

(2)提升数据处理速度。云计算提供了强大的计算能力,能够快速处理大规模的数据集。对于智慧乡村旅游平台而言,这意味着能够实时分析用户行为、优化推荐系统等任务得以高效完成。

(3)确保数据安全与隐私保护。云服务提供商通常采用先进的加密技术和冗余备份策略来保障数据的安全性。这为智慧乡村旅游平台提供了可靠的数据存储和传输环境,增强了用户对个人隐私的保护意识。

(4)提高可扩展性和灵活性。云计算架构允许根据实际需求动态调整资源使用量,这意味着在旅游旺季等高峰期时,平台能够自动增加计算能力和存储容量,确保服务稳定运行。

(二)构建高效便捷的在线支付系统

随着互联网技术的发展和普及,传统的旅游消费模式正在经历一场革命性的转变。在这一背景下,将在线支付系统融入智慧乡村旅游平台成为一种趋势。建立全面、便捷的在线支付体系,不仅能够极大地提升用户体验,还能促进地方特产的线上销售,实现旅游资源与市场更紧密的连接。

1. 在线支付系统的构建意义

在线支付系统在智慧乡村旅游平台中的应用,为游客提供了"一站式"解决方案。无论是购买门票、参加旅游项目,还是选购当地的特色产品,都能通过同一平台完成交易流程,无需再额外下载多个应用或网站,极大地方便了用户的操作。对于游客而言,这一便捷性直接提升了体验满意度和复购意愿;对旅游景区管理方来说则意味着更高的运营效率与经济效益。

2. 多元支付方式的接入

在设计智慧乡村旅游平台的在线支付系统时,应充分考虑用户支付习惯及便利性,支持多种支付方式进行交易。主要包括以下几个方面。

(1)微信支付。作为中国最为普及的移动支付工具之一,微信支付以其便捷、快速的特点深受广大用户的喜爱。

(2)支付宝支付。与微信支付并驾齐驱的另一大移动支付巨头,支付宝同样以安全可靠著称,且其庞大的用户基础为智慧乡村旅游平台带来了更广泛的市场覆盖。

(3)银行卡支付。传统的银行渠道在在线支付系统中依然占据重要地位。通过银行卡支付,满足了那些习惯使用实体卡或希望享受银行服务的用户需求。

(4)信用卡支付。对于追求更高消费体验或有特定支付需求的游客而言,信用卡支付提供了灵活、便捷的选择。

3.安全与隐私保护

在设计在线支付系统时,安全性和隐私保护是至关重要的考虑因素。平台应采用先进的加密技术,确保交易过程中的数据安全;同时建立严格的身份验证机制,防止欺诈行为的发生。此外,尊重用户隐私,合理收集并使用必要的个人信息,遵守相关法律法规。

4.数据分析与优化

在线支付系统的运营过程中,通过收集和分析用户的支付习惯、偏好等数据,可以进一步优化平台的功能设计和服务流程。例如,基于数据分析,景区可以了解哪些产品或服务更受用户欢迎,从而调整营销策略和资源分配;精准的用户画像有助于提供更加个性化的产品推荐与定制化服务。

5.用户体验与反馈机制

构建在线支付系统的同时,应高度重视用户体验设计。简洁明了的操作界面、快速响应的支付流程以及清晰的交易记录,都是提升用户满意度的关键因素。设置有效的用户反馈渠道,及时收集和处理用户的建议与问题,对于持续优化服务质量和改善平台功能至关重要。

6.结合地方特色与文化元素

在设计在线支付系统时,融入地方特色与文化元素可以进一步增强用户体验的丰富性和独特性。例如,使用具有当地特色的图标、背景或主题色,不仅能够提升视觉吸引力,还能加深用户对目的地文化的认知和情感联结。

7. 持续迭代与创新

随着技术的发展和社会需求的变化,智慧乡村旅游平台的在线支付系统应保持开放性与灵活性,持续进行迭代升级。引入新技术(如区块链、AI等),探索新的支付模式和服务形式,以满足不断演进的市场环境和用户期待。

(三)构建全面丰富的信息服务系统

在智慧乡村旅游平台的建设中,信息服务系统是不可或缺的一部分,它为游客提供了一站式旅游参考信息,极大地减少了游客自行规划行程的时间和精力投入。信息服务系统不仅包括了景区基本信息、地图导航、天气预报等常见功能,还涵盖了购物指南、周边特色等内容,为游客的旅行提供了全方位的支持与便利。

1. 景区信息服务:全景 VR 技术的应用

在乡村旅游中,独特的自然景观和人文风情是吸引游客的重要因素。为了更好地展示这些独特魅力,智慧乡村旅游平台可以采用全景 VR 技术,为潜在游客提供身临其境的体验。以"万亩油菜花"为例,传统的图片展示已经难以满足现代游客对视觉效果的需求。通过 VR 技术制作的动态全息图,游客可以在家中就能欣赏到壮观的油菜花海,仿佛置身于花田之中。

VR 技术不仅能提供震撼的视觉感受,还能增加互动性与沉浸感。对于那些计划前往乡村体验采摘活动的游客,平台可以设计一个 VR 采摘游戏,让用户体验虚拟采摘的乐趣。在游戏过程中游客可以通过控制虚拟角色进行摘取油菜花的操作,不仅增加了趣味性,还提前预览了实际体验。

2. 地图服务与气象预报

智慧乡村旅游平台的地图服务应包括景区内部的详细路线指引、周边城市的交通信息以及目的地的实时天气状况。这些功能可以帮助游客更好地规划行程,避免因天气变化或道路拥堵等因素影响旅行计划。

在提供地图服务的同时,集成气象预报功能尤为重要。尤其是对于那些依赖特定气候条件进行活动(如观赏油菜花的最佳时间)的景区来说,准确的天气信息可以指导游客选择最佳参观时机,确保旅游体验的质量与安全。

3. 购物指南与周边特色

智慧乡村旅游平台应提供购物指南和周边特色介绍。对于喜欢购买手

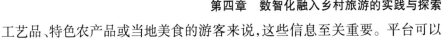

工艺品、特色农产品或当地美食的游客来说,这些信息至关重要。平台可以整合商家信息、产品评价、优惠活动等,帮助游客在旅行中找到心仪的物品。

智慧乡村旅游平台还应展示乡村地区的文化传统、历史遗迹、民俗活动等周边特色内容,这有助于游客更全面地了解和体验当地的文化风情,不仅能增加旅游的乐趣,还能促进地方文化的传承与发展。

4. 全面提升用户体验与服务品质

构建全面丰富的信息服务系统是智慧乡村旅游平台的核心竞争力之一。通过整合 VR 技术、地图导航、气象预报、购物指南等多功能于一体,智慧乡村旅游平台不仅为游客提供了便捷的旅行参考信息,还通过互动体验和沉浸式感受激发了旅游欲望。

此外,平台持续优化用户界面设计,确保操作简单直观,响应速度快,也是提升用户体验的关键因素。同时,平台应建立有效的反馈机制,收集并及时处理用户的建议与问题,不断迭代更新服务内容与功能,以满足游客日益增长的需求和期待。

三、智慧乡村旅游平台的运营策略

(一) 以用户为中心:构建智慧乡村旅游平台的人性化服务

当今,技术与服务正在逐渐融合,推动了各行各业的创新与发展。智慧乡村旅游平台作为连接现代科技与传统乡村文化的重要桥梁,其核心价值在于提供个性化、便捷化的旅游体验。坚持以人为本的原则,旨在通过深入理解用户需求,构建多样化且人性化的服务体系,从而提升用户的整体满意度和参与度。

1. 界面设计的人性化

智慧乡村旅游平台的界面设计应以简洁明了为原则,确保用户在初次接触时能够迅速找到所需信息和服务。平台需采用直观、易用的设计语言,减少复杂操作步骤,使不同年龄层次的用户都能轻松上手。例如,通过清晰的导航栏将各类服务分类展示,使用大图标的交互方式替代文字说明,增强视觉冲击力和互动性。

2. 多样化的服务内容

在提供多样化的服务时,智慧乡村旅游平台应紧密结合乡村旅游的核心建设目标,即促进乡村经济发展、保护环境与文化遗产以及提升居民生活质量。通过深入挖掘本地特色资源,如自然景观、文化活动、手工艺品等,设计出具有地域特色的旅游产品和服务。例如,在平台上推出"一日游""亲子体验""文化探索"等多种行程选项,满足不同年龄层和兴趣爱好的游客需求。同时结合 VR 技术或 360 度全景照片,为用户提供虚拟体验,让他们在出发前就能对目的地有直观的了解与期待。

3. 针对性市场策略

为了更好地吸引目标消费者群体,智慧乡村旅游平台应根据市场调研和数据分析,深入了解潜在用户的实际需求及消费行为。通过构建用户画像,分析其兴趣点、偏好以及可能的需求变化趋势,从而设计出更具针对性的营销策略和服务内容。例如,针对年轻旅行爱好者推出"乡村探险""摄影之旅"等特色活动;为家庭游客提供亲子互动体验项目,如农耕体验、动物喂养等。同时结合节假日或季节性特点,适时推出促销活动或主题旅游线路,增加用户参与度和平台活跃度。

4. 用户体验模型设计

为了确保智慧乡村旅游平台能够真正"刺激"到消费者,需要预先对用户体验模型进行精心设计与优化。这包括但不限于以下几点。

(1)需求分析。通过问卷调查、社交媒体互动等方式收集潜在用户的反馈和建议,了解他们期望从旅游中获得何种体验。

(2)用户测试。邀请目标用户参与平台功能的早期测试,观察并记录他们的使用习惯、操作流程中的痛点及改进点。

(3)持续迭代。基于用户反馈进行产品优化,不断调整界面布局、服务内容、营销策略等,以提升用户体验。

通过上述方法,智慧乡村旅游平台不仅能为用户提供丰富多样的服务体验,还能有效促进乡村旅游业的可持续发展。在实现经济效益的同时传承和弘扬地方文化,增强社区居民对家乡的认同感与自豪感,最终形成一个集经济、社会、文化和环境于一体的和谐生态圈。

(二)融合应用:打造无缝旅游体验的智慧平台

在数字化时代背景下,人们对于乡村旅游的需求已不仅限于信息获取和预订服务,而是追求更加便捷、智能且个性化的旅游体验。在建设智慧乡村旅游平台时,加强在线网站、App 以及人工客服的融合应用显得尤为重要。

1. 多渠道整合

在开发智慧乡村旅游平台的过程中,应充分考虑不同用户群体的使用习惯与偏好,通过多渠道整合策略,提供统一且一致的服务体验。在线网站作为信息展示和预订操作的主要入口,可以承载详细的产品介绍、活动信息及用户评价等功能;而 App 则依托移动设备的便携性,让用户在任何时间、任何地点都能轻松访问平台服务,实现查询、预订、支付等操作。

2. App 功能集成

为了确保 App 的功能覆盖全面且易于使用,应整合网站上的所有核心功能至 App 内。例如,提供详细的景区信息、地图导航、实时天气预报、特色活动推荐以及在线预订和支付服务等。此外,通过优化界面设计与交互流程,减少用户操作步骤,提升整体的用户体验。

3. 技术支持

智慧乡村旅游平台的成功运营离不开专业技术人员的支持。在平台开发阶段,需要一支技术团队负责系统架构、数据安全、性能优化以及功能迭代等工作。在日常维护中,技术支持也是不可或缺的一部分,包括但不限于服务器管理、软件更新、故障排查及用户反馈处理等。

4. 引入人工客服

为了提高平台的互动性和解决消费者在使用过程中遇到的问题,引入人工客服功能至关重要。通过提供在线聊天、电话咨询等多种沟通渠道,可以及时响应用户的疑问与需求,为用户提供个性化解决方案和情感支持。这不仅能够提升用户满意度,还能增强用户对平台的信任感和忠诚度。

5. 持续迭代与优化

智慧乡村旅游平台的建设与发展是一个持续的过程,需要根据市场反馈、技术进步及消费者需求的变化不断进行优化升级。通过定期收集用户意见、分析使用数据以及跟踪行业趋势,可以及时调整功能布局、改进用户体验,并引入新的服务模块或创新功能,以保持平台的竞争力和吸引力。

(三)在线互动:激发乡村旅游热度的新引擎

智慧乡村旅游平台的建设不仅仅是为了提供信息和服务,更是为了构建一个连接旅游者与潜在游客、促进交流分享、共同探索乡村魅力的社区。通过内嵌在线互动分享评价技术,平台可以成为推动乡村旅游热度提升的重要工具。

1. 分享驱动，建立真实体验的社交网络

在智慧乡村旅游平台上，用户能够上传自己的旅游照片、短视频和文字游记，分享旅行中的精彩瞬间与深刻感受。这种实时的、真实的体验分享不仅为其他游客提供了参考依据，还激发了他们对目的地的兴趣和探索欲望。例如，当一位游客发布了关于某乡村古镇的深度游记，并附上了古建筑群落的美丽照片和细致描述时，这条内容可能会吸引同样热爱历史文化的潜在游客。这种基于真实体验的分享比任何广告宣传都更能打动人心，激发人们前往实地探访的兴趣。

2. 奖励机制，鼓励高质量的内容创作

为了激励用户更加积极地参与内容分享和评价，平台可以设置相应的奖励机制，如提供产品优惠券、积分奖励等。这些奖励不仅能够提高用户的活跃度，还能促进优质内容的产生与传播。例如，对于那些撰写详细游记、提供实用建议或对乡村旅游资源有深入研究的用户，给予特别的奖励，鼓励他们分享更多有价值的信息。

3. 社区互动，构建交流平台

智慧乡村旅游平台应设计功能丰富的社区版块，允许用户之间进行直接交流。这不仅限于点赞和评论，还可以包括问答、私信等功能，让用户能够就旅行体验、景点特色、注意事项等话题进行深入讨论。通过这样的互动交流，游客可以获取更多个性化建议，避免一些常见的旅游陷阱，同时也能在遇到问题时得到及时的帮助和支持。这种基于信任与经验分享的社区氛围，有助于建立用户间的紧密联系，进一步增强平台的凝聚力和吸引力。

4. 数据分析，优化内容推荐与个性化服务

利用大数据和人工智能技术，智慧乡村旅游平台可以分析用户的兴趣偏好、浏览历史等数据，为每位用户提供个性化的旅游建议。例如，如果系统检测到某位用户对乡村民宿、手工艺品制作或自然风光特别感兴趣，就可以向其推荐相关的游记、活动或优惠信息。这种精准的内容推送不仅能提高用户体验的满意度，还能有效提升平台上的互动频率和热度，形成良性循环，吸引更多潜在游客参与其中。

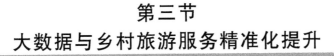

第三节
大数据与乡村旅游服务精准化提升

随着信息技术的迅猛发展,大数据技术已经成为推动各行各业变革的重要力量,旅游业也不例外。乡村旅游作为一种重要的旅游发展模式,近年来受到了越来越多的关注。然而传统的乡村旅游服务模式在满足游客需求方面存在诸多不足,如信息不对称、服务标准不一、体验一致性差等问题,严重影响了乡村旅游的可持续发展。大数据技术的引入,为解决这些问题提供了新的思路和方法。通过大数据技术,乡村旅游服务可以实现从传统模式向智能化、个性化方向的转变。

一、大数据驱动下的乡村旅游业态变革

随着信息技术的迅猛发展,尤其是大数据技术的应用日益广泛,旅游行业正经历深刻的转型与创新。这一趋势不仅对传统的商业模式产生了深远影响,也深刻重塑了乡村旅游的发展路径和运营模式。

(一)大数据推动商业模式革新

在传统旅游业中,服务提供者往往依赖于经验、直觉或市场调研来预测需求、制定策略。然而,这种方法存在诸多局限性,比如样本量有限、数据更新不及时、主观性强等,导致预测结果不够准确,难以满足游客日益多样化和个性化的需求。在大数据时代,通过收集和分析海量的旅游相关数据(包括但不限于用户行为数据、社交媒体互动记录、位置信息、历史预订数据等),企业能够实现从被动响应到主动预测的转变。这种转变不仅提升了服务的精准度,还为乡村旅游服务提供商带来了全新的商业模式和竞争优势。

1. 从被动响应到主动预测

传统旅游业的服务模式通常是基于过去的市场表现和有限的市场调研来制定策略,这种模式在面对快速变化的市场需求时显得力不从心。大数据技术的出现使得乡村旅游服务提供商能够实时收集和分析大量的用户数据,从而提前预测市场趋势和游客需求。通过分析游客在社交媒体上的互动记录,企业可以了解游客对不同旅游产品的兴趣和偏好;通过分析游客的

位置信息,企业可以掌握游客的流动规律和热门景点分布;通过分析历史预订数据,企业可以预测节假日或特殊活动期间的人流量,从而提前做好资源分配和服务准备。

2.提供个性化、定制化服务

大数据技术的核心优势在于能够根据个体差异提供精准的服务。通过对海量用户数据的分析,乡村旅游服务提供商可以深入了解游客的旅游偏好、消费习惯和行为模式,从而设计出更符合特定群体需求的旅游产品和服务。对于喜欢自然风光的游客,可以推荐更多的户外探险和生态旅游项目;对于家庭游客,可以提供适合儿童的娱乐设施和亲子活动;对于追求高端体验的游客,可以设计豪华住宿和定制化行程。这种个性化服务不仅提升了游客的满意度和忠诚度,还提高游客的复购率。

3.优化资源分配和服务质量

在乡村旅游中,资源分配和服务质量的优化是提升游客体验的关键。通过大数据分析,景区可以实时监测游客流量和热点区域,从而合理调整导游路线,避免拥堵,提升游客体验。景区可以根据实时数据调整景点的开放时间和人员配置,确保游客在热门景点的停留时间更加合理。此外,大数据还可以帮助景区优化服务设施的布局,提升整体运营效率。

4.市场分析与精准营销

大数据技术不仅可以用于内部管理和服务质量提升,还可以帮助乡村旅游企业进行市场分析和精准营销。通过分析游客的消费行为和反馈,企业可以调整其服务项目和价格策略,以更好地满足市场需求。通过分析游客的消费行为数据,企业可以发现哪些产品和服务更受欢迎,哪些时间段的预订量更高,从而优化产品设计和定价策略。大数据还可以帮助乡村旅游企业精准定位目标客户群体,制定更具针对性的营销策略。

5.案例分析:石阡县的实践

贵州省石阡县通过大数据平台实现了对游客流量的实时监控,有效提升了游客的游览体验。通过分析游客的实时位置数据,景区能够及时调整导游路线,避免拥堵,提升游客体验。石阡县还利用大数据技术优化了景区的服务设施布局,提升了整体运营效率。具体而言,石阡县通过建立统一的数字化平台,整合各个景区、酒店、餐饮等旅游资源,提供全面、准确的旅游信息,方便游客进行行程规划和实时查询。景区引入智能设备,如智能导览系统,为游客提供自助导览、语音解说等服务,提升游览的便捷性与体验感。同时,结合大数据分析技术,收集并分析游客的行为数据,及时了解游客的需求变化,进而优化旅游服务内容,如个性化的行程推荐、定制化的旅游套餐等。此外,石阡县还推进智能支付系统的普及,通过在景区、餐饮、购物等场所引入移动支付、无接触支付等智能支付方式,极大地提升了游客的支付体验。

(二)优化用户体验与增强互动

大数据的应用不仅限于商业模式创新,还极大地提升了乡村旅游体验的质量。通过实时分析游客在景区内的行为数据,可以精准定位服务需求点,比如提供实时天气预报、最佳路线推荐、个性化活动建议等,使游客的旅行更加便捷和舒适。此外,社交媒体和在线平台上的用户互动也得到了极大增强,大数据技术可以帮助识别用户的兴趣、情绪变化和社会趋势,从而通过定制内容推送、社交互动等方式与游客建立更紧密的关系。这种双向交流在增强用户体验的同时,还促进了口碑营销,有助于乡村旅游品牌影响力的扩大。

1. 实时数据分析与个性化服务

在乡村旅游中,大数据技术能够通过实时分析游客的行为数据,提供精准的服务。例如,景区可以利用游客的位置信息和行为轨迹,提供实时天气预报、最佳路线推荐和个性化活动建议。这种个性化的服务不仅提升了游客的便利性,还增强了他们的旅游体验。例如百度推出的"AI游乡村"智能体能够根据游客的偏好和需求,量身定制独特的乡村旅游线路。这种智能推荐系统不仅提高了游客的满意度,还减少了游客在规划行程时的压力。

2. 社交媒体与用户互动

大数据技术在社交媒体和在线平台上的应用,极大地增强了用户互动。通过分析用户在社交媒体上的互动记录和反馈,乡村旅游企业可以更好地了解游客的兴趣和情绪变化。例如通过社交媒体平台的快速传播能力,乡村旅游企业可以低成本、高效率地推广文旅产品,及时响应市场变化,建立稳定的客户关系。此外,通过定制内容推送和社交互动,乡村旅游企业可以与游客建立更紧密的联系,增强用户黏性。

3. 口碑营销与品牌影响力

大数据技术在提升用户体验的同时,还促进了口碑营销和品牌影响力的扩大。通过分析游客的反馈和评价,乡村旅游企业可以及时调整和优化服务,提升游客满意度。例如游客在体验后可以对推荐的路线和服务进行评价,智能体将根据反馈快速优化自身的推荐算法,使之更加精准。这种双向交流不仅增强了用户体验,还通过口碑传播扩大了乡村旅游的品牌影响力。

4.案例分析:百度"AI游乡村"智能体

百度推出的"AI游乡村"智能体是一个典型的案例,标志着乡村旅游在数字化、智能化领域迈出了关键一步。该智能体由百度文心大模型与《中国国家旅游》杂志合作推出,依托百度文心大模型在自然语言处理、信息检索等方面的技术优势,深度研习了文化和旅游部发布的1348条"乡村四时好风光"乡村旅游精品线路。通过精准剖析用户旅游诉求与偏好,"AI游乡村"智能体能够量身定制个性化乡村旅游路线。此外,"AI游乡村"智能体集成了旅游攻略、景点门票预订、住宿推荐和预订、美食餐厅推荐等多种功能,用户无需在多个平台之间频繁切换,只需通过一个工具即可完成乡村旅游从信息查询、路线规划到线上预订的全链条操作。这种一站式服务不仅提升了游客的筹备效率,还显著增强了旅游体验的品质。目前,用户可以通过扫描二维码或百度文心智能体平台、"中国国家旅游杂志"微信公众号体验"AI游乡村"智能体。

二、大数据驱动下的乡村旅游服务升级

随着信息技术的飞速发展,大数据已经成为推动旅游行业创新变革的关键力量,尤其在提升乡村旅游服务水平方面展现出巨大的潜力。这一趋势不仅促进了服务内容和方式的多样化,还实现了对旅游资源的高效利用,为游客提供了更多个性化的体验。

(一)个性化推荐服务

旅游景区通过收集、整合并深度分析每一位游客的历史数据,包括预订记录、浏览偏好以及社交媒体互动等信息,能够精准洞察每位游客的独特需求与兴趣。基于这些深入的数据挖掘和智能算法的应用,景区可以生成个性化的旅游路线规划、活动建议及住宿选择,实现从传统的"千篇一律"服务模式向"量身定制"的个性化体验转变。这种转变不仅显著提升了游客的满意度和参与度,增强了他们在旅途中的独特体验感,也极大地丰富了景区的服务内容与品牌吸引力。

通过大数据驱动的个性化推荐系统,旅游景区能够实时获取游客在官方网站、移动应用或社交平台上的行为数据,并据此提供高度定制化的服务。例如,根据游客的历史偏好和目的地选择,智能生成匹配其兴趣的行程安排;分析浏览路径和停留时长以了解特定的兴趣点,从而提供更符合需求的活动推荐;甚至通过社交媒体互动反馈,优化住宿建议,确保从预算到风格都能满足个性化需求。

这一模式不仅提升了单个游客的体验质量,还通过增强满意度、促进口碑传播以及提高复访率与推荐度,对景区的品牌价值产生了深远影响。在数字化转型的大背景下,个性化服务成为旅游业创新的关键驱动力之一,推动着旅游体验从标准化走向多元化、定制化的新时代。随着技术的发展和数据应用的深化,个性化旅游不仅能够满足游客日益增长的需求多样性,还能助力旅游景区实现资源高效利用,促进可持续发展与经济效益双提升。

(二) 智能资源管理

在乡村旅游领域中,大数据技术的应用不仅仅是提升游客服务体验那么简单,它更深入地体现在对旅游资源进行精细化管理和优化调度的全过程之中。通过实时监测、收集和分析海量数据,包括但不限于游客流量、热点区域、特定时间段内的需求变化等信息,旅游景区能够实现动态资源分配,精准预测并调整开放时间、活动安排以及设施维护计划。这种智能化管理不仅有助于避免资源闲置或过度拥挤的情况,确保每位游客都能享受到高质量的服务体验,同时最大化利用有限的旅游资源。

实时监测与动态调整是关键所在。景区通过物联网设备、摄像头和移动应用等手段收集数据,并运用大数据分析技术进行处理,以识别出热点区域、高需求时段以及游客兴趣点的变化趋势。基于这些信息,景区可以灵活地调整开放时间,确保在人流高峰时段有足够的人员和设施支持;精准安排活动,吸引不同兴趣的游客参与同时减少内部设施的压力;优化维护计划,确保关键设备在需要时处于最佳状态。

通过实施智能化管理,乡村旅游不仅提升了运营效率和服务质量,还显著提高了游客满意度。景区能够提供更加个性化、定制化的服务与活动,满足不同游客群体的需求,从而增强品牌价值和口碑传播效果。这种管理模式有助于实现资源的高效利用,并促进环境保护与可持续发展,确保旅游业在经济收益的同时,不影响自然资源和社会福祉。

（三）市场洞察与策略优化

大数据在推动乡村旅游领域实现从内部运营优化到市场洞察与策略制定的全面升级过程中扮演了至关重要的角色。乡村旅游企业通过整合并深入分析各类数据资源，不仅能够实时监控行业趋势、竞争对手动态以及目标市场的消费偏好变化，还能够在精准定位自身优势和不足的基础上，调整产品设计、优化服务流程、制定更具竞争力的价格策略，并针对性地开展营销活动，从而在激烈的市场竞争中脱颖而出。

大数据平台作为乡村旅游企业获取外部信息的关键工具，通过接入各类数据源和社交媒体网络，实现对行业数据的实时追踪与分析。利用自然语言处理技术进行情感分析，能快速识别客户对于特定景点、活动或服务的满意度水平及潜在改进点；通过监控旅游网站上的搜索关键词，预测未来热门目的地与主题趋势。基于大数据分析的结果，企业能够更精准地定位目标市场和理解不同群体的需求特征，包括人口统计学信息以及消费行为模式。这不仅帮助企业在产品设计和服务流程上实现个性化定制，还促进了对市场动态的快速响应，通过调整价格策略、优化营销活动来有效触达潜在客户。大数据驱动下的决策支持系统使得乡村旅游企业能够灵活应对市场竞争，实现从短期业绩提升到长期创新与可持续发展的全面升级。通过持续的数据收集与分析循环，乡村旅游行业不仅提升了内部运营效率，更在外部竞争环境中找到了差异化优势，为行业的繁荣、创新和可持续发展奠定了坚实基础。

三、大数据在乡村旅游中的具体应用案例

随着信息技术的快速发展，大数据已经成为推动乡村旅游转型升级的重要工具。通过对海量数据的采集、分析和应用，乡村旅游目的地能够更好地了解游客需求、优化资源配置、提升服务质量，并实现可持续发展。以下从游客流量监测与管理、乡村旅游品牌建设、农产品销售与乡村旅游结合三个方面，详细探讨大数据在乡村旅游中的具体应用。

（一）游客流量监测与管理

1.实时监测与流量预测

乡村旅游目的地的游客流量具有明显的季节性和时段性，尤其是在节假日和旅游旺季，游客数量激增可能导致景区拥堵、资源紧张等问题。通过

大数据技术,景区可以实时监测游客流量,并结合历史数据进行流量预测,从而提前做好应对措施。例如,贵州省石阡县通过搭建大数据平台实现了对游客流量的实时监控。该平台通过接入景区入口的智能闸机、摄像头、移动信号基站等设备,实时采集游客数量、来源地、停留时间等数据。基于这些数据,景区管理人员可以动态调整人员配置和资源分配,避免游客过度集中,提升游览体验。

2. 智能导览与路线优化

大数据技术还可以通过分析游客的实时位置数据,为景区提供智能导览服务。当某个景点的游客数量接近承载上限时,系统可以自动向游客推送提示信息,建议其选择其他景点或调整游览路线。同时景区可以根据游客的实时分布情况,动态调整导游路线,避免拥堵。以浙江省莫干山景区为例,该景区通过大数据分析游客的游览轨迹,发现部分热门景点在特定时段容易出现拥堵。为此,景区优化了导览路线,并通过手机 App 向游客推荐错峰游览方案,有效提升了游客的满意度。

3. 资源调度与应急管理

在旅游高峰期,景区内的交通、餐饮、住宿等资源往往面临巨大压力。通过大数据分析,景区可以提前预测资源需求,并制定科学的调度方案。当景区内的停车场接近饱和时,系统可以自动引导游客前往附近的备用停车场;当某个餐厅的客流量过大时,系统可以向游客推荐其他就餐选择。此外,大数据技术还可以用于应急管理,当景区内发生突发事件(如游客走失、设备故障等)时,系统可以通过分析游客的位置数据,快速定位受影响区域,并协调相关部门进行处置。

(二)乡村旅游品牌建设

1. 精准定位与品牌塑造

乡村旅游目的地的品牌建设需要基于对游客需求、市场趋势和竞争环境的深入分析。通过大数据技术,景区可以收集和分析游客的反馈数据、社交媒体评论、搜索行为等信息,从而精准定位自身品牌。文化和旅游部推出的"乡村四时好风光"全国乡村旅游精品线路品牌,就是通过大数据分析游客的偏好和需求,结合各地的自然风光和文化特色,打造出独具吸引力的旅游产品。该品牌通过精准提取乡土文化精神符号,将乡村的自然景观、民俗文化、特色美食等元素融入旅游线路中,成功吸引了大量游客。

2. 个性化推荐与精准营销

大数据技术还可以帮助乡村旅游目的地实现个性化推荐和精准营销。通过分析游客的年龄、性别、兴趣爱好、消费习惯等数据,景区可以为不同游客群体量身定制旅游产品和服务。例如,某乡村旅游景区通过分析游客的搜索和预订数据,发现年轻游客对户外探险和生态旅游更感兴趣,而老年游客则更偏好文化体验和休闲度假。基于这一发现,景区针对不同游客群体设计了差异化的旅游线路和营销策略,显著提升了游客的满意度和忠诚度。

3. 品牌传播与口碑管理

在社交媒体和在线旅游平台高度发达的今天,游客的评价和分享对乡村旅游品牌的传播具有重要影响。通过大数据技术,景区可以实时监测社交媒体和旅游平台上的游客评论,及时发现并解决潜在问题,同时挖掘正面评价进行推广。某乡村旅游景区通过大数据分析发现,游客对其特色民宿和农家菜的评价较高,但对交通便利性的评价较低。基于这一发现,景区一方面加强了对特色民宿和农家菜的宣传,另一方面与当地政府合作改善了交通基础设施,从而提升了整体品牌形象。

(三)农产品销售与乡村旅游相结合

1. 电商平台与农产品推广

乡村旅游目的地通常拥有丰富的农产品资源,但由于信息不对称和销售渠道有限,许多优质农产品难以进入更广阔的市场。通过大数据技术,景区可以将农产品销售与乡村旅游相结合,利用电商平台和社交媒体推广当地特色产品。2024 年文化和旅游部联合商务部等部门开展的"游购乡村"活动就是通过大数据分析游客的消费偏好,将乡村旅游与农产品销售深度融合。游客在游览乡村的同时,可以通过扫码购买当地的特色农产品,既丰富了旅游体验,又增加了农民收入。

2. 农产品溯源与品质保障

大数据技术还可以用于农产品的溯源和品质保障。通过区块链和大数据技术,景区可以为农产品建立从生产到销售的全流程追溯体系,确保产品的质量和安全。例如,某乡村旅游景区通过大数据平台记录了农产品的种植、采摘、加工、运输等环节的信息,游客可以通过扫描产品包装上的二维码,查看产品的详细信息。这种透明化的溯源体系不仅增强了游客的信任感,还提升了农产品的附加值。

3.定制化农产品与旅游体验相结合

大数据技术还可以帮助乡村旅游目的地开发定制化农产品,并将其与旅游体验相结合。景区可以根据游客的偏好,推出定制化的农产品礼盒,游客可以在游览过程中参与农产品的采摘和制作,体验乡村生活的乐趣。以某乡村旅游景区为例,该景区通过分析游客的消费数据,发现许多游客对有机蔬菜和手工食品感兴趣。为此,景区推出了"农田到餐桌"体验项目,游客可以亲自参与蔬菜的种植和采摘,并将自己收获的农产品带回家。这种沉浸式的旅游体验不仅增加了游客的参与感,还带动了农产品的销售。

4.数据分析与市场拓展

通过大数据分析,乡村旅游目的地可以更好地了解农产品的市场需求和销售趋势,从而制定出更有效的市场拓展策略。景区可以通过分析电商平台的销售数据,发现哪些农产品更受欢迎,哪些地区的市场需求较大,从而调整生产和销售策略。例如,某乡村旅游景区通过大数据分析发现,其特色蜂蜜产品在北方城市的销量较高,而在南方城市的销量较低。基于这一发现,景区加强了对北方城市的市场推广,同时针对南方城市开发了更适合当地口味的产品,显著提升了销售额。

第四节
虚拟现实与增强现实技术在乡村旅游体验中的应用

一、虚拟现实技术在乡村旅游体验中的创新性应用

(一)虚拟现实技术概述

虚拟现实(VR)是以计算机技术为核心,生成与一定范围内的真实环境在视、听、触感等方面相近似的一种模拟环境,是一种让三维动态视景和实体行为交互的系统仿真。

虚拟现实技术正以前所未有的速度发展和普及,在多个领域展现出巨大的应用潜力。从军事训练到医学教育、从科技娱乐到建筑设计,VR 都以

其独特的沉浸式体验改变了人们的生活方式。在军事领域中 VR 能提供逼真的模拟环境,帮助士兵进行战术演练,显著提升实战准备效率;在科技与商业娱乐方面,它不仅丰富了游戏和教育内容的呈现形式,还为消费者提供了前所未有的互动体验。建筑设计行业借助 VR 技术,设计师可以在虚拟环境中直观地预览、修改设计方案,极大地提高了设计效率和准确性。然而,中国在 VR 技术的发展上仍相对滞后于发达国家,主要表现在技术研发的深度与广度、研究成果的数量以及创新能力等方面存在差距。尽管如此,随着国家对科技创新的重视和支持,通过加大研发投入、构建产学研合作平台、加强人才培养以及制定相应的政策扶持,中国的 VR 产业正逐步加速发展,有望缩小与国际先进水平之间的差距,并在全球 VR 技术竞争中占据重要位置。

随着 5G、云计算等新一代信息技术的发展,VR 将更加普及和成熟,应用场景将进一步拓宽。这不仅意味着更多的行业将迎来数字化转型的机遇,也为人们的生活带来了更多可能性。从增强现实(AR)到混合现实(MR),科技正以越来越自然的方式融入日常生活,为人类创造更丰富、更便捷的体验世界。

(二)游客体验视角下虚拟现实技术在乡村旅游中的应用现状与挑战

1. 游客体验感较差,服务质量有待提升

我国 VR 技术的发展尚处于初级阶段,技术成熟度较低,设备性能也存在一定的局限性。这些问题直接影响了 VR 技术在乡村旅游中的应用效果,导致游客的体验感较差。例如,VR 设备的佩戴舒适度不足、画面清晰度不高、交互体验不够流畅等问题,都会降低游客的沉浸感和满意度。尤其是在乡村旅游场景中,VR 技术需要还原乡村的自然景观、人文风情和特色活动,但由于技术限制,虚拟场景的真实感和细节表现力往往不足,难以让游客产生身临其境的感觉。此外,VR 技术在乡村旅游中的应用还缺乏针对性的服务设计,许多乡村旅游景区的 VR 体验项目仅仅是简单的场景展示,缺乏深度的文化解读和互动体验,导致游客对乡村旅游的整体印象大打折扣。这不仅影响了游客的满意度,还可能对乡村旅游的口碑产生负面影响。

2. 体验形式单一,缺乏创新

目前,VR 技术在乡村旅游中的应用形式和内容较为单一,主要以静态的乡村实景展示为主,缺乏多样化的体验设计和创新元素。许多 VR 体验项

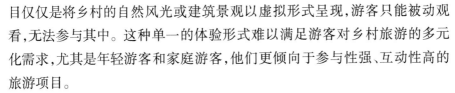

目仅仅是将乡村的自然风光或建筑景观以虚拟形式呈现,游客只能被动观看,无法参与其中。这种单一的体验形式难以满足游客对乡村旅游的多元化需求,尤其是年轻游客和家庭游客,他们更倾向于参与性强、互动性高的旅游项目。

乡村旅游的独特魅力在于其丰富的自然资源、深厚的文化底蕴和特色的民俗活动。然而现有的 VR 技术应用往往未能充分挖掘这些资源,导致体验内容缺乏吸引力和感染力。例如乡村的传统节日、手工艺制作、农耕体验等特色活动,都可以通过 VR 技术以更加生动、互动的方式呈现给游客,但目前这方面的应用还较为有限。

3.吸引客群有局限性

乡村旅游的主要客群通常是城市中需要放松或消遣的人群,他们希望通过乡村旅游逃离城市的喧嚣,享受自然和宁静。然而仅仅依靠这部分客群,难以实现乡村旅游业的可持续发展。目前 VR 技术在乡村旅游中的应用内容和模式大多针对成年人设计,缺乏对儿童、青少年和老年人等不同年龄层游客的吸引力。针对儿童的互动游戏、针对青少年的文化教育体验、针对老年人的健康养生项目等,都可以通过 VR 技术进行开发,但目前这方面的应用还较为匮乏。

VR 技术在乡村旅游中的应用还面临地域和文化的局限性,不同地区的乡村旅游资源各具特色,但现有的 VR 技术应用往往未能充分体现这些地域特色,导致游客对乡村旅游的认知和兴趣受限。例如,南方乡村的水乡风情、北方乡村的冰雪景观、西部乡村的民族文化等,都可以通过 VR 技术进行深度挖掘和展示,但目前这方面的应用还较为单一。

4.技术成本高,普及难度大

VR 技术在乡村旅游中的应用还面临技术成本高、普及难度大的问题。高质量的 VR 设备和技术开发需要大量的资金投入,这对于许多经济条件有限的乡村旅游景区来说是一个巨大的挑战。此外,VR 设备的维护和更新也需要专业的技术支持,这对乡村旅游景区的运营管理提出了更高的要求。VR 技术的普及还受到游客接受度的限制,许多游客对 VR 技术的认知度较低,尤其是老年游客和农村游客,他们可能对新技术感到陌生或不适应。因此乡村旅游景区在推广 VR 技术时,还需要加强对游客的宣传和教育,提高他们对 VR 技术的认知和接受度。

（三）游客体验视角下虚拟现实技术在乡村旅游中的优化与创新策略

随着科技的不断进步,虚拟现实技术在各个领域的应用日益广泛,乡村旅游也不例外。VR 技术为乡村旅游业带来了新的发展机遇,不仅能够提升游客的体验感,还能为乡村文化的传播和创新提供新的途径。然而 VR 技术在乡村旅游中的应用仍处于探索阶段,如何从游客体验的视角出发,优化 VR 技术的应用,提升服务质量,丰富体验形式,并做好长远规划,是当前亟待解决的问题。

1.关注游客需求,提升服务质量

VR 技术在乡村旅游中的应用,对乡村旅游业的开拓创新和持续发展具有重要意义。然而 VR 技术的应用不能仅仅停留在技术层面,而应更多地关注游客的需求和体验。不同的游客群体对 VR 技术的需求存在差异,因此在开发 VR 项目时,必须充分考虑游客的个性化需求,避免"一刀切"的做法。

乡村旅游景区应通过市场调研、游客反馈等方式,深入了解游客对 VR 技术的期望和需求。例如,年轻游客可能更倾向于互动性强、沉浸感深的 VR 体验,而老年游客则可能更注重内容的易操作性和舒适性。因此,VR 项目的设计应针对不同年龄段、不同兴趣爱好的游客群体,提供多样化的体验内容。景区服务人员的专业素养和服务能力直接影响游客的体验感,乡村旅游站点和景区应加强对服务人员的培训,提升其对 VR 技术的理解和操作能力,确保游客在使用 VR 设备时能够获得及时、专业的帮助。服务人员还应具备良好的沟通能力,能够根据游客的需求推荐合适的 VR 体验项目,进一步提升游客的满意度。景区应建立完善的反馈机制,及时收集游客对 VR 体验的意见和建议,并根据反馈不断优化 VR 项目的内容和技术。只有真正站在游客的角度,反思 VR 技术在乡村旅游应用中存在的问题,才能更好地提升服务质量,增强游客的体验感。

2.丰富体验形式,紧跟时代步伐

VR 技术在乡村旅游中的应用不应局限于单一的视觉体验,而应通过技术创新和内容创新,丰富游客的体验形式,提升 VR 技术的吸引力和竞争力。

VR 技术可以通过引入手动操作、触觉反馈等方式,增强游客的沉浸感和互动性。例如,在 VR 体验中加入虚拟采摘、虚拟农耕等互动环节,让游客通过手柄或其他设备亲自参与乡村活动,感受乡村生活的乐趣。还可以通过触觉反馈技术,让游客在 VR 体验中感受到风吹、水流等自然现象,进一步提升体验的真实感。VR 技术的研发和升级还应紧跟时代的步伐,结合最新的技术趋势,不断创新应用场景。例如,可以结合增强现实(AR)技术,将虚拟内容与现实场景相结合,为游客提供更加丰富的体验。还可以利用 5G 网络的高带宽和低延迟特性,提升 VR 体验的流畅性和画质,为游客带来更加震撼的视觉效果。各地区在开发 VR 项目时应充分借鉴其他地区的成功经验,同时结合本地的特色资源,设计符合本地特点的 VR 体验模式和内容。例如,可以利用 VR 技术展示当地的历史文化、民俗风情,或者通过虚拟导览的方式,带领游客探索乡村的自然风光和人文景观。通过丰富多样的体验形式,VR 技术可以为乡村旅游注入新的活力,吸引更多游客前来体验。

3.拓宽旅游视野,做好长远规划

乡村旅游业的可持续发展离不开长远规划,VR 技术的应用也不例外。在游客体验视角下,推动 VR 技术在乡村旅游业中的发展,不能仅仅局限于当地现有的资源,而应拓宽视野,充分利用不同地域的差异和特色,打造独具魅力的乡村旅游品牌。

乡村旅游景区应充分利用 VR 技术的优势,将不同地域的风土人情、民俗文化融入 VR 体验中,为游客提供多样化的文化体验。例如,可以通过 VR 技术展示不同乡村的节日庆典、传统手工艺等,让游客在虚拟环境中感受各地的文化魅力。此外,还可以通过 VR 技术将乡村的自然景观与历史文化相结合,打造具有教育意义的虚拟旅游项目,吸引更多家庭游客和学生群体。VR 技术在乡村旅游中的应用需要做好长远规划,确保其可持续发展。景区应根据客流量、收入、成本等指标,对 VR 项目的运营情况进行定期评估,并根据评估结果对 VR 技术的内容和技术进行优化调整。例如,在旅游旺季可以增加 VR 设备的数量,提升游客的体验效率;在旅游淡季则可以通过推出优惠活动、开发新的 VR 内容等方式,吸引更多游客前来体验。乡村旅游景区应加强与科技公司、高校等机构的合作,推动 VR 技术的研发和应用。通过产学研结合的方式,景区可以获取最新的技术支持和创新思路,进一步提升 VR 技术在乡村旅游中的应用水平。

二、增强现实技术在乡村旅游体验中的创新性应用

传统的乡村旅游体验往往受限于信息不对称、文化传播方式单一、互动性不足等问题,难以满足现代游客的多样化需求。随着增强现实(AR)技术

的成熟,其在旅游领域的应用为乡村旅游的数字化转型提供了新的可能性。AR 技术通过将虚拟信息与真实场景相结合,能够为游客提供更加丰富、直观、互动的旅游体验。

(一)增强现实技术概述

增强现实技术,是一种将计算机生成的虚拟信息(如三维模型、文字、图像、视频等)与真实世界场景进行叠加的技术,其核心在于虚实融合、实时交互和三维定位,能够为用户提供沉浸式的感官体验。通过移动设备或 AR 眼镜等终端设备,用户可以观看到虚拟与现实的融合场景,仿佛虚拟信息真实存在于周围环境中。

AR 技术能够将虚拟信息与真实场景无缝结合,用户可以通过移动设备或 AR 眼镜等终端设备观看到虚拟与现实的融合场景。同时,它允许用户与虚拟对象进行实时互动,用户可以通过手势、语音等方式与虚拟信息进行交互。AR 技术还能够通过空间定位技术,将虚拟对象精确地放置在真实场景中的特定位置,确保虚拟信息与真实环境的精准匹配。这些特征使 AR 技术在旅游领域具有广泛的应用前景,尤其是在乡村旅游中。通过 AR 技术,游客可以在参观乡村景点时通过手机或 AR 眼镜看到虚拟的历史人物、古建筑模型等,仿佛穿越时空,亲身体验乡村的历史文化。此外,AR 技术还可以为游客提供实时的导航和信息提示,增强游客的互动体验。通过这些应用,AR 技术不仅提升了游客的体验感,也为乡村旅游的发展注入了新的活力。

(二)增强现实技术在乡村旅游体验中的创新性应用

1. AR 智能导游,提升乡村旅游体验

传统的乡村旅游往往依赖于导游的讲解和固定的旅游路线,游客的体验较为单一,且缺乏互动性。AR 技术的引入可以为乡村旅游提供智能化的导游服务,帮助游客更好地了解乡村的历史、文化和自然景观。

(1)AR 智能导航与景点讲解。AR 智能导游可以通过移动设备为游客提供实时的导航服务。游客只需使用手机或平板电脑扫描景点标识,AR 系统即可识别景点并提供相关的虚拟信息,如历史背景、文化故事、自然景观的详细介绍等。AR 技术还可以为游客提供个性化的导游服务。游客可以根据自己的兴趣选择不同的导游路线,AR 系统会根据游客的选择提供相应的景点讲解和文化背景介绍。这种个性化的导游服务不仅提升了游客的体验,还增强了游客与乡村文化的互动性。

（2）AR 虚拟导览与互动体验。AR 技术还可以为游客提供虚拟导览服务。游客可以通过 AR 设备（如 AR 眼镜）在乡村中进行虚拟导览,AR 系统会根据游客的位置实时显示相关的虚拟信息。游客在乡村的田间小路上行走时,AR 系统可以通过虚拟标识显示附近的农田、果园、河流等自然景观,并提供相关的生态知识介绍。AR 技术还可以为游客提供互动体验,游客可以通过 AR 设备参与虚拟的农事活动,如种植、收割等,体验乡村生活的乐趣。这种互动体验不仅增强了游客的参与感,还提升了乡村旅游的趣味性和教育性。

2. AR 文化传播,增强乡村文化体验

乡村旅游的核心吸引力之一在于其独特的文化底蕴。然而传统的文化传播方式往往较为单一,难以充分展现乡村文化的深度和广度。AR 技术通过虚拟与现实的结合,能够为游客提供更加丰富、直观的文化体验。

（1）AR 文化展示与互动。AR 技术可以通过虚拟模型、动画、音视频等形式,将乡村的文化遗产进行数字化展示。在古村落中,游客可以通过 AR 设备看到古代农耕、手工艺等生活场景的复原,如古井打水、织布机等,仿佛穿越回古代。AR 技术还可以为游客提供互动式的文化体验。例如,游客可以通过 AR 设备参与虚拟的民俗活动,如舞龙、舞狮、传统节日庆典等,体验乡村文化的独特魅力。这种互动式的文化体验不仅增强了游客的参与感,还提升了乡村旅游的文化传播效果。

（2）AR 文化创意产品。AR 技术还可以应用于乡村旅游的文创产品开发。传统的乡村旅游纪念品往往缺乏创新性和互动性,难以吸引游客的注意。AR 技术可以通过虚拟与现实的结合,将静态的文创产品转化为动态的互动产品,增强其文化传播效果。AR 明信片就是一种典型的 AR 文创产品,游客可以通过手机扫描明信片上的图案,观看相关的虚拟动画或视频,了解乡村的文化背景和故事。这种 AR 明信片不仅具有观赏性,还具有互动性和教育性,能够更好地传播乡村文化。

3. AR 互动营销,提升乡村旅游品牌形象

乡村旅游的营销推广往往受限于传统的宣传方式,难以吸引年轻游客的注意。AR 技术通过其独特的互动性和沉浸感,能够为乡村旅游提供全新的营销方式,提升其品牌形象和吸引力。

（1）AR 互动广告。AR 技术可以为乡村旅游设计互动广告,游客可以通

过手机或 AR 设备扫描广告海报,观看相关的虚拟动画或视频,了解乡村的旅游资源和特色。例如,游客在扫描一张乡村风光的海报时,AR 系统可以通过虚拟动画展示该乡村的四季变化、自然景观、民俗活动等,帮助游客更好地了解乡村的旅游资源。AR 互动广告还可以为游客提供个性化的推荐服务。游客在扫描广告海报时,AR 系统可以根据游客的兴趣推荐相应的旅游路线和景点,提升游客的旅游体验。

(2)AR 虚拟体验营销。AR 技术还可以为乡村旅游提供全新的虚拟体验营销方式,通过将 AR 设备融入乡村的自然景观、民俗活动与农事体验之中,游客得以在真实环境和虚拟元素之间无缝切换,享受沉浸式的互动体验。乡村旅游企业可以利用 AR 技术开发虚拟导览应用,游客通过手机扫描二维码或特定标识,即可在虚拟环境中预览乡村的自然风光和文化活动。这一创新不仅极大地丰富了旅游内容的多样性,还实现了教育与娱乐的完美结合,使游客在探索中获取知识,增强对乡村文化的了解和尊重。

(三)AR 技术在乡村旅游应用中的挑战与展望

尽管 AR 技术在乡村旅游中具有广泛的应用前景,但其在实际应用中仍面临一些挑战。

1. 技术挑战

AR 技术的应用依赖于高精度的空间定位和图像识别技术,目前这些技术在实际应用中仍存在一定的局限性。例如,AR 系统在复杂的乡村环境中可能难以准确识别景点标识,导致虚拟信息与真实场景的匹配不精准。AR 设备的硬件性能和电池续航能力也是制约其广泛应用的重要因素。

2. 成本挑战

AR 技术的开发和应用需要较高的成本,尤其是在乡村旅游中,AR 系统的开发和维护成本较高,可能难以在短期内实现大规模应用。此外,AR 设备的普及率较低,游客可能缺乏使用 AR 设备的经验和技能,这也增加了 AR 技术在乡村旅游中应用的难度。

3. 用户体验挑战

AR 技术的应用需要游客具备一定的技术素养,部分游客可能对 AR 设备的使用感到陌生或不适应,影响其旅游体验。此外,AR 系统的操作复杂性和界面设计也可能影响游客的使用体验。

尽管面临这些挑战,随着 AR 技术的不断发展和成熟,其在乡村旅游中的应用前景依然广阔。未来随着 AR 设备的普及和成本的降低,AR 技术有望在乡村旅游中实现规模化应用,为游客提供更加丰富、直观、互动的旅游体验。

第五章
乡村旅游可持续发展的路径和策略

乡村旅游可持续发展的核心内涵在于平衡当前需求与长远发展,确保资源利用与环境保护的协调。其中乡村旅游与生态环境保护的协调发展是关键,强调在开发过程中应坚持绿色理念,避免过度开发对自然环境的破坏,推动低碳旅游模式。同时,乡村旅游与文化传承的协同发展也不容忽视,乡村文化作为乡村旅游的重要吸引力,需要在开发中得到保护和传承,并通过创新的方式融入旅游产品,增强文化体验的独特性和深度。乡村旅游与休闲农业的融合发展为乡村经济注入了新活力,通过观光农业、体验农业等形式,不仅能够提升旅游吸引力,还能促进农业资源的多元化利用,实现产业协同增效。乡村旅游的可持续发展需要在生态保护、文化传承和产业融合等方面统筹推进,通过科学规划和创新实践,实现经济、社会与生态效益的有机统一,为乡村振兴和可持续发展提供有力支撑。

第一节
乡村旅游可持续发展的内涵与目标

一、乡村旅游可持续发展的内涵

《可持续旅游发展宪章》明确指出,可持续旅游的核心在于实现经济、社会和环境三者的平衡发展。乡村旅游作为可持续旅游的重要组成部分,其内涵与一般意义上的可持续旅游发展理论具有高度一致性。乡村旅游可持续发展不仅关注旅游者的体验,还强调对当地居民生活水平的提升、生态环境的保护以及文化传承的维护。因此,乡村旅游可持续发展的内涵可以从以下几个方面进行深入探讨。

（一）满足当代与未来的多元化需求

乡村旅游的可持续发展需要满足多方面的需求，包括当地居民的经济社会发展需求和旅游者的高质量体验需求。从当地居民的角度来看，乡村旅游的开发应与当地经济紧密结合，充分利用乡村的资源禀赋，创造就业机会，增加收入来源，从而改善居民的生活水平和社会福利。通过乡村旅游的发展，当地居民能够获得更多的经济收益，进而推动乡村基础设施的改善和社会服务的提升。

从旅游者的角度来看，乡村旅游应提供高质量的旅游体验，满足他们对自然风光、乡村文化和休闲娱乐的需求。随着城市化进程的加快，越来越多的城市居民渴望逃离喧嚣，回归自然，体验乡村的宁静与淳朴。因此，乡村旅游的开发应注重提升服务质量，打造独特的旅游产品，满足旅游者对高品质生活的追求。同时，乡村旅游还应关注旅游者的文化体验需求，通过展示乡村的历史、文化和传统，增强旅游者的文化认同感和归属感。

乡村旅游的可持续发展还应考虑到未来世代的需求。当代人在享受乡村旅游资源的同时，不能以牺牲未来世代的利益为代价。乡村旅游的开发应注重资源的可持续利用，确保未来世代也能够享有同等的旅游资源和环境。

（二）保护乡村资源与环境的可持续性

乡村旅游的可持续发展离不开对乡村资源和环境的有效保护。乡村地区的自然资源、生态环境和文化遗产是乡村旅游发展的基础，因此，在开发过程中必须坚持生态优先的原则，确保资源的可持续利用。

乡村旅游的开发应建立在生态环境的承载能力之上，避免过度开发和资源浪费。通过科学规划和合理布局，确保旅游活动不会对乡村的生态系统造成不可逆的破坏。乡村旅游的发展还应注重对乡村文化的保护与传承。乡村文化是乡村旅游的核心吸引力之一，包括传统建筑、民俗风情、手工艺等。在旅游开发过程中，应避免对乡村文化的商业化侵蚀，保持其原真性和完整性。通过文化旅游项目的开发，不仅可以增强旅游者的文化体验，还可以促进当地文化的传承与发展。乡村旅游的开发应与乡村经济、社会的发展相协调。通过旅游业的带动，促进乡村经济的多元化发展，提升乡村居民的生活质量。乡村旅游的发展还应注重社会公平，确保旅游收益能够惠及全体居民,而不是集中在少数人手中。

(三)实现资源与利益的公平共享

乡村旅游的可持续发展要求实现资源与利益的公平共享。在同代人之间,乡村旅游的开发应确保所有居民都能公平受益,而不是让一部分人承担旅游开发带来的负面影响。例如,旅游开发可能导致土地资源的占用、环境污染等问题,这些负面影响应由全体居民共同承担,而不是仅仅由少数人承受。同时旅游收益的分配也应公平合理,确保所有居民都能从旅游发展中获益。

乡村旅游的开发还应考虑到代际公平,即当代人与未来世代之间的资源分配问题。当代人在享受乡村旅游资源的同时,不能以牺牲未来世代的利益为代价。乡村旅游的开发应注重资源的可持续利用,确保未来世代也能够享有同等的旅游资源和环境。例如生态旅游项目的开发,既可以满足当代人的旅游需求,又可以保护乡村的生态环境,为未来世代留下宝贵的自然资源。

综上所述,乡村旅游的可持续发展不仅要求满足当代人的需求,还要考虑长期的利益,通过资源的公平共享和利益的合理分配,确保乡村旅游的长期健康发展。

二、乡村旅游可持续发展的目标

乡村旅游的可持续发展要求在时间和空间两个维度上实现平衡。在时间尺度上既要满足当代人的旅游需求,又不能损害子孙后代满足其旅游需求的能力;在空间尺度上既要提升旅游者的体验质量,又要改善当地居民的生活水平,同时协调环境保护、乡村独特性与旅游开发之间的关系,最终实现乡村资源、经济、社会、文化和环境的协调发展。总体而言,乡村旅游可持续发展的目标可以归结为以下三个方面:乡村生态可持续发展、乡村社会文化可持续传承以及乡村经济可持续增长。

(一)实现乡村生态系统的可持续性发展

乡村生态的可持续发展是乡村旅游的基础和核心目标之一。纯净的自然环境、良好的生态系统是乡村旅游吸引游客的关键因素。乡村旅游的发展必须与生态保护紧密结合,确保基本生态过程、生物多样性和生态资源的可持续利用。

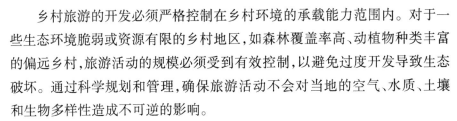

乡村旅游的开发必须严格控制在乡村环境的承载能力范围内。对于一些生态环境脆弱或资源有限的乡村地区,如森林覆盖率高、动植物种类丰富的偏远乡村,旅游活动的规模必须受到有效控制,以避免过度开发导致生态破坏。通过科学规划和管理,确保旅游活动不会对当地的空气、水质、土壤和生物多样性造成不可逆的影响。

乡村生态的可持续发展需要增强当地居民和游客的生态环境保护意识。通过宣传教育,让居民和游客认识到生态保护的重要性,鼓励他们在旅游活动中采取环保行为,如减少垃圾产生、节约用水、保护野生动植物等。同时,乡村旅游经营者也应积极采用绿色技术和管理模式,减少旅游活动对环境的负面影响。

乡村生态的可持续发展还要求实现旅游资源的可持续利用。通过合理开发和科学管理,确保乡村的自然景观、文化遗产和生态环境能够长期保存并持续为旅游活动提供支持。例如,可以通过生态旅游项目的开发,将环境保护与旅游体验相结合,既满足游客的需求,又促进生态资源的可持续利用。

(二)推动乡村社会与文化的可持续传承

乡村社会和文化的可持续发展是乡村旅游的重要组成部分。乡村旅游的发展不仅要提升当地居民的生活水平,还要维护和增强乡村社区的个性与文化特色。

乡村旅游的开发必须考虑社区的社会承载力,避免因旅游活动过度而导致社会问题的出现。例如,旅游开发可能带来外来文化的冲击,导致当地传统文化逐渐消失。因此,在旅游规划中应通过科学评估确定旅游区的社会承载力,并采取必要措施将旅游带来的消极社会影响控制在可接受范围内。

乡村社会和文化的可持续发展需要地方政府和社区的共同努力。地方政府应制定相关法规,保护乡村的文化遗产和社区特色,防止旅游开发对文化的商业化侵蚀。同时通过宣传教育,增强游客对乡村文化的尊重和理解,鼓励他们在旅游活动中遵守当地的风俗习惯。乡村旅游的发展还应激发当地居民的文化自豪感,使他们认识到通过旅游可以增强对自身文化的认同感和传承意识。

乡村旅游的发展应注重社区参与,确保当地居民在旅游开发中享有话语权和收益分配权。社区参与式的旅游开发模式不仅可以增强居民对旅游发展的支持,还可以促进乡村社会的和谐与稳定。可以通过合作社或社区企业的形式,让居民直接参与旅游经营,从而获得更多的经济收益和社会福利。

(三)促进乡村经济的可持续增长

乡村经济的可持续发展是乡村旅游的重要目标之一。经济效益不仅是旅游经营者和相关部门经济投入的回报,也是维系乡村旅游供给的关键因素。

乡村旅游的发展必须带来合理的投资回报,以维持旅游供给的规模和水平。然而旅游规模并非越大越好,它必须与当地的经济实力相匹配。因此,在乡村旅游开发中应根据当地的资源禀赋和经济条件,确定适度的旅游规模,避免因过度开发而导致资源浪费或经济失衡。

乡村经济的可持续发展要求以资源的有效利用和科学管理为前提。通过开发具有乡村特色的旅游产品,满足都市旅游者对自然风光、乡村文化和休闲体验的需求,从而提升乡村旅游的吸引力和竞争力。例如,可以结合当地的农业资源,开发农业观光、农事体验等特色旅游项目,既丰富了旅游产品的内容,又促进了农业与旅游业的融合发展。

乡村经济的可持续发展还应注重收益的公平分配。合理的利益分配机制可以确保旅游收益能够惠及全体居民,而不是集中在少数人手中。可以通过建立旅游合作社或社区基金,将部分旅游收益用于改善乡村基础设施和公共服务,从而提升全体居民的生活质量。同时,乡村旅游的发展还应注重与区域经济的协调发展,通过旅游业的带动作用,促进乡村经济的多元化发展,增强乡村经济的韧性和可持续性。

三、乡村旅游可持续发展面临的挑战

(一)生态环境破坏与资源过度开发问题

乡村旅游作为旅游业的重要组成部分,在推动乡村振兴和促进地方经济发展方面发挥着关键作用。然而在追求经济利益的同时,过度开发与规划不合理已经成为阻碍乡村旅游可持续发展的主要问题之一。

随着旅游市场需求的日益增长及人们生活水平的提升,对于个性化、高品质旅游体验的需求越来越强烈。一些地方政府和企业为了迎合市场,不

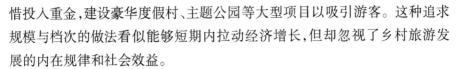

惜投入重金,建设豪华度假村、主题公园等大型项目以吸引游客。这种追求规模与档次的做法看似能够短期内拉动经济增长,但却忽视了乡村旅游发展的内在规律和社会效益。

过度开发的后果是显而易见的。一方面,大量的资本投入旅游基础设施建设中,导致资源分配不均,对环境造成压力的同时也加剧了经济负担;另一方面,新项目的不断涌现往往伴随着旧项目被忽视或淘汰的命运。这种"新瓶装旧酒"的发展模式不仅不能有效提升乡村旅游的整体品质和竞争力,反而可能因缺乏创新而逐渐失去市场吸引力。更深层次的问题在于各地区在发展乡村旅游时的盲目跟风与同质化竞争。为了抓住发展机遇,各地纷纷利用自身资源禀赋,热衷于开发旅游项目。然而在追求快速见效的过程中,往往忽视了对项目的深入研究和差异化定位。这种"一窝蜂"的发展模式导致大量项目呈现出高度相似性,缺乏独特性和吸引力,难以形成品牌效应,长远来看不利于乡村旅游的可持续发展。过度开发还可能带来一系列负面的社会问题,环境破坏、资源浪费、文化侵蚀等现象频繁出现,不仅损害了乡村的自然景观和文化遗产,也影响了当地居民的生活质量和社会稳定。

(二)传统文化保护与传承的困境

乡村旅游作为一种独特的旅游形式,不仅为游客提供了亲近自然、体验乡村生活的独特机会,也成为促进当地经济发展的有力推手。然而在其快速发展的同时,传统文化保护与传承问题日益凸显,成为制约乡村旅游可持续发展的重要因素之一。

商业化倾向在一定程度上影响了传统文化的原真性。为了吸引更多游客,一些乡村旅游项目可能会对传统元素进行改编和创新,以增加娱乐性和商业吸引力。这种做法虽然能够短期内促进旅游收入的增长,但长期来看却可能损害文化的本质与内涵。例如,传统节日、民俗活动等被简化或夸张化处理,失去了其原有的文化意义和社会价值。为了迎合现代审美和技术需求,对建筑风格、装饰艺术进行现代化改造,这也可能导致传统文化的"变异",丧失了其独特的地域特色和历史韵味。

乡村旅游的快速发展与人才流失问题并存。随着旅游业的繁荣,乡村地区吸引了大量投资者和游客。这在带来经济活力的同时,也使得一些传统行业面临着前所未有的挑战。传统手工艺、农业技术等依赖于世代相传的知识和技能,但面对快速发展的市场和技术变革,这些领域的人才往往难以留住。一方面,年轻一代对现代生活方式的追求导致他们离开家乡,寻求城市中的更高收入和更广阔的发展空间;另一方面,传统文化教育和传承体系相对薄弱,缺乏有效的机制来吸引并培养新一代的传承人。这种人才流失现象不仅影响了传统技艺的延续性,还可能导致相关文化知识和技术的失传。

乡村旅游项目的快速扩张往往伴随着对土地资源的大规模开发与利用,这在一定程度上挤压了传统文化生存的空间。例如,为了建设旅游设施、打造特色景点,一些村庄可能不得不拆除或改造原有的历史建筑和自然景观,这对于保护和传承传统文化构成了威胁。此外,过度商业化可能导致当地居民的生活方式和社会结构发生根本性变化,传统的社区关系和文化习俗受到冲击。

(三)乡村旅游产业链的薄弱环节

乡村旅游的可持续发展需要依托完整的产业链,然而当前乡村旅游产业链存在诸多薄弱环节,制约了其进一步发展。

相关产业配套不足是制约乡村旅游发展的主要问题之一。乡村旅游需要依托农家乐、农产品加工、手工艺品制作等相关产业进行发展,然而部分乡村居民缺乏专业技能、管理经验和市场意识,在创办农家乐或开展其他相关产业时面临困难。许多农家乐的经营者缺乏专业的餐饮管理和服务技能,导致服务质量参差不齐,难以满足游客的需求。农产品加工和手工艺品制作等产业也面临技术落后、市场推广不足等问题,制约了乡村旅游产业链的延伸和发展。

品牌建设和营销能力不足也是制约乡村旅游发展的重要因素。乡村旅游的核心竞争力在于其独特的自然风光和文化特色,然而由于缺乏品牌建设和营销能力,部分乡村旅游目的地在推广和推介上存在问题。许多乡村旅游景点缺乏有效的宣传和推广手段,导致其知名度和影响力有限,难以吸引更多的游客。部分乡村旅游景点在品牌建设上缺乏长远规划,导致其市场竞争力不足。如何加强乡村旅游产业链的配套建设,提升品牌建设和营销能力,成为当前亟待解决的问题。

(四)基础设施与公共服务的短板

乡村旅游的可持续发展离不开完善的基础设施和公共服务,然而乡村地区的基础设施和公共服务普遍存在不足,制约了乡村旅游的发展。

基础设施不足是制约乡村旅游发展的主要瓶颈之一。乡村地区多为相对偏远的地区,交通、水电、通信等基础设施建设相对滞后,许多乡村地区的道路狭窄且质量较差,难以满足大规模乡村旅游的需求。电力供应不稳定、网络覆盖不广泛也限制了乡村旅游业的发展。游客在乡村地区的出行、通信等方面面临诸多不便,影响了旅游体验。

公共服务不完善也是制约乡村旅游发展的重要因素。乡村地区的医疗、教育、安全等公共服务设施和资源相对匮乏,难以满足乡村旅游的需求。乡村地区的医疗设施有限,医疗资源不均衡,一旦游客发生意外,紧急救援和治疗将存在一定的困难。乡村地区的教育资源相对不足,缺乏专业培训机构和人才支持,制约了乡村旅游从业人员素质的提升和服务质量的改善。完善乡村地区的基础设施和公共服务,提升乡村旅游的服务水平,成为当前亟待解决的问题。

第二节
乡村旅游与生态环境保护协调发展

旅游是促进乡村经济发展的重要举措之一。通过开发乡村的旅游资源,引入外地游客,可以为乡村带来可观的旅游收入,还能有效改善当地居民的生活水平,提升民生福祉。然而如果对乡村旅游资源进行过度开发,超出乡村生态环境的承载能力,可能会导致严重的生态破坏,进而影响乡村的可持续发展,甚至造成不可挽回的后果,因此,做好乡村旅游与生态环境保护的协调发展工作至关重要。只有在保护生态环境的前提下合理开发旅游资源,才能实现乡村振兴与可持续发展战略的有机结合,为乡村的长远发展奠定坚实基础。

一、乡村旅游开发面临的生态环境问题及原因

(一)乡村旅游开发中的生态环境问题

1. 水体污染

乡村旅游开发过程中,水体污染问题日益凸显。项目选址往往倾向于

生态环境优美的地区,这些区域通常拥有丰富的湖泊、河流等资源。然而在开发过程中,为了提升景区吸引力和游客体验,开发者常在水域周边建设大量旅游设施,如亲水平台、水上娱乐项目等。这些设施的建设和运营过程中不可避免地会产生大量生活污水和固体废弃物,更为严重的是许多餐饮、住宿企业为降低成本,直接将未经处理的污水排入河道,导致水体富营养化、水质恶化。这不仅破坏了水域生态平衡,影响水生生物多样性,还会通过食物链影响人类健康。水体污染还会导致周边农田灌溉用水质量下降,影响农作物生长,进而对当地农业生产造成负面影响。长期来看,水体污染将严重制约乡村旅游的可持续发展,降低景区吸引力。

2. 大气质量下降

乡村旅游开发带来的大气污染问题不容忽视。大量城市游客自驾前往乡村旅游目的地,汽车尾气排放量显著增加,导致景区周边空气质量下降。旅游设施建设过程中使用的油漆、涂料等挥发性有机物(VOCs)会持续释放有害气体,而施工过程中产生的粉尘也会加剧空气污染。餐饮企业烹饪过程中产生的油烟含有大量有害物质,如PM2.5、多环芳烃等,这些污染物不仅影响空气质量,还会对游客和当地居民的健康造成潜在威胁。部分景区为吸引游客,设置烧烤区、篝火晚会等项目,这些活动会产生大量烟尘,进一步恶化空气质量。长期暴露在这样的环境中,可能导致呼吸系统疾病发病率上升,影响当地居民的生活质量,最终反噬乡村旅游的发展。

3. 噪声污染

乡村旅游开发带来的噪声污染问题日益严重。大量游客的涌入使景区人流量激增,游客的喧哗声、交通工具的轰鸣声等此起彼伏。同时为满足游客娱乐需求,景区内往往设置各种娱乐设施如KTV、游乐场等,这些设施运行时产生的噪声可达80分贝以上,远超乡村原有的环境噪声水平。旅游配套设施如酒店、餐厅的空调机组、发电机等设备也会产生持续性噪声,这种噪声污染不仅打破了乡村原有的宁静氛围,影响当地居民的正常生活作息,还会对野生动物的栖息环境造成严重干扰。研究表明,持续性噪声会导致野生动物行为异常,影响其觅食、繁殖等正常活动,进而破坏当地生态平衡。长期来看,噪声污染将降低游客的旅游体验质量,影响景区的可持续发展。

4.土壤与植被被破坏

乡村旅游开发对土壤和植被的破坏是多方面的。大量游客的频繁踩踏会导致土壤板结,破坏土壤结构,降低土壤透气性和保水能力,影响植物正常生长。特别是在旅游旺季,热门景点周边的植被往往因过度踩踏而难以恢复。游客随意丢弃的垃圾不仅影响景观,其中的有害物质还会渗入土壤,造成土壤污染。一些景区为满足游客需求,过度开发土地资源,建设停车场、游乐设施等,导致原生植被被大面积破坏。这种破坏往往是不可逆的,需要数十年甚至更长时间才能恢复。更为严重的是土壤和植被的破坏会引发一系列生态问题,如水土流失、生物多样性下降等,最终影响整个生态系统的稳定性。这种破坏不仅影响景区的景观质量,还会降低其生态价值,不利于乡村旅游的长期发展。

5.人文景观被破坏

乡村旅游开发过程中人文景观的破坏问题值得深思。在追求经济效益的过程中,许多乡村地区出现了过度商业化的倾向。传统民居被改建成现代化酒店,古朴的街巷被商业街取代,原有的乡村风貌逐渐消失。为迎合游客需求,一些地方出现了"伪民俗"现象,传统节庆活动被商业化包装,失去了原有的文化内涵。这种文化异化不仅使乡村失去了其独特的文化魅力,还可能导致传统文化的断层。过度开发还可能导致社区结构的改变,原住民的生活方式被迫改变,传统手工艺面临失传的风险。长此以往,乡村将失去其独特的文化吸引力,变得与其他商业景区无异,最终影响乡村旅游的可持续发展。因此,如何在开发过程中保护好乡村的人文景观,保持其文化特色,是乡村旅游开发面临的重要课题。

(二)生态环境问题产生的原因

1.游客环保意识淡薄

随着乡村旅游的兴起,越来越多的游客涌入乡村地区,为乡村带来了经济活力的同时,也带来了诸多环境问题。许多游客缺乏环保意识,在旅游过程中随意丢弃垃圾、破坏植被、污染水源等行为屡见不鲜。在一些热门的乡村景区,游客在游玩过程中,将食品包装、塑料瓶等垃圾随意丢弃在田间地头、溪流河畔,不仅破坏了乡村的自然景观,还对当地的生态系统造成了长期负面影响。植被的破坏更是常见,游客为了方便行走或拍照,随意践踏草地、攀折花木,导致植被覆盖率下降,土壤失去植被保护而容易受到侵蚀。

部分游客在乡村河流中洗涤物品或随意丢弃垃圾,导致水体污染,影响了水生生物的生存环境。这些行为不仅破坏了乡村的自然美景,还可能对当地的生态系统造成不可逆转的损害,影响乡村旅游的可持续发展。

2. 旅游管理缺乏制度性保障和生态发展理念指导

乡村旅游的快速发展对乡村地区的管理提出了更高的要求,目前许多乡村地区在开发旅游资源时,缺乏科学规划和有效的管理制度。一方面,旅游资源过度开发的现象较为普遍,导致生态环境承载能力超负荷,一些乡村地区为了吸引游客,盲目建设大量旅游设施,占用了大量的农田和绿地。另一方面,由于缺乏有效的管理制度,一些乡村旅游景区的垃圾处理、污水处理等基础设施不完善,导致环境污染问题日益严重。部分景区的垃圾收集和处理设施不足,垃圾随意堆放,散发出难闻的气味,影响了游客的体验和当地居民的生活质量;同时污水处理设施的缺失使得生活污水和餐饮废水直接排放到周边水体,造成水体富营养化,影响了水生生态系统的平衡。

3. 开发过程中对生态环境的忽视

在乡村旅游开发过程中,对生态环境的忽视是导致环境问题频发的重要原因之一。一些乡村旅游景区为了吸引游客,大量使用化肥和农药种植观赏植物,以保持景区的景观效果,然而这种做法却对土壤和地下水造成了严重污染。化肥和农药的过量使用会导致土壤酸化、板结,降低土壤的肥力和生物多样性,残留的化肥和农药会通过地表径流或渗透进入地下水,影响地下水水质,进而影响当地居民的饮用水安全。乡村旅游景区的交通流量增加,汽车尾气排放和噪声污染也对当地的大气环境和居民生活造成了严重影响。在旅游旺季,乡村道路上车辆川流不息,汽车尾气中的有害物质如二氧化硫、氮氧化物等排放量大幅增加,导致局部地区空气质量下降,影响游客和居民的健康。汽车的噪声也打破了乡村的宁静,影响了居民的正常生活和野生动物的栖息环境。

4. 经济利益与生态保护的冲突

在乡村旅游的发展过程中,经济利益与生态保护之间的冲突尤为突出。一些乡村地区为了发展旅游业,过度开发自然资源,如过度砍伐森林用于建设旅游设施,导致森林覆盖率下降,水土流失问题加剧。森林的减少不仅影响了当地的气候调节功能,还破坏了野生动物的栖息地,导致生物多样性下降。一些乡村地区为了增加旅游收入,过度开发水资源,建设大型的人工

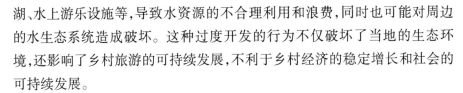

湖、水上游乐设施等,导致水资源的不合理利用和浪费,同时也可能对周边的水生态系统造成破坏。这种过度开发的行为不仅破坏了当地的生态环境,还影响了乡村旅游的可持续发展,不利于乡村经济的稳定增长和社会的可持续发展。

二、乡村旅游与生态环境保护协调发展的必要性

(一)有利于促进农村生态环境保护和建设

乡村旅游与生态环境保护协调发展具有重要意义,尤其在促进农村生态环境保护和建设方面。随着我国国民经济的健康稳步发展,乡村旅游凭借其巨大的市场潜力、蓬勃的产业生命力和强大的经济发展带动能力,在乡村脱贫攻坚中发挥了重要作用。乡村旅游不仅为乡村带来了直接的经济收益,还通过增强农村经济实力,为当地政府和农民提供了更多的资源用于旅游资源环境的投资。这种投资不仅有助于改善乡村的基础设施,还能提升资源环境质量,加快农村生态环境建设。

乡村旅游的发展可以促进乡村的绿化工程、污水处理设施的建设和垃圾处理系统的完善。这些措施既改善了乡村的生态环境,还提升了乡村的整体美观度和游客的体验感。同时乡村旅游的发展也为当地居民提供了更多的就业机会,使他们能够参与到生态保护和环境建设中来,形成良性循环。此外,乡村旅游与生态环境保护的协调发展还有利于促进乡村现代化建设。通过乡村旅游的发展,乡村地区的基础设施建设逐渐完善,村容村貌焕然一新,人居环境明显改善。这种变化不仅提升了乡村的整体形象,还为乡村的可持续发展奠定了坚实基础。

(二)有利于促进乡村现代化建设

大力支持和推动乡村旅游发展,是融合农村一二三产业的重要手段,能够促进乡村产业协调发展,有益于推动乡村振兴。丰富多样的乡村旅游资源是发展乡村旅游产业的前提条件。乡村旅游的发展促进村民的人均收入提高,村民们积极翻修或新建住房,通过村镇整体规划,形成村容整洁、各具特色的旅游村镇,乡村旅游地村容村貌焕然一新,乡村人居环境明显改善。

乡村旅游与生态环境保护的协调发展对乡村现代化建设具有深远意义。一方面,乡村旅游的开发带动了乡村基础设施的建设和完善,为了满足游客的需求,乡村地区会加大对交通、通信、水电等基础设施的投入,改善乡

村的硬件条件。同时,生态环境保护的要求也促使乡村在建设过程中更加注重绿色、可持续的发展理念,采用环保材料和技术,优化乡村布局和用地规划。这种协调发展不仅提升了乡村的整体形象,还为乡村的长远发展奠定了坚实基础。另一方面,乡村旅游的发展促进了乡村经济的多元化,通过发展乡村旅游,乡村地区可以将农业、手工业、服务业等产业有机融合,形成完整的产业链条。这种产业融合不仅提高了乡村的经济活力,还为当地居民提供了更多的就业机会,进一步提升了村民的生活水平。此外,乡村旅游与生态环境保护的协调发展还增强了乡村的区域联动能力,促进了乡村之间的经济文化交流,推动了乡村现代化建设的进程。

(三)有利于促进乡村文明程度提高

随着乡村旅游的快速发展,巨大的旅游需求对当地的卫生状况和整体环境提出了更高要求。这促使当地群众认识到改善乡村卫生环境对于乡村旅游产业发展的重要作用,以及村容村貌的改变和村庄整体建设的发展对于乡村旅游产业的重要意义。

在乡村旅游开发过程中,为了满足游客对良好环境的期望,乡村地区会加大对卫生设施和环境整治的投入,如改善垃圾处理系统、建设污水处理设施、加强公共卫生管理等。这些措施不仅提升了乡村的卫生水平,还改善了居民的生活质量。乡村旅游的发展也为当地居民提供了更多接触外界的机会,促进了思想观念的更新和文明意识的提升。乡村旅游的兴起还推动了乡村基础设施的完善和公共服务的提升,道路的改善、公共设施的建设、文化活动的丰富等都有助于提升乡村的整体文明程度。通过乡村旅游的发展,乡村地区能够更好地传承和弘扬传统文化,增强文化自信,进一步提升乡村文明程度。

三、乡村旅游与生态环境保护协调发展的路径探索与实践

(一)科学规划旅游发展模式,因地制宜保护生态环境

乡村旅游发展必须坚持"生态优先、绿色发展"的理念,将生态环境保护放在首位,科学规划旅游发展模式,实现经济效益、社会效益和生态效益的有机统一。

1. 因地制宜,制定差异化发展策略

我国地域辽阔,不同地区乡村旅游资源和生态环境差异显著,因此乡村

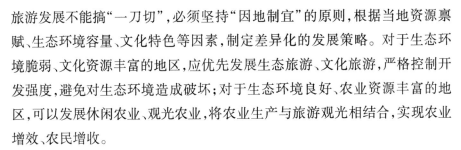

旅游发展不能搞"一刀切",必须坚持"因地制宜"的原则,根据当地资源禀赋、生态环境容量、文化特色等因素,制定差异化的发展策略。对于生态环境脆弱、文化资源丰富的地区,应优先发展生态旅游、文化旅游,严格控制开发强度,避免对生态环境造成破坏;对于生态环境良好、农业资源丰富的地区,可以发展休闲农业、观光农业,将农业生产与旅游观光相结合,实现农业增效、农民增收。

2. 科学评估,合理控制旅游开发强度

乡村旅游开发必须进行科学的环境影响评估,合理确定旅游环境容量,严格控制开发强度,避免过度开发对生态环境造成不可逆转的破坏。例如,可以借鉴国家公园的管理模式,划定生态保护红线,对核心生态区域实行严格保护,限制旅游活动;在缓冲区适度开展生态旅游活动,但必须严格控制游客数量,并采取有效的环境保护措施。

3. 生态补偿,建立健全生态保护机制

乡村旅游发展不可避免地会对生态环境造成一定影响,必须建立健全生态补偿机制,对因旅游开发而受损的生态环境进行补偿,确保生态环境得到有效保护。可以建立生态旅游基金,从旅游收入中提取一定比例的资金用于生态环境保护和修复;也可以探索碳汇交易等市场化生态补偿机制,鼓励企业和个人参与生态环境保护。

4. 案例分析:海南省生态旅游村的发展路径

海南省凭借其得天独厚的海洋资源和旅游资源,积极探索生态旅游村的发展路径。近年来,海南省政府充分利用资源优势,结合当地独特的民族文化风情和海洋旅游资源,推动生态旅游村建设。省政府通过大力宣传旅游文化,加强乡村基础设施建设,优化整体布局,建设了许多生态旅游村。

在具体实践中,海南省注重生态保护与旅游开发的有机结合,通过"产业生态化和生态产业化"的路径,实现"绿水青山就是金山银山"的目标。例如,海口红树林生态旅游区通过生态保护修复,将退塘还林、退塘还湿与农民转产就业有机结合,不仅修复了生态环境,还带动了当地百姓致富。海南省还通过村庄规划编制实施工作,为乡村振兴提供规划支撑和要素保障,加快建设宜居宜业和美乡村。例如,施茶村利用羊山地貌特质,围绕火山岩村落和石斛产业,构建"山、村、园、文、产"一体化的文旅融合格局。

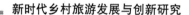

（二）加强特色文化和绿色文化建设，形成独具特色的乡村文化

乡村文化是乡村旅游的灵魂，是吸引游客的重要因素。加强特色文化和绿色文化建设，是提升乡村旅游吸引力、实现可持续发展的重要途径。

1. 挖掘特色文化，打造乡村旅游品牌

每个乡村都有其独特的历史文化、民俗风情、传统技艺等，这些都是发展乡村旅游的宝贵资源。要深入挖掘乡村特色文化，将其融入旅游产品开发、旅游线路设计、旅游服务等各个环节，打造独具特色的乡村旅游品牌。可以开发以农耕文化、民俗文化、红色文化等为主题的乡村旅游产品，举办具有地方特色的节庆活动，让游客体验原汁原味的乡村文化。

2. 弘扬绿色文化，倡导生态文明理念

乡村旅游发展必须坚持绿色发展理念，将生态文明建设融入乡村旅游发展的全过程。在景区规划与建设中注重生态环境的保护与修复，避免过度开发对自然生态造成破坏。同时大力倡导绿色消费、低碳出行等生态文明理念，通过在景区设置环保标识、发放环保宣传资料、开展环保主题活动等方式，引导游客树立环保意识，自觉保护生态环境。此外，鼓励乡村旅游从业者提供绿色服务，如推广使用环保餐具、减少一次性用品的使用，倡导游客选择公共交通或步行等低碳出行方式。

3. 加强文化传承，培育乡村文化人才

乡村文化的传承和发展离不开人才支撑。要加强乡村文化人才队伍建设，培养一批热爱乡村文化、熟悉旅游业务的专业人才，为乡村旅游发展提供人才保障。可以鼓励高校开设乡村旅游相关专业，培养乡村旅游专业人才。同时应注重加强对乡村文化传承人的培养和保护，支持他们开展传习活动，传承和发展乡村文化。此外，还应发挥乡村文化和旅游能人、产业带头人、非物质文化遗产代表性传承人等的领头作用，挖掘培养乡土文化人才，培育新型职业农民队伍。通过这些措施，为乡村文化的传承与发展注入强大动力。

4. 案例分析：明月村的发展路径

四川省成都市蒲江县明月村是一个拥有悠久陶瓷文化的乡村。近年来，明月村依托当地独特的自然风光和深厚的文化底蕴，大力发展旅游产业，探索出了一条"以特色文化赋能乡村旅游"的发展路径。

明月村将陶瓷文化深度融入乡村旅游的各个环节，开发了陶艺体验、陶瓷展览等特色旅游产品,吸引了大量游客前来体验。村内不仅有明月窑、蜀山窑陶瓷艺术博物馆,还有手工草木染体验坊、咖啡店等 50 余家新业态,形成了独特的乡村文化氛围。同时,明月村积极践行"绿水青山就是金山银山"的发展理念,加强生态环境保护。村内林木覆盖率高,负氧离子充沛,具备优良的生态本底。通过生态修复和环境整治,明月村打造了生态宜居的美丽乡村,实现了乡村旅游与生态环境保护的协调发展。此外,明月村还通过举办诗歌音乐节、摄影展等活动,进一步提升了乡村的文化吸引力,将田园风光与城市生活"连接",让乡村人气爆棚。2024 年蒲江县休闲农业和乡村旅游接待人数超 798 万人次,总收入达 48.7 亿元,明月村成为其中的典型代表。

(三)完善基础服务设施建设,促进乡村旅游与生态环境保护协调发展

完善基础服务设施是乡村旅游发展的重要保障,也是实现乡村旅游与生态环境保护协调发展的重要基础。

1. 加强交通基础设施建设,提升旅游可进入性

交通便利是吸引游客的重要因素,加强乡村旅游景区与主要交通干道的连接,完善景区内部交通网络,是提升旅游可进入性的关键举措。可以修建旅游公路、开通旅游专线等,方便游客出行。同时应推动干线公路与景区公路连接线以及相邻区域景区间公路的建设,构建"快进"交通网络。此外,还应优化通往景区的道路,提升其路面质量、设施配备、沿线景观等方面,推动交通和旅游融合发展。在景区内部完善交通标志与停车设施,提供智慧停车服务等,进一步提升游客的出行体验。

2. 完善旅游公共服务设施,提升旅游服务水平

要为游客提供更加便捷、舒适、安全的旅游体验,需在乡村旅游景区及周边建设游客服务中心,提供旅游咨询、导游服务、票务代理等一站式服务。同时按照国家标准提升旅游厕所的建设与管理水平,确保其干净、卫生、方便。建设生态停车场和立体停车场,完善充电桩等新能源设施,推广智能化停车服务,解决游客停车难题。推动乡村旅游住宿设施的标准化和特色化建设,鼓励发展农家乐、民宿等,提升餐饮服务质量。完善景区及周边的旅游标识标牌,提供清晰的路线指引和信息提示。通过这些措施,能够显著提升乡村旅游的公共服务水平,增强游客的满意度和体验感,为乡村旅游的可持续发展奠定坚实基础。

3.加强生态环境保护设施建设,提升生态环境质量

加强生态环境保护设施建设是提升乡村生态环境质量、为游客提供优美旅游环境的重要举措。乡村地区应建设完善的污水处理设施,减少污水对周边环境的污染。同时,完善垃圾处理设施,建立垃圾回收体系,设置更多垃圾分类箱,引导游客和村民进行垃圾分类。乡村还应建设生态公园、湿地公园等生态空间,不仅为游客提供休闲场所,还能有效改善乡村生态环境。通过这些措施,乡村地区能够实现生态环境质量的显著提升,促进乡村旅游与生态环境保护的协调发展。

4.案例分析:三圣乡五朵金花绿色生态旅游胜地的发展路径

三圣乡位于成都市锦江区,包括花乡农居、幸福梅林、江家菜地、东篱菊园、荷塘月色等五个特色景区。当地根据每个乡村的产业基础和基础设施情况,因地制宜开展生态环境治理,改善了水质、空气和土壤等生态环境。

在发展过程中,三圣乡注重生态环境保护设施建设,通过改造提升基础设施,如建设生态停车场、智慧路灯和低碳出行系统等,减少碳排放,推动"近零碳"景区建设。景区还推广温室大棚节能新技术,降低能源消耗。三圣乡还通过智慧治理平台,利用数字化基础设施实现景区的智慧化管理。通过这些举措,三圣乡不仅提升了生态环境质量,还形成了富有成都特色的乡村农家乐风光和乡村旅游区域链,增强了乡村之间的联动性和经济文化交流,促进了整体协调统一发展。

(四)发展生态友好型农业,推动乡村旅游绿色可持续发展

生态友好型农业是乡村旅游发展的重要基础,也是实现乡村旅游绿色可持续发展的重要途径。

1.推广生态农业技术,发展绿色有机农业

推广生态农业技术,发展绿色有机农业,是实现农业可持续发展的重要途径。通过减少化肥、农药的使用,提高农产品质量安全水平,可以为游客提供更加安全、健康的农产品,还能有效保护生态环境。在实际操作中,一些地区已经取得了显著成效。北京郊区的有机蔬菜种植基地采用无公害种植技术,利用有机肥料和生物防治确保蔬菜的安全和品质,同时建立了完善的质量追溯体系,让消费者能够了解蔬菜的种植全过程。浙江的生态循环农业示范园通过"种养结合、循环利用"的模式,将农业生产中的废弃物转化为有机肥料,实现了资源的循环利用和生态环境的保护。这些实践表明,推

广生态农业技术不仅有助于提升农产品质量,还能促进乡村旅游与生态环境保护的协调发展。

2. 发展休闲农业,促进农业与旅游融合发展

发展休闲农业,将农业生产与旅游观光相结合,是促进农业与旅游融合发展的有效方式。通过开发农业观光、农事体验、农产品采摘等旅游产品,吸引游客参与农业生产活动,体验乡村生活,丰富乡村旅游的内涵。建设农业观光园,让游客欣赏田园风光;打造农事体验园,让游客参与播种、收割等农事活动;开设农产品采摘园,让游客亲手采摘新鲜蔬果。这些举措不仅为游客提供了亲近自然、体验乡村生活的机会,还能带动农产品销售,增加农民收入,推动乡村经济的可持续发展。

3. 加强农业生态环境保护,促进农业可持续发展

加强农业生态环境保护,通过推广节水灌溉、秸秆还田等农业生态环境保护技术,能够有效减少农业面源污染。例如,膜下滴灌、垄作沟灌等节水灌溉方式,不仅实现了水资源的高效利用,还促进了作物增产增收。推广秸秆还田技术,将秸秆转化为有机肥料,可以减少秸秆焚烧对空气环境的污染,还能增加土壤有机质含量,改善土壤结构,提升土壤肥力。还可以通过测土配方施肥、畜禽粪便资源化利用等措施,进一步减少化肥和农药的使用量,提升农业生态环境质量。这些措施的实施有助于保护生态环境,推动农业向绿色、高效、可持续的方向发展。

4. 案例分析:天府粮仓国家现代农业产业园的发展路径

四川省崇州市的天府粮仓国家现代农业产业园是生态友好型农业与乡村旅游融合的新典范。园区以"生态优先、绿色发展"为理念,采用智能化灌溉、生物防治等技术,减少化肥和农药使用,提升农产品质量和生态环境。园区结合生态农业开发了农业观光、农事体验、科普教育等旅游产品,如游客可参与播种、采摘,体验现代农业的魅力。园区通过秸秆还田、绿肥种植等措施改善土壤肥力,建设生态湿地净化水环境,打造了田园与自然生态相结合的旅游环境。这种模式不仅提升了农产品附加值,还带动了农民增收,通过举办农业文化节等活动提升了乡村知名度,推动了乡村经济的可持续发展,为新时代乡村旅游与生态农业融合发展提供了宝贵经验。

第三节
乡村旅游与文化传承协同发展

一、乡村旅游中的文化资源及其价值

(一)乡村景观文化的多样性与吸引力

乡村景观作为乡村旅游的核心吸引力之一,是自然与人文的融合体现,更是地域文化的重要载体。中国地域辽阔,地形与气候条件复杂多样,从南到北、从东到西,乡村景观呈现出鲜明的区域特色。南部地区以亚热带和热带景观为主,水乡风光如诗如画,稻田、茶园、竹林等构成了独特的田园画卷;而北部地区则以广袤的草原和畜牧业景观为特色,展现了游牧文化的独特魅力。

按照经度的不同,乡村景观还可以分为丘陵、平原和高原三大类型,每种类型都有其独特的自然风貌和文化内涵。丘陵地区的梯田景观展现了人与自然和谐共生的智慧,平原地区的广阔田野则体现了农耕文化的深厚底蕴,而高原地区的独特地貌和气候条件则塑造了别具一格的乡村风貌。即使是同一地区,乡村景观也会因地理环境和文化传统的差异而呈现出多样性,例如江南地区的水乡园林与西南地区的竹海景观各具特色。这些丰富的乡村景观不仅为游客提供了视觉上的享受,也为乡村旅游的发展奠定了坚实的基础。

(二)乡村建筑文化的地域特色与历史价值

乡村建筑文化是乡村旅游中不可忽视的重要组成部分,它是乡村居民生活方式的体现,更是地域文化和历史传承的重要载体。由于我国地理环境的多样性,乡村建筑在不同地区呈现出鲜明的特色。例如,北方地区的蒙古包和陕北窑洞体现了游牧文化与黄土高原环境的适应性,而南方地区的徽派建筑和客家围屋则展现了农耕文化与宗族社会的紧密联系。这些建筑不仅是乡村居民的生活空间,更是历史文化的活化石。随着人们对传统文化的重视,一些古村落逐渐成为乡村旅游的热门景点。例如,苏州周庄以其保存完好的水乡古镇风貌吸引了大量游客,江西流坑古村以其独特的宗族

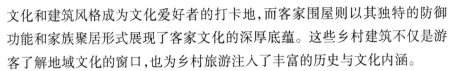

文化和建筑风格成为文化爱好者的打卡地,而客家围屋则以其独特的防御功能和家族聚居形式展现了客家文化的深厚底蕴。这些乡村建筑不仅是游客了解地域文化的窗口,也为乡村旅游注入了丰富的历史与文化内涵。

(三)乡村风俗文化的独特魅力与旅游价值

乡村风俗文化是乡村旅游中最具活力和吸引力的资源之一,它不仅是乡村居民生活方式的体现,更是民族文化和地域特色的重要组成部分。中国是一个多民族国家,各民族在长期的历史发展过程中形成了丰富多彩的风俗习惯和节庆活动。例如,端午节的赛龙舟、清明节的踏青郊游、重阳节的登高望远以及火把节的篝火晚会等,都是乡村风俗文化的典型代表。这些节庆活动不仅具有深厚的文化内涵,还为游客提供了参与和体验的机会。

乡村风俗文化还包括婚丧嫁娶、祭祀祈福等传统习俗,这些习俗是乡村居民生活的重要组成部分,为游客提供了了解乡村文化的窗口。随着乡村旅游的发展,越来越多的乡村开始将传统风俗文化与旅游活动相结合,例如举办民俗文化节、传统手工艺体验活动等。这些活动既丰富了乡村旅游的内容,也为乡村文化的传承与发展提供了新的途径。

(四)乡村旅游文化艺术的表现形式与价值

尽管乡村地区在文化氛围上可能不如城市浓厚,但其独特的文化艺术形式却为乡村旅游增添了独特的魅力。乡村是民间艺术家的摇篮,许多书法家、田园诗人和作家在乡村创作了大量具有地方特色的艺术作品。这些作品展现了乡村的自然风光和人文风情,也为游客提供了深入了解乡村文化的机会。例如,田园诗人的作品常常以乡村生活为题材,描绘了乡村的宁静与美好,而书法家则以乡村的自然景观为灵感,创作出独具特色的书法作品。

乡村还保留了许多传统手工艺,如剪纸、泥人和刺绣等,这些手工艺是乡村文化的重要组成部分,为游客提供了参与和体验的机会。游客可以在乡村学习剪纸技艺,亲手制作泥人,或者参与刺绣活动,这些体验不仅让游客感受到乡村文化的独特魅力,也为乡村旅游增添了更多的互动性和趣味性。可以说乡村文化艺术不仅是乡村旅游的重要资源,也是乡村文化传承与发展的重要途径。

通过以上四个方面的分析,乡村旅游中的文化资源具有丰富的内涵和多样的表现形式。这些资源不仅是乡村旅游发展的基础,也是乡村文化传承与创新的重要载体。在未来的乡村旅游发展中,如何更好地挖掘和利用这些文化资源,将成为推动乡村旅游可持续发展的关键。

二、乡村旅游对乡村文化传承的双重影响

乡村旅游作为城乡互动的重要纽带,在推动乡村经济发展、促进城乡文化交流的同时,也对乡村文化传承产生了深远的影响。这种影响既包含积极的推动作用,也存在潜在的负面影响,呈现出明显的双重性特征。

(一)乡村旅游对乡村文化传承的积极影响

1.为文化传承提供持续动力

乡村旅游的发展为乡村传统文化的传承注入了新的活力。通过旅游活动的开展,乡村文化资源的经济价值得以显现,为文化保护提供了坚实的物质基础。这种经济价值的实现不仅让当地居民重新认识到传统文化的重要性和价值,还激发了他们的文化自觉性,促使他们主动参与到文化传承中来。乡村旅游通过展示乡村的传统习俗、手工艺和生活方式,吸引了大量游客,从而为传统文化的保护和传承提供了经济支持。这种文化自觉与经济利益的结合,为乡村文化传承提供了持续的动力支持,推动了乡村文化的可持续发展。

2.促进濒危文化的抢救与复兴

乡村旅游为濒临消失的乡村传统文化提供了复兴的契机。许多地方通过发展乡村旅游,重新发掘和整理了濒危的文化遗产。在乡村旅游的推动下,当地政府和文化部门通过建立文化生态保护区、设立非物质文化遗产代表性传承人制度等措施,使传统文化得以系统保护和传承。这种保护不仅体现在物质文化遗产上,如古建筑、传统村落的修缮,也体现在非物质文化遗产的传承上,如传统手工艺、民俗表演、祭祀仪式等。通过旅游活动,这些濒危文化得以向游客展示,同时创造了经济价值,增加了当地居民保护和传承传统文化的动力。这种模式有助于文化的可持续发展,也为乡村旅游注入了丰富的文化内涵,提升了游客的体验感。

3.增强文化自信与认同感

乡村旅游的发展显著增强了乡村居民的文化自信与认同感。通过乡村旅游,乡村文化的独特价值得以向外界展示,游客的认可和赞赏让村民更加珍视自己的文化传统。这种文化自信不仅体现在对传统习俗、技艺和生活

方式的传承上,还体现在村民积极参与文化保护与创新的行动中。乡村旅游为乡村居民提供了展示自身文化的机会,让他们在与游客的互动中重新认识和理解传统文化的价值,从而增强对本土文化的认同感和归属感。这种文化自信的提升有助于乡村文化的传承与发展,为乡村的全面振兴提供了强大的精神动力。

(二) 乡村旅游对乡村文化传承的潜在风险

1. 文化同质化风险

文化的差异性是旅游的内在驱动力,游客往往被乡村独特的文化魅力所吸引,而旅游过程本身也是不同文化之间的相互交流。在这个过程中,不同性质的文化因素相互接触、碰撞、取舍和融合。随着乡村旅游业的快速发展,大量城市游客将城市文化带入乡村。乡村文化往往较为脆弱,容易受到城市文化的冲击。城市文化的强势渗透可能导致乡村旅游赖以依托的文化资源逐渐失去其原有的特色和内涵,甚至被城市文化同化。一旦乡村文化的独特性消失,乡村旅游就会失去其最核心的吸引力,难以持续发展。因此,乡村旅游在发展过程中必须注重保护乡村文化的独特性和完整性,避免文化同质化的风险,以确保乡村文化的可持续发展和乡村旅游的长久魅力。

2. 文化失真与异化

在乡村旅游的发展过程中,文化失真与异化现象逐渐显现,对乡村传统文化的传承与发展构成了挑战。为了追求经济利益最大化,部分乡村旅游经营者将乡村风俗民情进行庸俗化处理,导致乡村传统文化被扭曲和失真,不仅削弱了乡村文化旅游资源的独特性,还可能使乡村文化逐渐失去其原有的内涵和价值。在旅游活动中,民俗文化的表演化倾向日益明显。一些地方将传统文化习俗和庆典活动转变为纯粹的商业表演,使其逐渐失去了对村民自身的意义。这种过度商业化的处理方式可能导致乡村文化在形式上的异化,削弱村民对自身文化的认同感和传承意愿。而且随着城市化进程的加快,乡村文化在与城市文化的竞争中逐渐处于劣势,传统节日、民俗活动等文化形式逐渐式微。因此,在乡村旅游的发展中必须重视对乡村文化的保护和传承,避免文化失真与异化现象的发生。

3. 文化生态失衡

大量游客的涌入可能破坏乡村原有的文化生态,影响传统文化的自然传承。乡村文化生态是一个动态的生命体,各种文化元素相互关联,形成一个有机的生态系统。然而,过度旅游开发时,这种平衡会被打破,乡村文化的多样性受到威胁。游客的大量涌入还可能导致乡村社区结构发生变化,传统的社会关系被打破,从而影响文化的自然传承。过度旅游开发也可能导致文化垃圾的产生,这些文化垃圾不仅污染了乡村的文化环境,还可能对游客和当地居民造成误导。此外,过度旅游开发还可能加剧文化生态内部各要素之间的矛盾,主导文化与大众文化之间的冲突可能导致乡村文化的同质化,削弱乡村文化的独特性。因此,在乡村旅游开发过程中必须注重文化生态的保护,合理规划旅游项目,避免过度开发对乡村文化生态造成的破坏。

三、乡村旅游与文化传承的协同发展策略

乡村旅游与乡村文化之间存在着复杂的互动关系,既有良性互动,也可能带来负面影响。如何建立乡村旅游与乡村文化的良性互动机制,实现两者的协同发展,是当前乡村旅游可持续发展的关键问题。

(一)强化乡村文化的保护与传承

乡村旅游作为一种依托乡村文化资源的旅游形式,其发展必须以乡村文化的保护与传承为核心。

1. 建立健全乡村文化保护与传承机制

乡村文化的保护与传承需要完善的机制作为保障。首先,应通过立法保护乡村文化资源和历史遗产,明确乡村旅游开发的范围、规模、形式和容量,防止过度开发和破坏乡村文化资源。其次,政府应加大政策支持,提供财政补贴、税收优惠和人才培养计划,鼓励传统文化与现代科技结合,通过数字化手段保护和传播传统文化。应通过科学规划,突出乡村民族建筑特色,建立民族文化村,进一步推动乡村文化的传承与发展。

2. 乡村旅游产品开发要立足于原真性

乡村旅游产品的开发应立足于乡村文化的原真性,避免过度商业化和城市化。文化和旅游部通过"乡村四时好风光"品牌,将传统文化融入乡村旅游产品开发中,带领游客实地感悟文化魅力,同时为乡村文化赋予新的内涵。这种开发模式不仅保留了乡村文化的独特性,还提升了乡村旅游的吸引力。乡村旅游产品开发应注重原真性,避免对乡村文化的过度包装和改造,确保游客能够体验到真实的乡村文化。

3. 防止过度商业化,保持本地化和多样性

适度商业化是乡村旅游发展的必要手段,但必须防止过度商业化。过度商业化会导致乡村文化的失真和流失,最终削弱乡村旅游的吸引力。因此,旅游产品的开发应保持本地化和多样性,避免走千篇一律的商业化模式。各地通过特色项目引爆乡村旅游市场,建立乡村旅游品牌,如"村厨""村排"等,这创造了差异化的旅游体验。这种模式既提升了乡村旅游的竞争力,还促进了乡村文化的传承与发展。

4. 提高游客满意度,建立质量控制机制

提高游客的满意度是保护乡村文化的重要手段。游客的满意度不仅取决于旅游设施和服务质量,还取决于他们对乡村文化的体验,因此建立适当的乡村旅游质量控制机制至关重要。通过控制乡村旅游服务和产品的质量,可以有效规避乡村旅游开发中对社会文化的负面影响,确保乡村文化的传承与发展。应通过宣传和大众参与,运用数码和网络技术革新传统传承模式,提高对传统文化的重视。

(二)营造整体的乡村文化氛围

游客热衷于乡村旅游,往往是希望享受乡村文化的整体氛围,而非单一的某一文化要素,因此营造乡村文化环境的整体氛围是实现乡村旅游与文化传承协同发展的重要策略。

1. 保持乡村自然风貌,避免过度开发和城市化

乡村的自然景观是乡村文化的重要组成部分,保持乡村的自然风貌是营造乡村文化氛围的基础。文化和旅游部通过"乡村四时好风光"品牌,将乡村的自然景观与文化体验相结合,拓展了乡村的旅游场景。这种模式不仅保留了乡村的自然之美,还为游客提供了丰富的文化体验。在乡村旅游开发过程中应避免过度开发和城市化,保护乡村的自然生态环境,确保游客能够感受到乡村的宁静与和谐。

2. 保留和恢复乡村建筑的传统风格

乡村建筑是乡村文化的重要载体,保留和恢复乡村建筑的传统风格,突出乡村建筑的乡土气息,是营造乡村文化氛围的重要手段。例如,福建官洋村通过将传统土楼建筑改造成民宿,让游客近距离感受土楼的历史韵味。这种改造不仅保留了传统建筑的风貌,还为游客提供了独特的住宿体验。在乡村旅游开发中应注重对传统建筑的保护和修复,避免盲目拆除和新

建,确保乡村建筑的原真性。

3.开发乡村农耕文化、饮食文化和手工艺文化

乡村的农耕文化、饮食文化、手工艺文化等是乡村文化的重要组成部分。通过开发乡村饮食文化、发掘和保护乡村手工艺文化等手段,可以进一步提升乡村文化的整体氛围。各地通过特色项目引爆乡村旅游市场,建立乡村旅游品牌,如"村厨""村排"等,创造了差异化的旅游体验。这些项目丰富了乡村旅游的内容,促进了乡村文化的传承与发展。在乡村旅游开发中应注重对这些文化元素的挖掘和利用,通过体验式旅游项目让游客深度参与,感受乡村文化的魅力。

4.培养和强化乡村村民的优良民风和文明素质

乡村文化的整体氛围不仅包括物质文化,还包括精神文化。村民的文明素质和民风民俗是乡村文化的重要组成部分,防止乡间环境因风的遗失,是营造乡村文化整体氛围的关键。当地政府应通过教育和培训培养和强化乡村村民的优良民风,提高他们的文明素质。通过社区参与和共建共享的方式,让村民成为乡村文化建设的主体,共同营造良好的乡村文化氛围。

（三）正确处理城市文化与乡村文化的关系

1.防止城市文化对乡村文化的同化

乡村文化的独特性和纯真性是乡村旅游的核心吸引力,然而随着乡村旅游的发展,大量城市游客的涌入,城市文化可能会对乡村文化产生同化作用,导致乡村文化的失真和流失。具体措施包括:通过举办文化讲座、传统技艺培训等活动,增强村民对自身文化的认同感和自豪感。政府和社区组织可以定期开展文化活动,展示乡村文化的独特魅力,让村民更加了解和热爱自己的文化。建立健全乡村文化保护机制,通过立法和政策支持,保护乡村文化资源和历史遗产。明确乡村旅游开发的范围、规模、形式和容量,防止过度开发和破坏乡村文化资源。鼓励村民积极参与乡村文化的保护和传承,通过社区共建共享的方式,让村民成为乡村文化建设的主体。村民可以参与乡村旅游项目的开发和管理,确保乡村文化的原真性得以保留。

2.乡村文化要主动吸收城市文化精华

城市文化与乡村文化并非对立关系,两者可以相互借鉴、相互融合。乡村文化在保持自身独特性的同时,应主动吸收城市文化中的先进元素,提升

自身的文化内涵和吸引力。乡村文化可以借鉴城市文化中的现代管理理念和技术手段,提升乡村旅游的服务质量和游客体验。例如引入智慧旅游系统,提供在线预订、智能导览等服务,提升游客的便利性和满意度。通过文化创新和融合,将城市文化中的先进元素与乡村文化相结合,创造出更具吸引力的文化产品和服务。例如,开发具有现代设计感的乡村手工艺品,举办融合传统与现代元素的文化活动,提升乡村文化的吸引力。加强城市与乡村之间的文化交流与合作,通过举办文化节、艺术展览等活动,促进城市文化与乡村文化的互动。例如,邀请城市艺术家到乡村创作,举办乡村艺术节,展示乡村文化的独特魅力,同时吸收城市文化的精华。

（四）因地制宜搞好乡村文化旅游资源的开发

乡村文化旅游资源的开发应因地制宜,结合当地的自然条件、文化特色和经济发展水平,制定科学合理的开发策略。这种开发方式不仅能有效利用当地资源,还能促进乡村经济的可持续发展,提升乡村旅游的吸引力和竞争力。

1. 贫困山区乡村旅游开发策略

在贫困山区开发乡村旅游时,应注重减少乡村旅游业的脆弱性,降低风险。首先,可以通过对现有的农事、生产、生活和民风、民俗等进行加工和改造,提升乡村旅游的吸引力。开发农耕体验项目,让游客亲身参与播种、收割等农事活动,感受乡村生活的宁静与质朴。结合当地的民俗文化,举办民俗表演和传统节日活动,展示乡村文化的独特魅力。这种体验式旅游项目不仅丰富了游客的体验,还能带动当地农产品的销售,促进农民增收。其次,通过发展旅游业带动当地经济发展。政府和相关部门应提供政策支持和资金扶持,帮助贫困山区改善基础设施,提升旅游接待能力。修建通往景区的道路,建设停车场和游客服务中心,改善乡村的住宿和餐饮条件。鼓励当地居民参与旅游经营,开办农家乐、民宿等,增加就业机会,提高居民收入水平。

2. 经济发达乡村旅游开发策略

在经济发达的乡村,可以对乡村事务进行全方位现代化改造,提升乡村旅游的竞争力。首先,开发集娱乐、教育、知识、参与于一体的乡村旅游项目,满足新时期游客的多样化需求。建设乡村生态公园、亲子教育基地、户外拓展营地等,提供丰富的旅游体验。结合现代科技手段,开发智慧旅游项目,如虚拟现实体验、智能导览系统等,提升游客的科技感和参与感。其次,注重乡村文化的传承与创新,将传统文化与现代元素相结合,打造独具特色的乡村旅游品牌。将传统手工艺与现代设计相结合,开发具有现代感的乡村手工艺品;举办文化创意活动,如乡村艺术节、手工艺工作坊等,展示乡村文化的创新魅力。最后,通过品牌建设,提升乡村文化旅游的知名度和美誉度。

(五)加大政府调控和监管力度

1.立法保护乡村文化资源

政府应通过立法手段,制定和实施相关法律法规,明确乡村旅游开发的范围、规模、形式和容量,防止过度开发和破坏乡村文化资源。例如浙江省出台的《乡村旅游促进办法》,为乡村旅游的可持续发展提供了法律依据。通过立法保护,可以确保乡村文化资源和历史遗产得到有效保护和合理利用。

2.财政和金融支持

政府应通过财政和金融手段鼓励旅游经营者保护乡村传统文化面貌和"乡村性"。例如提供资金支持,帮助恢复和发展各民族的礼仪活动、祭祀活动,促进乡村传统文化的挖掘、传承和发展。同时政府可以通过税收优惠、低息贷款等金融手段,支持乡村旅游项目的开发和运营,确保乡村文化的原真性得以保留。

3.加强乡村旅游内容的监管

政府应加强对乡村旅游内容的监管,确保乡村旅游中的歌舞、戏剧和美术工艺品等文化元素保持其原生性和古朴性。2018年,文化和旅游部等17部门联合印发《关于促进乡村旅游可持续发展的指导意见》,提出各地从农村实际和旅游市场需求出发,强化规划引领,优化乡村旅游环境。通过监管可以防止乡村旅游中的文化元素被过度商业化和庸俗化,确保乡村文化的传承与发展。

4.加强乡村文化的教育和传承

政府还应加强乡村文化的教育和传承工作。将乡村传统的民族文化、民族歌舞、戏剧及美术工艺品引入课堂,编写乡土教材,培养民族文化、民族歌舞、民族美术的传承人。实施高素质农民培育计划和乡村产业振兴带头人培育"头雁"项目,加强对青年农民和新型农业经营主体的培训指导,鼓励和引导青年入乡发展。通过教育和传承,可以增强村民对自身文化的认同感和自豪感,促进乡村文化的可持续发展。

第四节
乡村旅游与休闲农业融合发展

一、休闲农业概述

休闲农业是随着城市化进程的加快和城市居民对休闲度假需求的不断增长而兴起的一种现代化农业形态。它继承了传统农业的生产功能,并在此基础上拓展了多种新型功能,形成了一个集农业生产、农产品加工、展示、销售、休闲度假、农业知识科普、技术推广、农村特色美食体验以及乡村景观观光于一体的综合性农业体系。这种农业形态的出现满足了城市居民对自然、田园生活的向往,也为农村经济发展注入了新的活力。

从当前的研究现状来看,休闲农业已经超越了单一的农业生产功能,发展成为集"农业生产、农民生活与农村生态"三位一体的现代化农业模式。其经营模式主要体现在两个方面:①是通过农产品的种植、加工与销售,提升农业附加值;②是通过提供旅游服务,如农家乐、田园观光、农事体验等,吸引城市游客,增加农民收入。休闲农业还构建了一个"城市、郊区、乡间、田野"四位一体的空间休闲系统,将城市与乡村紧密连接起来,促进了城乡资源的双向流动与互补。

通过农产品的深加工和旅游服务的提供,农民的收入来源更加多元化,农业的整体效益得到提升。同时,休闲农业还带动了相关产业的发展,如餐饮、住宿、交通等,进一步促进了农村经济的繁荣。在社会效益方面,休闲农业为城市居民提供了亲近自然、体验田园生活的机会,缓解了城市生活的压力,促进了城乡文化的交流与融合。休闲农业还通过农业知识的科普和技术的推广,提升了农民的科学素养和技能水平,推动了农村社会的进步。在生态效益方面,休闲农业注重环境保护和资源的可持续利用。通过采用生态农业技术,减少了化肥和农药的使用,保护了土壤和水资源。休闲农业的发展还促进了农村生态环境的改善,如通过植树造林、湿地保护等措施,提升了乡村的生态景观价值。

二、乡村旅游与休闲农业的关系与区别

(一)乡村旅游与休闲农业的关系

乡村旅游与休闲农业作为现代农村经济发展的重要组成部分,二者之间存在着密切的关联性。

从定义上看,乡村旅游和休闲农业在部分内容上有所重合,尤其是在农业旅游这一领域。乡村旅游最初起源于农业旅游活动,其核心是城市居民前往乡村地区进行观光、休闲和体验。游客通过欣赏乡村的自然风光、感受乡村文化、参与农业生产活动、品尝绿色无污染的农家菜以及了解传统农村工艺技术,获得独特的旅游体验。这种旅游形式不仅为城市居民提供了放松身心的机会,也为农村地区带来了经济收益和文化传播的契机。

从历史发展的角度来看,乡村旅游的兴起与农业旅游密不可分。早在19世纪中期,西方发达国家就已经成立了"农业旅游协会",旨在通过旅游活动促进农业发展。在这一背景下,许多学者在研究农业旅游和乡村旅游时往往难以清晰界定两者的界限。事实上农业旅游本身就是农业与旅游业相结合的产物,而休闲农业与乡村旅游的融合则是农业旅游发展的重要环节。乡村旅游活动的开展不仅能够带动休闲农业的发展,还能够通过农业资源的开发利用,进一步提升乡村旅游的吸引力。

乡村旅游与休闲农业的融合,本质上是将农村居民的生活空间、农业生产活动以及农产品的加工销售有机结合,形成一个既具有乡村特色,又能够为消费者提供多样化旅游体验的休闲农业区。这种融合既丰富了乡村旅游的内容,也为休闲农业的发展提供了新的动力。通过乡村旅游,游客可以亲身参与农业生产过程,体验乡村生活的乐趣,而休闲农业则通过提供多样化的农业体验活动,增强了乡村旅游的吸引力。休闲农业与乡村旅游的关系可以说是相辅相成、密不可分的。

(二)乡村旅游与休闲农业的区别

乡村旅游与休闲农业在诸多方面存在紧密联系,但二者在本质和发展重点上仍有明显的区别。休闲农业属于现代农业的一种新型发展模式,其核心是通过开展专题旅游活动,促进农业的多元化发展和农业价值的提升。休闲农业不仅是传统农业的延伸,更是将农业与旅游、文化、教育等产业相

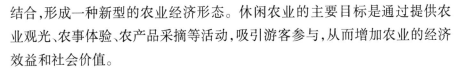

结合,形成一种新型的农业经济形态。休闲农业的主要目标是通过提供农业观光、农事体验、农产品采摘等活动,吸引游客参与,从而增加农业的经济效益和社会价值。

相比之下,乡村旅游则是一个更为广泛的概念,它是指在乡村地域内发生的一切旅游行为。乡村旅游不仅依托于农业资源,还可以融合工业、文化、生态、体育等多种产业,发展出多样化的旅游活动。乡村旅游的核心在于利用乡村的自然风光、文化底蕴和社会资源,为游客提供独特的旅游体验。因此,乡村旅游的范围更广,形式也更加多样化。

从产业发展的角度来看,休闲农业更注重农业本身的转型升级和经济效益的提升。通过休闲农业的发展,传统农业得以与现代旅游业相结合,形成一种新型的农业经济模式。这种模式不仅能够提高农业的附加值,还能够促进农村地区的可持续发展。而乡村旅游则更侧重于地域性的旅游开发,其目标是通过整合乡村的各类资源,打造具有吸引力的旅游目的地,从而带动当地经济的全面发展。

(三) 乡村旅游与休闲农业的互补性

乡村旅游与休闲农业在侧重点上有所不同,但二者的融合发展具有重要的现实意义。休闲农业为乡村旅游提供了丰富的资源和内容,而乡村旅游则为休闲农业的发展提供了广阔的市场和平台。二者的有机结合可以进一步提升农村地区的经济活力,促进城乡一体化发展。

1. 休闲农业为乡村旅游提供了独特的吸引力

乡村地区的自然风光、农业生产活动以及乡村文化是乡村旅游的核心资源,而这些资源的开发与利用,离不开休闲农业的支持。通过休闲农业的发展,乡村地区可以打造出独具特色的农业观光区、农事体验区以及农产品销售区,从而吸引更多游客前来参观和体验。游客可以通过参与农事活动,了解农业生产的全过程,体验乡村生活的乐趣;通过品尝当地的绿色农产品,感受乡村的饮食文化;通过参观传统手工艺作坊,了解乡村的历史和文化底蕴。这些活动不仅丰富了乡村旅游的内容,也为休闲农业的发展提供了新的机遇。

2. 乡村旅游为休闲农业的发展提供了广阔的市场

随着城市化进程的加快,越来越多的城市居民开始向往乡村的自然环境和生活方式。乡村旅游的兴起为城市居民提供了一个回归自然、放松身心的机会,同时也为休闲农业的发展带来了巨大的市场需求。通过乡村旅游,休闲农业可以吸引更多的游客前来参观和消费,从而增加农业的经济效益。许多乡村地区通过发展农家乐、农业观光园等休闲农业项目,吸引了大量游客前来体验,不仅增加了农民的收入,也促进了当地经济的发展。

3.乡村旅游与休闲农业的融合发展有助于促进城乡一体化建设

乡村旅游与休闲农业相结合,乡村地区可以充分利用自身的自然资源和文化优势,打造出具有竞争力的旅游目的地,从而吸引更多的城市居民前来旅游和消费。这不仅能够带动乡村经济的发展,还能够促进城乡之间的文化交流和资源共享,推动城乡一体化进程。许多乡村地区通过发展乡村旅游与休闲农业,成功吸引了城市资本和技术的进入,促进了农村基础设施的改善和农业现代化的发展。

三、乡村旅游与休闲农业的融合发展模式

(一)农家乐旅游模式:乡土资源的创新利用

农家乐旅游模式是乡村旅游与休闲农业融合发展的典型代表,它充分利用了农村的自然资源、人文资源和农业资源,为游客提供食、住、行、游、购、娱等全方位的旅游体验。这种模式具有投资小、见效快、参与度高等特点,已经成为乡村旅游发展的重要形式之一。

农家乐旅游模式的类型日益丰富,主要包括休闲观光型、农村习俗型、体验农趣型等。每种类型都依托当地特色资源,形成了独特的经营模式。休闲观光型农家乐注重环境营造,提供优美的田园风光和舒适的休闲空间;农村习俗型农家乐则通过展示传统农耕文化、民俗活动等,让游客感受乡村文化的魅力;体验农趣型农家乐则强调参与性,让游客亲身参与农事活动,体验农耕乐趣。

从融合发展的角度来看,农家乐旅游模式为农民增收开辟了新渠道。传统农业收入主要依赖农产品销售,而农家乐旅游模式使农民可以通过提供旅游服务获得额外收入,实现了农业与旅游的双重收益。这种模式也促进了农村产业结构的优化和升级,推动了农业与旅游、文化、服务等产业的融合发展。对于游客而言,农家乐旅游模式提供了体验乡村生活的新方式,满足了城市居民对乡土文化的探索需求。

(二)民俗风情旅游模式:文化传承与旅游体验的深度融合

民俗风情旅游模式是以农村民俗文化为核心吸引物,通过展示和体验农业文化、乡村文化和民俗文化,打造具有地方特色的旅游产品。这种模式不仅包括传统的农业活动体验、农村技艺展示、时令节庆活动、乡村歌舞表演等形式,还衍生出多种新型旅游活动,如农耕文化体验游、非遗文化展示游、民俗节庆游等。

民俗风情旅游模式的融合发展作用主要体现在两个方面:①它为乡村旅游提供了丰富的文化资源,增强了旅游产品的吸引力和竞争力。通过深入挖掘和展示地方特色文化,可以打造独特的旅游品牌,吸引更多游客。②旅游活动的开展为民俗文化的传承和发展提供了新的平台和载体,旅游市场的需求使得传统民俗文化得以活化利用,实现了文化价值与经济价值的双重提升。

民俗风情旅游模式还促进了乡村文化创意产业的发展。通过将传统文化元素与现代设计理念相结合,可以开发出具有地方特色的文创产品,延伸旅游产业链,提高旅游附加值。这种模式推动了乡村文化设施的建设和文化人才的培养,也为乡村文化振兴提供了有力支撑。

(三)田园农业旅游模式:自然风光与农业生产的和谐共生

田园农业旅游模式是以农村自然风光、农业生产活动和田园特色产品为核心,通过主题化、体验化的方式,将农业资源转化为旅游吸引物的一种发展模式。这种模式不仅涵盖了传统的森林旅游、农业旅游、果园旅游、花卉旅游和畜牧业旅游等形式,还衍生出多种新型旅游活动,如田园风景游、果园采摘游、花卉观光游、参与体验游等。

从融合发展的角度来看,田园农业旅游模式实现了农业生产与旅游服务的有机结合。对于休闲农业而言,这种模式有效带动了林果、花卉、渔业、牧业等特色农业的发展,促进了农业产业链的延伸和附加值的提升。通过旅游活动的开展,农产品实现了从生产到消费的直接对接,减少了中间环节,提高了农民收益。旅游活动带来的市场需求也推动了农业生产的标准化、规模化和品牌化发展。对于乡村旅游而言,田园农业旅游模式满足了城市居民对田园生活的向往和体验需求。游客可以亲身参与农业生产活动,感受农耕文化的魅力,体验乡村生活的乐趣。这种深度体验不仅丰富了旅游产品的内容,也提升了乡村旅游的文化内涵和吸引力。此外,田园农业旅游模式还促进了城乡要素的流动和资源的优化配置,推动了乡村基础设施的改善和公共服务水平的提升。

(四)村落乡镇旅游模式:传统与现代的有机融合

村落乡镇旅游模式是以传统村落、特色建筑群为基础,结合新农村建设,打造既保留乡村特色又符合现代审美的新型旅游目的地。这种模式主要包括古宅古村游、风情村寨游、新农村观光游等形式,通过保护性开发和文化创意,将传统村落转化为极富吸引力的旅游产品。

从融合发展的角度来看,村落乡镇旅游模式实现了传统与现代的有机融合。对于休闲农业而言,这种模式推动了农村基础设施的改善和公共服务水平的提升,为农业现代化发展创造了有利条件。同时通过旅游开发,传统村落的文化价值和经济价值得到充分挖掘,为乡村经济发展注入了新活力。村落乡镇旅游模式为游客提供了独特的文化体验空间。游客可以感受传统建筑的艺术魅力,体验乡村生活的历史韵味,满足对差异化旅游体验的需求。这种模式还可以促进乡村文化遗产的保护和传承,推动乡村文化生态的修复和重建。

(五)休闲度假旅游模式:品质提升与产业升级

休闲度假旅游模式是依托乡村自然风光、生态环境和特色文化,建设高品质的休闲度假设施,为游客提供深度休闲体验的旅游形式。这种模式包括休闲度假村、休闲农庄、乡村酒店等多种类型,注重服务品质的提升和体验内容的丰富。

从融合发展的角度来看,休闲度假旅游模式推动了乡村旅游的品质提升和产业升级。对于休闲农业而言,这种模式带动了农业与旅游的深度融合,促进了农业产业链的延伸和附加值的提升。通过建设休闲度假设施,农业资源得到了更高效的利用,农业功能得到了更充分的发挥。对于乡村旅游而言,休闲度假旅游模式通过提供舒适的住宿环境、丰富的休闲活动和优质的旅游服务,吸引了更多高端消费群体,提高了乡村旅游的经济效益,也推动了乡村环境的改善和生态保护,促进了乡村可持续发展。

四、乡村旅游与休闲农业融合发展的案例与启示

随着城市化进程的加快和生活水平的提高,人们对乡村田园生活的向往日益强烈,乡村旅游和休闲农业应运而生。二者融合能够充分发挥各自

优势,实现资源共享、功能互补,为游客提供更加丰富多元的体验,同时推动乡村产业转型升级,促进农村一二三产业深度融合。近年来这种融合模式在国内多个地区得到了成功实践,取得了良好的经济效益、社会效益和生态效益。

（一）乡村旅游与休闲农业融合发展的典型案例

1. 浙江安吉鲁家村:"公司+村+家庭农场"的田园综合体模式

浙江安吉鲁家村以"公司+村+家庭农场"的模式,打造了集农业生产、观光休闲、科普教育、农事体验于一体的田园综合体。村里成立了旅游公司,统一规划、建设和管理,将分散的家庭农场串联成线,形成各具特色的主题农场,如蔬菜农场、水果农场、花卉农场等。游客可以体验采摘、垂钓、农耕等农事活动,也可以入住特色民宿,品尝农家美食,享受乡村慢生活。

鲁家村的成功经验表明,乡村旅游与休闲农业融合发展需要政府引导、企业主导、农民参与,形成利益共享机制。同时要因地制宜,突出特色,避免同质化竞争。此外,还要注重体验,提升品质,增强游客的参与感和体验感。

2. 四川成都三圣花乡:花卉产业与乡村旅游的深度融合

四川成都三圣花乡以花卉产业为基础,大力发展乡村旅游,形成了"春有百花、夏有荷花、秋有菊花、冬有梅花"的四季花海景观。当地政府引导农民种植花卉,并举办各类花卉节庆活动,吸引游客前来观赏。同时发展农家乐、民宿等配套产业,延长产业链,提升附加值。

三圣花乡的发展模式表明,乡村旅游与休闲农业融合发展需要产业融合,相互促进,将乡村旅游与特色农业产业相结合,实现一二三产业融合发展,形成良性循环。同时要注重品牌打造,扩大影响,通过举办节庆活动、加强宣传推广等方式,打造乡村旅游品牌,提升知名度和影响力。还要坚持生态优先、绿色发展,实现可持续发展。

3. 江苏无锡阳山镇:盘活资源与文化赋能的融合发展

江苏无锡阳山镇依托阳山水蜜桃产业和阳山火山地质公园等自然资源,大力发展民宿经济和文化体验旅游。当地政府鼓励农民将闲置农房改造为民宿,并引入专业团队进行运营管理。挖掘当地历史文化资源,开发文化体验项目,如农耕文化体验、非遗文化展示等,丰富旅游内涵。

阳山镇的发展经验表明,乡村旅游与休闲农业融合发展需要盘活资源,激发活力,充分利用农村闲置资源,发展民宿经济,盘活农村资产,激发乡村发展活力。同时要注重文化赋能，提升文化内涵，挖掘当地历史文化资源，将文化元素融入乡村旅游，提升文化内涵和吸引力。此外，还要加强专业运营，规范发展，引入专业团队进行运营管理，提升服务水平和质量，促进民宿经济规范健康发展。

（二）案例启示与建议

1. 注重产业融合规划与设计

乡村旅游与休闲农业的融合发展需要以科学合理的规划为基础。要充分挖掘当地的农业资源特色，结合自然景观、民俗文化等要素，设计出具有吸引力的旅游产品和线路。在规划过程中应注重产业之间的衔接与协同，避免重复建设和资源浪费，实现农业生产、加工、旅游等环节的无缝对接，形成有机统一的旅游体系。

2. 强化农民主体地位与参与

农民是乡村产业发展的核心力量，乡村旅游与休闲农业的融合发展必须充分调动农民的积极性和创造性。通过技能培训提升农民的专业能力，使其能够参与旅游服务、农产品加工等环节中。建立合理的利益分配机制，确保农民能够分享产业融合带来的红利。在发展过程中应充分尊重农民意愿，发挥其首创精神，使农民真正成为乡村产业融合发展的受益者。

3. 提升产品品质与服务质量

无论是休闲农业还是乡村旅游，产品品质和服务质量都是吸引游客的核心要素。在休闲农业方面应注重农产品的绿色、有机种植，提升其品质和安全性。在乡村旅游服务方面需加强从业人员培训，提高服务水平，为游客提供舒适、便捷、个性化的旅游体验。此外，还应注重品牌建设，打造具有地方特色的乡村旅游与休闲农业品牌，提升品牌的知名度和美誉度。

4. 加强政府支持与引导

乡村旅游与休闲农业的融合发展离不开政府的支持与引导。政府应在政策制定、资金投入、基础设施建设等方面发挥积极作用。例如，出台税收优惠、财政补贴等政策，鼓励企业和社会资本参与乡村产业融合发展项目；加大对乡村交通、水电、通信等基础设施的投入，改善乡村旅游的外部环境；加强对乡村旅游市场的监管，规范市场秩序，保障游客权益。政府还应做好宣传推广工作，提升乡村地区旅游与休闲农业的知名度，吸引更多游客前来体验。

第六章
乡村旅游发展的政策支持与保障机制

乡村旅游作为推动乡村振兴和经济发展的关键领域,需要完整的政策支持与保障机制来实现可持续发展。在政策环境方面,分析与优化是基础,通过制定针对性强、适应性强的政策措施,能够为乡村旅游创造良好的发展条件,激发市场活力。法制化管理则是保障乡村旅游健康发展的关键,通过明确法律法规,规范市场秩序,保护各方权益,确保乡村旅游在法治轨道上运行。投融资机制的完善为乡村旅游提供了资金保障,通过多元化的融资渠道和创新的金融模式,能够有效解决资金短缺问题,推动项目落地实施。社区参与机制的建立则是乡村旅游发展的核心,通过引导社区居民积极参与,提升其参与能力,完善利益分配和环境保护机制,能够实现经济、社会和生态效益的有机统一。这几个方面相互关联、相互促进,共同构成了乡村旅游发展的政策支持与保障体系,为乡村旅游的高质量发展提供了坚实支撑。

第一节
乡村旅游发展的政策环境分析与优化

一、我国乡村旅游政策支持体系概述

近年来,国家层面关于乡村旅游的政策体系及相关制度逐步完善。在此基础上,地方政府结合本省乡村旅游开发的优势条件,制定了具有针对性的地方制度及管理办法,或对国家政策进行了详细解读。

（一）国家层面政策

国务院及相关部委出台了一系列政策及管理制度,明确了我国乡村旅游发展的规划与目标、鼓励与支持、监管与标准化路径等。以下是近年来国家层面发布的主要政策文件。

1.《关于促进乡村旅游可持续发展的指导意见》(2018 年文化和旅游部等 17 部门发布)

该意见提出乡村旅游开发应与新型城镇化建设相结合,依托农村地区的自然风貌、历史文化等资源,重点开发一批具有特色的乡村旅游项目。文件强调乡村旅游不仅是推动农村经济的重要引擎,也是实现乡村振兴的重要路径。为此文件要求各地加大对乡村旅游基础设施的投入,特别是改善道路、服务设施和自然环境,以提升乡村旅游的吸引力和竞争力。

文件还提出要加强乡村旅游人才队伍建设,推动技术、管理等专业人才深入农村,服务乡村旅游开发。通过人员培训、服务工程建设等措施,提升乡村旅游的服务质量和管理水平。文件还鼓励各地依托乡村特色资源,打造具有地方特色的乡村旅游品牌,避免同质化竞争,实现差异化与特色化发展。

2.《关于推动旅游业高质量发展的意见》(2021 年文化和旅游部发布)

该意见提出要推动乡村旅游与乡村振兴战略相结合,通过旅游开发促进农村经济发展。文件强调乡村旅游不仅是推动农村经济的重要引擎,也是实现乡村振兴的重要路径。为此文件要求各地加大对乡村旅游基础设施的投入,特别是改善道路、服务设施和自然环境,以提升乡村旅游的吸引力和竞争力。

文件还提出要推动乡村旅游与精准扶贫相结合,通过旅游开发带动贫困地区经济发展,实现乡村振兴。乡村旅游的发展能够有效带动周边村民就业,为闲置劳动力提供导游、保洁等可持续就业岗位,促进农民增收致富。文件还鼓励各地依托乡村特色资源,打造具有地方特色的乡村旅游品牌,避免同质化竞争,实现差异化与特色化发展。

3.《关于全面推进乡村振兴加快农业农村现代化的意见》(2021 年中央一号文件)

2021 年中央一号文件明确提出要大力发展乡村休闲旅游业,推动乡村旅游与农业现代化深度融合。文件强调要加大对乡村旅游的信贷支持和人才支持力度,特别是将乡村旅游开发用地纳入地方土地资源整体规划,确保用地保障,解决乡村旅游开发中的关键问题。

文件指出乡村旅游是农村经济的重要增长点,也是乡村振兴的重要抓手。通过发展乡村旅游,不仅可以带动餐饮、住宿等相关产业发展,还能促进农民增收和农村经济繁荣。文件还鼓励各地依托乡村特色资源,打造具有地方特色的乡村旅游品牌,提升乡村旅游的吸引力和竞争力。文件还提出要加强对乡村旅游的金融支持,创新金融产品和服务,为乡村旅游项目提供多元化的融资渠道。同时,要加强乡村文化旅游人才队伍建设,通过引进和培养相结合的方式,打造一支优秀的乡村文化和旅游人才队伍。

4.《"十四五"旅游业发展规划》(2021年国务院发布)

该规划明确了未来五年我国旅游业发展的重点方向和战略目标,提出要大力发展乡村旅游,特别是提升乡村旅游的品牌影响力。规划强调要推动乡村旅游与乡村振兴战略深度融合,通过旅游开发促进农村经济发展。规划还提出要加大对乡村旅游基础设施的投入,改善乡村旅游的道路、服务设施和自然环境。

规划指出乡村旅游是推动乡村振兴的重要抓手,各地应依托乡村特色资源,打造"一村一品、一镇一业"的特色产业发展格局,避免同质化竞争。规划还强调要加强乡村旅游人才队伍建设,推动技术、管理等专业人才深入农村,服务乡村旅游开发。通过人员培训、服务工程建设等措施,提升乡村旅游的服务质量和管理水平。

文化和旅游部等相关部门还陆续发布了《关于推动乡村旅游高质量发展的若干措施》(2022年)、《关于实施乡村旅游助力乡村振兴行动的通知》(2021年)等文件,进一步明确了加快发展乡村旅游的政策措施,为新时期乡村旅游的深化发展提供了顶层保障。

(二)地方层面政策

乡村旅游具有典型的区域性特征,不同地区的文化及自然条件决定了其乡村旅游开发的策略。在国家政策的支持下,陕西、云南、湖南等旅游大省也出台了适合本省乡村旅游发展的激励制度及管理办法。

1. 陕西省:优化产业结构,推动乡村振兴与乡村旅游深度融合

陕西省近年来在乡村旅游开发方面取得了显著成效。2021年陕西省发布了《关于促进乡村旅游高质量发展的实施意见》,提出要进一步优化旅游

产业结构,推动乡村旅游与乡村振兴战略深度融合。文件强调要依托陕西丰富的历史文化资源,打造具有地方特色的乡村旅游品牌,如袁家村、马嵬驿等。文件还提出要将乡村旅游与陕南地区的扶贫工作相结合,通过旅游开发带动贫困地区经济发展。此外,陕西省还发布了《陕西省乡村旅游发展规划(2021—2025年)》,明确了2021—2025年乡村旅游开发的重点任务和发展目标,提出要加强乡村旅游基础设施建设,提升服务质量和管理水平。

2.云南省:依托自然与民族文化,推动乡村旅游与精准扶贫相结合

云南省作为乡村旅游发展相对成熟的地区,乡村旅游特色明显、产品丰富。2022年云南省发布了《关于加快乡村旅游高质量发展的实施意见》,提出要以旅游开发为突破口,推动乡村振兴战略实施。文件强调要依托云南丰富的自然资源和民族文化,打造具有地方特色的乡村旅游品牌。文件还提出要推动乡村旅游与精准扶贫相结合,通过旅游开发带动贫困地区经济发展。此外,云南省还发布了《云南省乡村旅游发展规划(2021—2025年)》,明确了未来五年乡村旅游开发的重点任务和发展目标,提出要加强乡村旅游基础设施建设,提升服务质量和管理水平。

3.湖南省:强化资源利用,促进乡村旅游与农村经济协同发展

湖南省凭借其丰富的自然资源和历史文化资源,在乡村旅游市场具有极强的吸引力。2021年湖南省发布了《关于促进乡村旅游高质量发展的实施意见》,提出要推动乡村旅游与乡村振兴战略深度融合,通过旅游开发促进农村经济发展。文件强调要依托湖南丰富的自然资源和历史文化资源,打造具有地方特色的乡村旅游品牌。文件还提出要推动乡村旅游与精准扶贫相结合,通过旅游开发带动贫困地区经济发展。此外,湖南省还发布了《湖南省乡村旅游发展规划(2021—2025年)》,明确了未来五年乡村旅游开发的重点任务和发展目标,提出要加强乡村旅游基础设施建设,提升服务质量和管理水平。

二、我国乡村旅游政策存在的不足

(一)乡村旅游起步晚,政策尚不够完善

我国乡村旅游的研究开始于20世纪90年代,相较于欧美发达国家起步较晚,起点较低,这使得中国当前发展乡村旅游面临不少困难。尽管我国拥有丰富的乡村旅游资源和庞大的市场需求,但由于政策扶持体系尚未完

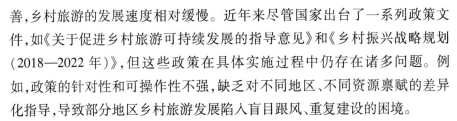

善,乡村旅游的发展速度相对缓慢。近年来尽管国家出台了一系列政策文件,如《关于促进乡村旅游可持续发展的指导意见》和《乡村振兴战略规划(2018—2022 年)》,但这些政策在具体实施过程中仍存在诸多问题。例如,政策的针对性和可操作性不强,缺乏对不同地区、不同资源禀赋的差异化指导,导致部分地区乡村旅游发展陷入盲目跟风、重复建设的困境。

乡村旅游政策的制定和实施缺乏系统性和连贯性。虽然各级政府相继出台了多项扶持政策,但这些政策往往缺乏长期规划,更多是短期行为,难以形成持续推动力。部分地区在政策执行过程中,过于注重短期经济效益,忽视了乡村旅游的可持续发展,导致资源浪费和环境破坏。同时,政策之间的协调性不足,各部门之间的职责划分不明确,导致政策落实不到位,影响了乡村旅游的整体发展。

(二)对乡村旅游的政策引导和支持力度不够

与国外发达国家相比,我国的乡村旅游仍处于较为原始和粗放的初级阶段。尽管近年来国家加大了对乡村旅游的扶持力度,但在政策引导和支持方面仍显不足。

1. 乡村旅游的形式单一

大多数地区仍停留在"农家乐"模式,缺乏创新和特色。许多乡村旅游项目仅仅是对城市旅游的简单模仿,没有深入挖掘乡村文化、民俗、生态等资源,导致旅游产品同质化严重。这种模式难以吸引高端游客,也难以满足游客对个性化、体验式旅游的需求。随着旅游市场的不断变化,游客对乡村旅游的期待也在提升,他们更倾向于沉浸式体验、文化深度参与以及高品质的旅游服务。

2. 乡村旅游的定位过低,品位不高

许多地方政府在发展乡村旅游时,过于注重短期经济效益,忽视了文化内涵和生态保护,导致乡村旅游项目缺乏吸引力和竞争力。一些地区的乡村旅游项目仅仅停留在提供简单的餐饮和住宿服务上,缺乏对当地文化、历史、民俗等资源的深度开发,难以形成独特的旅游品牌。此外,部分地区的乡村旅游项目存在盲目照搬照抄的现象,缺乏对本地资源的深入调研和科学规划,导致项目雷同,缺乏特色,难以形成差异化竞争优势。

(三)尚未形成长远发展乡村旅游的政策机制

我国幅员辽阔,不同地区的自然条件、文化背景、经济发展水平差异较

大,发展乡村旅游是一项既紧迫又复杂的工作。然而,当前我国尚未形成一套科学、系统的乡村旅游长远发展政策机制。

1. 政策制定缺乏针对性和可操作性

政府在制定乡村旅游政策时往往缺乏对各地实际情况的深入调研,导致政策缺乏针对性和可操作性。一些政策在制定时没有充分考虑不同地区的资源禀赋、文化特色和市场需求,导致政策在实施过程中难以落地。由于政策制定过程中缺乏差异化指导,部分地区在实施乡村旅游政策时出现"一刀切"现象,未能根据本地特色和资源条件进行灵活调整,导致政策效果大打折扣。

2. 发展规划缺乏长远性

许多地方政府在发展乡村旅游时,过于注重短期经济效益,忽视了长远发展。一些地区在开发乡村旅游项目时缺乏对生态环境的保护意识,导致资源过度开发和环境破坏,影响了乡村旅游的可持续发展。此外,部分地区的乡村旅游项目缺乏科学的规划和设计,导致项目同质化严重,难以形成独特的竞争优势。

3. 政府在资金和技术支持方面仍显不足

近年来,国家加大了对乡村旅游的财政支持力度,但在资金分配和使用上仍存在一些问题。部分地区的乡村旅游项目由于缺乏资金支持,难以进行基础设施建设和旅游产品开发,导致项目发展缓慢。政府在技术支持方面也显得不足,许多乡村旅游项目缺乏专业的技术指导和人才支持,导致项目开发水平不高,难以满足市场需求。

三、乡村旅游政策的优化策略与措施

(一)提升乡村旅游政策的科学性与合理性

乡村旅游的可持续发展离不开科学合理的政策支持。政策制定应避免简单照搬其他地区的经验,而应立足本地实际,因地制宜地设计符合区域特色的政策框架。在政策制定过程中必须注重调研基础、规划设计和实施保障,确保政策既符合地方实际又具有可持续性。

1. 强化政策制定的调研基础,确保决策科学性

政策制定者需深入基层,通过多种调研方法,广泛听取当地干部、企业家、乡贤及普通群众的意见,确保调研结果的客观性和全面性。调研过程

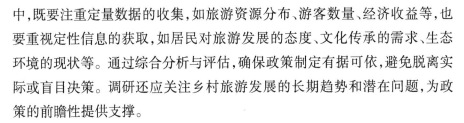

中,既要注重定量数据的收集,如旅游资源分布、游客数量、经济收益等,也要重视定性信息的获取,如居民对旅游发展的态度、文化传承的需求、生态环境的现状等。通过综合分析与评估,确保政策制定有据可依,避免脱离实际或盲目决策。调研还应关注乡村旅游发展的长期趋势和潜在问题,为政策的前瞻性提供支撑。

2. 注重旅游规划的因地制宜,突出区域特色

地方政府应依据区域特点,制定具有前瞻性、权威性和可操作性的旅游发展规划,确保规划与地方资源禀赋和发展需求相匹配。规划过程中,应充分考虑生态环境承载力、文化资源保护以及社区参与等因素,避免过度开发或资源浪费。对于生态脆弱地区,应优先考虑生态保护,限制大规模开发;对于文化资源丰富的地区,应注重文化传承与旅游开发的结合,打造具有独特吸引力的旅游产品。规划还应注重与乡村振兴战略、区域经济发展规划等相衔接,形成协同效应。

3. 加强政策实施的动态评估与调整

政策实施后,地方政府应建立动态评估机制,定期对政策效果进行跟踪和评估。通过收集游客反馈、居民意见以及经济数据,及时发现问题并进行调整。如果发现某项政策导致生态环境压力增大,应立即采取措施优化政策内容;如果发现某项政策未能有效激发社区参与,应加强宣传和引导。通过动态评估与调整,确保政策的科学性和合理性在实践中得到持续优化。

(二)增强乡村旅游政策的针对性与协同性

不同地区的乡村旅游资源各具特色,政策制定应充分考虑区域差异性,构建精准化、差异化的政策支持体系。

1. 全面评估现有政策,优化政策支持重点

政策制定者应对现有政策进行全面评估,及时调整或废止不适应发展需求的条款,总结政策实施中的经验教训,避免重复错误。对于资源丰富的地区,政策支持的重点应侧重于品牌打造和市场推广,通过打造区域旅游品牌、举办特色节庆活动等方式,提升知名度和吸引力;而对于资源相对匮乏的地区则应注重基础设施建设和特色挖掘,通过改善交通条件、完善公共服务设施等措施,为旅游发展奠定基础。通过精准化的政策支持,确保不同地区都能找到适合自身的发展路径。

2. 深入挖掘地方特色资源,探索差异化发展模式

乡村旅游的核心竞争力在于其独特的地方特色。政策制定者应深入挖掘地方特色资源,探索适合本地的旅游业发展模式。对于非物质文化遗产资源丰富的地区,可以发展体验式旅游,通过非遗展示、手工艺体验等活动,增强游客的参与感和文化认同;对于自然资源优越的地区则可以开发生态旅游项目,如森林徒步、湿地观鸟等,打造绿色旅游品牌。通过因地制宜的开发模式,培育新的经济增长点,实现乡村旅游的可持续发展。

3. 关注行业趋势,推动政策创新与跨界融合

政策制定者应密切关注旅游业发展趋势,探索创新性政策举措,为乡村旅游注入新动能。结合数字化技术发展智慧旅游,通过建设智慧景区、推广在线预订和虚拟导览等方式,提升游客体验和管理效率;通过跨界融合开发"旅游+农业""旅游+文化"等新业态,打造多元化的旅游产品体系。可以推动农业观光园、文化创意小镇等项目的建设,实现旅游业与农业、文化产业的深度融合,拓宽乡村旅游的发展空间。

(三)完善乡村旅游人才培养机制

完善乡村旅游人才培养机制,应从政策制定者、从业人员和外部人才三个层面入手,构建多层次、全方位的人才支撑体系,为乡村旅游发展提供坚实的人力资源保障。

1. 加强政策制定者的专业能力建设

政策制定者的专业能力直接影响乡村旅游政策的科学性和可操作性,因此应通过系统培训、实地考察、交流学习等方式,提升政策制定者的专业素养和实践能力。政策制定者还应了解地方文化、生态保护以及社区发展等多领域知识,以便制定出更加综合和全面的政策。可以组织政策制定者参加国内外乡村旅游发展典型案例的考察学习,借鉴先进经验;或邀请专家学者开展专题讲座,提升其对乡村旅游发展趋势和政策工具的理解。通过持续的能力建设,确保政策制定者能够准确把握乡村旅游发展的核心问题,制定出切实可行的政策措施。

2. 建立健全乡村旅游从业人员的培训体系

乡村旅游从业人员的专业水平和服务质量直接影响游客的体验和满意度,因此应建立健全乡村旅游从业人员的培训体系,定期开展旅游管理、服务技能等方面的培训,提升从业人员的专业水平。培训内容应涵盖服务礼

仪、文化讲解、安全管理等多个方面,确保从业人员能够为游客提供高质量的服务体验。可以组织本地文化专家为从业人员讲解地方历史文化,提升其文化讲解能力;邀请酒店管理专家开展服务礼仪培训,提升其服务水平。

(四)创新政策宣传推广方式

政策宣传是确保政策有效实施的重要环节,创新宣传方式能够有效提升政策的知晓度和影响力。

1.新媒体平台的运用

充分利用新媒体平台是创新政策宣传的关键举措。通过微信公众号、短视频平台等渠道,以通俗易懂的方式解读政策内容,能够有效扩大政策的知晓度。例如,制作短视频和动画,以生动形象的方式展示政策要点和实施效果。短视频和动画具有直观、易懂的特点,能够快速吸引用户的注意力,使复杂的政策内容变得简单易懂,从而提高公众对政策的理解和接受程度。

2.借助网络红人和旅游达人的影响力

借助网络红人、旅游达人等的影响力开展政策宣传和旅游推广,可以显著提升政策的传播效果。网络红人和旅游达人拥有庞大的粉丝群体和较高的社会影响力,他们的推荐和分享能够快速吸引大量关注。通过与知名博主合作,发布乡村旅游相关内容,可以吸引更多游客关注和参与乡村旅游项目。这种方式不仅能够扩大政策的传播范围,还能够借助他们的专业视角和独特表达,为游客提供更具吸引力和实用性的旅游信息。

3.注重宣传内容的针对性和实用性

宣传内容的针对性和实用性是提高政策吸引力的关键。在宣传过程中应根据不同的受众群体,重点宣传与他们切身利益相关的政策内容。针对乡村旅游从业者可以重点宣传培训支持、资金补贴等政策,帮助他们更好地了解政策红利,提升自身能力,推动乡村旅游项目的可持续发展。针对游客则可以重点宣传旅游线路、特色活动、优惠措施等信息,吸引他们积极参与乡村旅游,提升旅游体验。

第二节
乡村旅游发展的法制化管理

　　我国乡村旅游是基于市场需求和农业农村发展的现实需要逐步开展的,它有助于缩小城乡差距、解决"三农"问题。然而当前乡村旅游面临诸多法律问题,如环境侵权、违法用地、农产品质量参差不齐、经营不规范等,因此将乡村旅游纳入法治轨道至关重要。需制定统一的产品和服务标准,完善监督管理体系,并持续探索解决实际问题的方案。

一、乡村旅游法制化管理的现状与挑战

(一)乡村旅游用地土地流转的法律缺失

　　乡村旅游的发展离不开旅游设施的建设和旅游资源的开发,这些都需要对现有的土地资源分配格局进行调整。乡村旅游用地问题实质上是一个农村土地资源分配问题,涉及土地承包经营权的流转,包括农业用地和非农业用地。从法律层面解决农村土地流转中的诸多问题,是推动乡村旅游高质量发展的前提。然而现行的《中华人民共和国农村土地承包法》对农村土地承包经营权流转的各种形式及操作规程并未给出详细明确的解释,现有法律对不同形式的土地流转也缺乏明确的指导性条文,导致在流转后的土地上开发乡村旅游项目时存在法律空白。

　　在我国,农村土地使用权和所有权是分离的。征地用地部门在获得土地使用权后,拥有规划主导权,并控制土地的经营、收益和转让等权利。与城市土地主体和权属关系明确不同,农村土地的权利界定不清,土地集体所有的主体不明确,土地产权的基础保障能力不足,从土地、房屋到自然资源的登记和确权管理都比较模糊。这种模糊性使得农村土地流转过程中存在诸多法律风险,影响了乡村旅游的可持续发展。

(二)环境污染问题亟待解决

　　乡村旅游的核心吸引力在于其原生态性,无论是城市依托型、景区依托型还是产业依托型的乡村旅游,对环境的要求都非常高。发展乡村旅游的核心就是要保护当地的生态环境。随着乡村旅游的快速发展,环境污染问

题日益严重,引起了广泛关注。

在全面推进乡村振兴战略的背景下,现代乡村发展正朝着生态宜居的目标不断前进。尽管国家层面对农村污染物的处理有严格规定,但由于缺乏有效的监督和高昂的治理成本,地方政府往往对环境污染问题采取"睁一只眼闭一只眼"的态度。大多数农民仍采用传统的垃圾处理方式,如随意丢弃、填埋、焚烧等,这些处理方式对当地环境造成了严重影响。

目前,国家尚未出台针对乡村旅游环境污染问题的防治方法,只能依靠地方政府的政策文件进行管理。然而基层环保部门的监管力量有限,监管难度较大,导致部分规章办法流于形式,未能发挥应有的作用。

(三)食品安全隐患不容忽视

乡村旅游的经营者多以当地村民为主,由于文化素养的限制,他们往往忽视食品制作的卫生环境、操作流程和安全标准,导致加工出的食品存在严重的安全隐患。经营者提供的食材主要来源于野外采摘、自家种植或购买。野外采摘的食材风险较大,经营者通常只进行简单清洗,若其中有毒有害物质残留较多,将对人体健康造成危害;自家种植的食材可能存在农药残留超标的问题;购买的食材存在原料采购环节缺乏统一管理、进货渠道不正规、未查阅相关安全检验资料等问题,导致食品原材料质量难以保障。

食品安全问题的存在不仅影响了游客的健康,也对乡村旅游的声誉造成了负面影响。加强乡村旅游食品安全管理,制定统一的安全标准和操作规范,是推动乡村旅游健康发展的重要环节。

(四)游客维权困难重重

乡村旅游的消费者多为自驾出行的散客,他们在消费时很少查看民俗户、农家院等经营者的主体资格,更不用说在消费前签订消费合同。一旦发生消费纠纷,消费者往往因时间成本高而选择调解方式解决。消费者法律知识欠缺、侵权行为举证难、维权成本高、追责主体不明确等因素,也使得消费者维权难上加难。

尽管我国《民法典》《旅游法》《消费者权益保护法》中均设有专章规定消费者或旅游者的权利,但很多规定尚缺乏具体的操作性条款,导致法律制度在实际应用中难以全面有效地规制违法经营活动。与成熟的旅游景区相比,乡村旅游的基础设施较为落后,从业人员缺乏上岗前的培训,政府监管力度不足,违法经营行为缺乏规制,导致乡村旅游市场更加复杂,消费者需要更为规范、制度化的法治保障①。

二、乡村旅游法制化管理的必要性

(一)优化旅游环境,促进可持续发展

乡村旅游的可持续发展需要在满足当代人旅游需求的同时,兼顾资源的保护和传承。通过法制化管理,可以明确乡村旅游的开发边界和保护要求,避免过度开发和资源浪费。制定专门的法律或条例,明确乡村文化资源的法律界定、权属归属、使用方式与管理方式等,有助于优化旅游环境,促进乡村旅游的可持续发展。法制化管理可以通过设立专门机构负责文化资源的日常保护和管理,实施严格的审批和监管制度,对开发项目进行定期检查和评估,确保文化资源在开发过程中得到合理利用和保护。

(二)保护乡村文化资源

乡村旅游的核心吸引力之一在于其独特的文化资源,包括民俗传统、民居建筑、农耕文化等。然而在开发过程中,这些珍贵的文化资源往往面临被破坏的风险。通过法制化管理,可以明确文化资源的法律地位,建立健全的管理体制,确保文化资源在开发过程中得到合理利用和保护。设立专门机构负责文化资源的日常保护和管理,实施严格的审批和监管制度,对开发项目进行定期检查和评估。法制化管理可以通过制定相关政策或法规,明确文化资源的使用权和受益权,确保当地居民在文化资源开发中享有更多的决策权和经济回报。

(三)规范市场秩序,保障各方权益

乡村旅游涉及多个利益相关方,包括政府、开发商、当地居民等。法制化管理可以明确各方的权益和责任,促进公平合理的利益分配。通过制定相关政策或法规,明确文化资源的使用权和受益权,确保当地居民在文化资源开发中享有更多的决策权和经济回报。法制化管理可以规范市场秩序,打击非法经营行为,保护游客的合法权益。通过法律手段约束开发行为,确保乡村旅游项目在生态保护的前提下进行,实现可持续发展。法制化管理还可以通过制定乡村旅游开发的标准和准则,规范项目的规划、建设和

---

① 张欠欠.乡村旅游高质量发展的法制思考[J].农村.农业.农民,2022(20):32-34.

运营,提升乡村旅游的整体品质。

(四)提升管理水平,推动高质量发展

乡村旅游的高质量发展需要科学地管理和规范地运营。法制化管理可以为乡村旅游提供明确的规则和标准,引导行业健康发展。可以通过制定乡村旅游开发的标准和准则,规范项目的规划、建设和运营,提升乡村旅游的整体品质。法制化管理还可以促进公私合营模式的发展,鼓励社会资本参与乡村旅游项目,推动行业创新和升级。通过法制化管理可以制定严格的环境保护标准,控制环境破坏和污染问题,使旅游发展与环境保护处于平衡状态。可以通过法律手段约束开发行为,确保乡村旅游项目在生态保护的前提下进行,实现可持续发展。

三、完善乡村旅游法制化管理的路径与方法

(一)健全乡村旅游立法体系

虽然我国已有《旅游法》等法律法规对旅游业发展进行了规范,但乡村旅游作为一种新兴业态,涉及的法律问题更为复杂,涵盖了《民法典》《土地管理法》《环境保护法》《农村土地承包法》《食品安全法》《消费者权益保护法》等多个领域。为了从法律层面保障乡村旅游的可持续发展,亟需制定一部专门针对乡村旅游的法律法规。

1. 强化乡村旅游标准化建设

乡村旅游的各个环节,包括食、住、行、游、购、娱等,均需要建立统一的标准和规范。通过标准化建设,杜绝强买强卖、乱收费等侵害旅游者权益的行为,为游客营造安全、放心的旅游环境。同时应加强对标准的落实和监督,赋予地方行政执法部门相应的监督和处罚权力,确保乡村旅游活动"有标准、按标准"执行。地方政府应引导和监督旅游市场,防止经营者坐地起价或恶性竞争,维护健康的竞争秩序。

2. 完善乡村旅游利益分享机制

乡村旅游的利益分享问题直接影响到当地居民、旅游服务经营者和从业者的积极性。现行法律对此缺乏明确规定,导致利益分配不公,长远来看不利于乡村旅游的可持续发展。因此,应在立法中明确利益分享机制,确保各方合法权益得到保障。通过合理的利益分配,调动各方积极性,促进乡村旅游事业的健康发展。

(二)规范乡村旅游开发用地管理

1.规范土地征收与补偿机制

乡村旅游的发展离不开土地资源的合理利用。首先,应规范土地征收程序,明确集体土地和国有土地在乡村旅游开发中的使用范围。其次,地方政府应制定合理的补偿机制,确保农民在土地征收中的合法权益。同时,地方政府应每年安排一定的用地指标用于乡村旅游项目建设,并通过土地综合整治增减挂钩政策,将部分用地指标留给乡镇和村集体,用于乡村旅游发展。

2.规范土地流转机制

针对土地流转中的不规范现象,建议由农业农村部门、乡镇政府和村委会等机构,指导投资人与农户签订规范的土地流转协议,并及时为投资人办理林权证、农村土地承包经营权证等相关证件。鼓励农户以土地入股的方式参与乡村旅游开发,确保农民在乡村旅游发展中获得长期收益。

(三)提升乡村旅游环保水平

1.增强环保意识

乡村旅游的发展必须坚持"绿水青山就是金山银山"的理念,培养全体参与者的环保意识。旅游服务产业应严格遵守绿色原则,落实垃圾分类、污水处理等环保要求。对违反环保标准的经营者,应予以严厉处罚。同时倡导游客绿色出行、文明旅游,减少对环境的负面影响。

2.加强环境监管与生态修复

乡村旅游项目的选址必须符合相关法律法规,不能因追求经济效益而忽视环境保护。对于因乡村旅游开发导致的生态破坏,地方政府应立足源头治理,要求涉事单位或个人停业整顿,并积极修复被破坏的生态环境。通过严格的监管和处罚,确保乡村旅游发展与环境保护相协调。

(四)完善乡村旅游安全保障体系

1.完善旅游基础配套设施

针对乡村旅游基础配套设施存在的安全隐患,应加大资金投入,完善和升级相关设施。规范乡村旅游用车,制定统一的安全标准。对旅游活动中的缆车、游船等设备进行定期检修和升级,确保其安全性。监管部门应加大对不规范经营者的打击力度,确保旅游设施的安全运行。

2. 保障餐饮安全

加强对乡村旅游从业人员的培训,提升食品安全意识。政府和高校应联合组织培训课程,涵盖经营活动组织者、负责人和普通从业人员。通过培训使经营者明确并认可乡村旅游服务的各项标准,自觉加强自身建设,确保餐饮服务的安全与卫生。

3. 优化产品质量

针对乡村旅游中农产品的质量安全问题,应规范农产品的质量检测标准。检测合格的产品由食品监督管理部门发放统一的质检标志,不合格的产品严禁上市销售。地方政府应严格管控土特产品的价格,确保其透明合理。对违法经营者和破坏市场秩序的行为,应严厉打击,维护市场秩序。

(五)加强游客权益保护

1. 规范旅游合同签订

严禁旅行社通过欺诈手段欺骗游客签订旅游合同。旅行社在与消费者签订合同时,应本着诚实信用原则,如实告知相关事项,禁止隐瞒或欺骗。合同一旦签订,双方应积极履行义务,旅行社不得利用消费者的弱势地位减少其权利或减轻自身责任。在合同履行过程中,若发生损害,旅行社应积极采取补救措施,不得侵害消费者合法权益。

2. 提高导游素质

针对导游资质欠缺、素质不高等问题,应加强对导游等乡村旅游从业人员的培训。严格把关导游的资质和业务能力,对不合格的导游予以处罚,对严重侵害游客权益的导游实施从业禁止。通过培训使乡村旅游从业者树立"顾客至上"的服务理念,自觉抵制以次充好、临时涨价等短期行为。

3. 加强行业监管

针对乡村旅游项目"小、散、偏"的特点,相关执法部门应明确职责,推动市场监管、生态环保、卫生健康、安全监管等部门将执法权授予乡镇综合执法机构,解决"看得见、管不着"和"管得着、看不见"的问题。同时通过行业协会的监督管理,加强行业自律,确保乡村旅游市场的规范运行。

第三节
乡村旅游发展的投融资机制

一、乡村旅游的主要投融资渠道

当前乡村旅游的主要投融资渠道呈现出多元化、多层次的特点,涵盖了国有金融机构、民间金融以及村民自主投资等多种形式。

(一)政府资金支持

政府资金支持是乡村旅游发展的重要资金来源之一。专项资金方面,包括旅游发展专项资金、乡村振兴专项资金等,这些资金主要用于乡村旅游基础设施建设、公共服务提升等,能够有效改善乡村旅游的硬件条件。政策性贷款则由国家开发银行、农业发展银行等政策性银行提供,具有利率低、期限长的特点,能够为乡村旅游项目提供稳定的资金支持。国际金融组织贷款,如世界银行、亚洲开发银行等提供的贷款,也可用于乡村旅游项目的开发,助力乡村旅游业的国际化发展。

(二)金融机构贷款

金融机构贷款为乡村旅游项目提供了多样化的融资选择。商业银行贷款通过抵押或质押的方式获取资金,常见的抵押物包括土地、建筑物、门票质押以及景区开发经营权等。小额贷款和农村资金互助社适合乡村旅游项目中的小微企业和个体经营者,能够提供小额、灵活的信贷支持,满足不同规模经营主体的资金需求。这些贷款方式不仅拓宽了乡村旅游的资金来源,还为项目的可持续发展提供了有力保障。

(三)村民自主投资

村民自主投资是乡村旅游发展中最具活力和特色的融资方式。随着乡村旅游的蓬勃发展,越来越多的村民开始利用自有资金和资源,积极参与旅游项目的开发建设中。民宿和农家乐是村民自主投资的典型形式,村民通过改造自有农房或利用自家院落,打造具有地方特色的旅游服务项目。这种方式投资相对较小,回报周期短,深受村民欢迎。村民还通过成立旅游合作社、土地入股等方式,整合资源,共同投资开发旅游项目,实现规模化经营。一些村民还将农业生产与旅游体验相结合,发展观光农业、休闲农业等新型业态,进一步丰富了乡村旅游的内容和形式。

(四)资本市场融资

资本市场融资为乡村旅游项目提供了更广阔的资金获取渠道。上市融资是通过国内或海外资本市场发行股票或债券,获取大规模资金,适用于具有一定规模和市场潜力的乡村旅游企业。产业投资基金则通过吸引社会资本参与乡村旅游项目的开发,为项目注入大量资金,推动其快速发展。信托融资包括贷款信托、权益信托等方式,利用信托市场的灵活性为乡村旅游项目提供资金支持,进一步丰富了融资渠道。

二、乡村旅游在投融资方面存在的主要问题

乡村旅游虽然在近年来取得了显著的发展,但在投融资方面仍然面临诸多问题和挑战。这些问题不仅制约了乡村旅游的可持续发展,也在一定程度上影响了乡村振兴战略的实施效果。

(一)政府管理越位与市场竞争缺位并存

在部分欠发达地区,乡村旅游资源往往位于偏远乡村,这些地区普遍存在基础设施落后、交通不便、经济发展水平较低等问题。当地农民群众由于自身资金有限,难以独立开展旅游项目的开发和运营,因此对政府资金支持的依赖性较强。然而,在实际操作中,政府部门在管理上常常出现定位不准确的情况,即管理缺位与越位并存。

一方面,政府在基础设施建设、公共服务配套、政策扶持等方面存在缺位现象。部分地区的乡村旅游项目缺乏完善的道路、水电、通信等基础设施,政府未能及时提供必要的资金和政策支持,导致乡村旅游项目难以顺利推进。另一方面,政府在市场运作中又存在越位现象,过度干预市场主体的经营决策,甚至直接参与旅游项目的运营管理,导致市场竞争机制无法充分发挥作用。这种管理越位不但抑制了市场活力,还可能导致资源配置效率低下,甚至引发权力寻租等问题。

(二)重复性投资现象频发,产品同质化严重

在乡村旅游的投融资过程中,重复性投资和产品同质化问题尤为突出。许多地区在开发乡村旅游项目时,往往盲目模仿成功案例,缺乏对本地资源特色的深入挖掘和创新利用。一些地区看到民宿或农家乐模式取得成功

后,便不加分析地复制相同模式,忽视了本地自然景观、文化传统和市场需求的特点。这种"千村一面"的开发模式不仅无法体现乡村的独特魅力,还容易导致旅游产品同质化,降低游客的体验感和满意度。

重复性投资的另一个表现是项目建设的低水平重复。一些地区在缺乏科学规划和市场调研的情况下,盲目上马旅游项目,导致资源浪费和投资效率低下。例如某些乡村在同一区域内建设多个功能相似的旅游景点,不但分散了客源,还加剧了市场竞争,最终导致部分项目难以维持运营。这种现象既浪费了有限的资金和资源,还对乡村生态环境造成了不必要的破坏。

(三)投融资体系不完善,机制建设滞后

乡村旅游的投融资体系存在明显不足,主要体现在缺乏专业化的旅游投融资机构、利益联合机制不健全以及风险保障机制缺失等方面。目前,我国乡村旅游的投融资机制仍以政府引导为主,缺乏专业化的旅游投融资机构。这种依赖政府资金的模式难以满足乡村旅游快速发展的资金需求,尤其是在市场化运作和规模化发展方面存在明显短板。专业投融资机构的缺失导致许多优质旅游项目因资金不足而难以落地,制约了乡村旅游的进一步发展。

利益联合机制不健全是乡村旅游投融资中的另一个突出问题。在现有的多投资商与乡村居民联合开发模式中,双方往往未能建立完善的利益共享和风险共担机制。一些企业在与村民合作开发旅游项目时未能充分考虑村民的利益诉求,导致利益分配不均,甚至引发纠纷。这种利益分配的不平衡不仅影响了村民参与旅游开发的积极性,还可能导致项目运营受阻,甚至中途夭折。

风险保障机制的缺失是乡村旅游投融资体系中的一个薄弱环节。乡村旅游项目的开发周期较长,投资回报存在不确定性,加之受季节、气候、市场波动等因素的影响,项目风险较高。目前许多地区缺乏完善的风险评估和保障机制,导致投资者和村民在面对风险时缺乏有效的应对措施。一些旅游项目在遭遇自然灾害或市场低迷时,因缺乏风险补偿机制而陷入困境,最终不得不中止运营。

三、乡村旅游产业投融资的发展路径

近年来,乡村旅游作为乡村振兴战略的重要组成部分,得到了快速发展。然而,资金短缺和投融资机制不完善仍然是制约其可持续发展的主要瓶颈。为了推动乡村旅游产业的健康发展,必须从政府角色定位、投资主体多元化、抵押物类型创新以及融资渠道拓展等多个方面入手,构建科学合理的投融资体系。

(一)政府合理介入,明确角色定位

乡村旅游的发展离不开政府的支持和引导,但政府的介入需要把握好度,既要避免过度干预,又要防止管理缺位。乡村旅游的基础设施建设主要分为两类:①道路、卫生、环保等公益性基础设施项目;②景点建设、旅游饭店、旅游购物等经营性项目。公益性项目由于无法直接产生经济效益,需要政府通过财政拨款或补贴的方式提供资金支持,以确保其正常运营。而经营性项目则可以通过市场化运作解决资金问题,政府的主要职责是为其创造良好的投资环境,提供政策支持和监管服务。

在具体操作中,政府应明确区分基础设施项目和经营性项目的界限,避免将财政资金过度投入经营性项目中,导致资源配置效率低下。同时政府可以通过PPP(公私合营)模式,吸引社会资本参与乡村旅游项目的建设和运营。政府可以与企业合作,共同投资建设旅游基础设施,并通过特许经营、收益分成等方式实现风险共担和利益共享。此外,政府还应加强对乡村旅游项目的规划引导,避免重复建设和资源浪费,确保项目的可持续发展。

(二)推动投资主体多元化,激发市场活力

乡村旅游的投融资主体不应局限于政府,而应积极引入多元化的投资主体,包括大型旅游企业集团、风险投资机构、村镇旅游公司等,以激发市场活力,提高资源配置效率。

1.建立大型旅游企业集团

乡村旅游涉及多个行业和领域,具有较强的综合性。为了提升服务质量和市场竞争力,旅游企业应加强合作,建立跨地区、跨行业的大型旅游企业集团。通过整合上下游资源,形成规模经济效应,降低运营成本,提高经济效益。旅游企业可以与交通、餐饮、住宿等行业的企业合作,打造一体化的旅游服务体系,满足游客的多样化需求。此外,大型旅游企业集团还可以通过资本运作,参与乡村旅游项目的开发和运营,推动资源的持续开发和高效利用。

2. 吸引风险投资机构参与

乡村旅游项目通常具有投资周期长、风险高的特点,这使得传统商业银行对其贷款持谨慎态度。然而,风险投资机构往往更关注高收益项目,乡村旅游的高成长性恰好符合其投资偏好。为了吸引风险投资,乡村旅游项目需要建立完善的风险退出机制,例如通过股权转让、上市等方式,确保投资者能够顺利退出并获得收益。此外,政府可以通过设立风险补偿基金,降低投资风险,增强风险投资机构的信心。

3. 鼓励村镇旅游公司发展

分散的乡村自有资金力量薄弱,难以支撑大规模旅游项目的开发。为了解决这一问题,可以以基层村镇为单位,成立旅游投资公司,鼓励村民以资金、土地、劳动力等形式入股,参与旅游项目的开发和运营。村委会可以牵头成立旅游公司,统一管理资金和资源,并按股份分配收益和风险。这种方式不仅能够调动村民的积极性,还能有效解决利益分配不均的问题,促进乡村旅游的可持续发展。

(三)丰富抵押物类型,拓宽融资渠道

乡村旅游项目的融资难题很大程度上是由于抵押物不足。为了破解这一困境,需要加快农村土地资产确权,并将其作为贷款抵押物。农村土地的承包经营权、林权、宅基地等可以通过经营权、收益权的抵押,获得金融机构的贷款支持。此外,还可以将乡村景区、旅游经营户的预期收益折算为抵押物,吸引更多资金流入乡村旅游市场。

金融机构也应针对乡村旅游的特点,开发针对性强的小额度信贷产品,降低贷款准入门槛。金融机构可以为贫困户提供免息或低息贷款,并适当放宽还款周期,缓解其资金压力。政府可以通过设立担保基金,为乡村旅游项目提供信用担保,降低金融机构的贷款风险。

(四)创新融资渠道,提升资金利用效率

随着金融科技的快速发展,乡村旅游的融资渠道也在不断创新。除了传统的银行贷款和政府拨款,还可以通过以下方式获取资金支持。

1. "众筹+共享"模式

通过"众筹+共享"的模式,乡村旅游项目可以吸引多方参与,共同投资和运营。例如,湖南彭山庄园通过与旅行社合作,由旅行社出资购买游艇等设备,获得一定期限的免费使用权,既解决了项目资金问题,又保障了客源。

义乌何斯路村将村民房前屋后的菜地、池塘、山坡地等折合成股份,入股村集体经济组织,让村民成为股东,共同参与乡村旅游项目的开发和收益分配,这种模式极大地调动了村民的积极性,实现了乡村的资源共享和可持续发展。

2. 绿色金融与可持续融资

随着乡村旅游对生态环境的重视,绿色金融成为一种新兴的融资渠道。金融机构可以通过绿色信贷、绿色债券等方式,为乡村旅游项目提供资金支持,同时推动项目的可持续发展。例如,中国银行针对乡村旅游项目推出了"惠如愿·农文旅贷""美丽乡村贷"等特色金融产品,这些产品在贷款定价、融资期限等方面给予优惠,支持乡村旅游项目的生态保护和绿色发展。

3. 旅游养老模式的探索

旅游养老是将养老服务与乡村旅游相结合的新型模式,不仅能够满足老年人对高品质生活的追求,还能为乡村旅游注入新的活力。随着我国人口老龄化的加剧,传统的养老模式已难以满足老年人日益多样化的养老需求,旅游养老作为一种新兴的养老方式应运而生。政府可以通过政策引导,鼓励民间资本参与旅游养老项目的开发,推动乡村旅游与养老服务的深度融合。例如,开发集休闲、养生、医疗于一体的旅游养老基地,吸引城市老年人到乡村度假养老,同时带动当地经济发展。

(五)加强政策支持,优化投融资环境

政府的政策支持是乡村旅游投融资发展的重要保障。政府应加大对乡村旅游基础设施的投入,改善交通、通信、水电等条件,为乡村旅游项目的开发创造良好环境。通过税收优惠、财政补贴等方式,降低企业的投资成本,吸引更多社会资本参与乡村旅游建设。同时政府还应加强对乡村旅游项目的监管,确保资金使用的透明性和效率,防止资源浪费和腐败问题。此外,还可建立政府财政引导资金和社会资本广泛参与的多元化融资体系,以财政资金带动民营资本和外商投资。在此基础上,进一步规范乡村旅游项目的管理,提升服务质量,完善相关法律法规,强化政策落实,为乡村旅游的可持续发展提供坚实保障。

第四节
乡村旅游发展的社区参与机制

一、社区参与乡村旅游发展的现状

(一)社区参与乡村旅游发展的能力不足

在乡村旅游的开发与经营过程中,常常出现强者主导决策、合谋操作的现象。这种局面导致社区居民在旅游发展中的话语权被严重削弱,难以真正参与核心决策中。在乡村旅游地的规划与开发决策中,公众咨询往往被忽视,居民的诉求和意见难以得到有效反映,甚至被边缘化。许多决策过程缺乏透明度和公开性,社区居民对旅游项目的知情权和选择权几乎丧失,导致他们在旅游发展中的角色被动且边缘化。

由于行政管理的重复性和行政区划的条块分割,社区居民的参与积极性受到抑制,参与能力也相对有限。不同部门之间的权责不清和协调不畅,使得社区居民在参与旅游发展时面临诸多障碍。社区参与的形式多为居民自发的个体活动,缺乏系统性和组织性。经营模式也多局限于家庭式分散经营,这种模式虽然灵活,但缺乏集体合作和组织化的参与,难以形成规模效应和协同优势。社区居民之间缺乏有效的合作机制,导致资源整合不足,难以应对市场竞争和外部挑战。

(二)社区参与乡村旅游的范围有限,参与层次较低

社区居民的主动参与是推动乡村旅游发展的内在动力。然而受季节性和周期性因素的影响,乡村旅游的淡旺季明显,收入的不稳定性影响了社区居民参与旅游工作的积极性。由于教育水平和综合素质的限制,社区居民的参与能力较弱,导致当地政府在开发过程中面临本土专业人才短缺的问题。加之专项资金的不足,政府往往依赖外部投资,这进一步削弱了社区居民在乡村旅游发展中的主动地位。

在内外因素的双重压力下,社区居民参与旅游发展的机会和层次受到极大限制。他们大多从事技术水平要求不高、工作时间长且报酬较低的工作,如导游、家庭旅馆经营、民族表演或提供交通服务等。真正能够参与旅

游决策、开发、规划、管理和监督等核心工作的社区居民寥寥无几。

（三）社区参与乡村旅游发展的利益分配机制不完善

社区居民作为乡村旅游发展的直接受益者，在最终的收益分配中普遍面临机制不健全和收入不均等问题。这种利益分配的不公平现象不仅削弱了社区居民对旅游发展的支持度，还引发了诸多社会矛盾。在乡村旅游开发过程中，部分强势群体或外部投资者往往占据主导地位，而社区居民的利益诉求容易被忽视，导致他们在收益分配中处于弱势地位。

利益分配的不公对社区传统的人际关系和社会结构提出了新的挑战。居民以自我为中心的意识逐渐增强，而家族和集体意识则不断弱化，社区的凝聚力和归属感逐渐下降。这种变化削弱了社区内部的规范和引导作用，使得居民之间的信任与合作关系受到破坏。利益分配不均引发的居民不满和愤怒可能导致一系列纠纷，甚至演化为公开冲突。

利益分配机制的不完善也阻碍了乡村旅游业的可持续发展。社区居民作为旅游发展的重要参与者，如果无法公平分享发展成果，他们的积极性和参与度将大幅下降，甚至可能对旅游项目产生抵触情绪。这种局面不仅限制了乡村旅游的进一步发展，还可能导致资源的浪费和环境的破坏。

二、社区参与乡村旅游发展的必要性

社区参与是乡村旅游可持续发展的关键，其重要性既体现在对地方资源与文化的深度整合上，更在于对社区利益的保障和乡村社会的整体提升。作为乡村旅游的直接参与者和受益者，社区居民拥有独特的自然资源、文化传统和人文背景，这些构成了乡村旅游的核心竞争力。有效的社区参与能够更好地保护、传承和利用当地的自然景观、文化遗产和传统技艺，从而增强旅游项目的吸引力和可持续性。

（一）社区参与对资源保护与文化传承的作用

乡村旅游的核心吸引力在于其独特的自然资源和文化底蕴，而社区参与在资源保护与文化传承中发挥着不可替代的作用。社区居民作为自然资源的守护者，通过参与旅游开发，能够有效监督旅游活动的开展，避免自然景观因过度开发而遭到破坏。社区居民也是文化传承的关键力量，他们通过参与旅游活动，将传统手工艺、民俗节庆和地方美食等文化元素展示给游客，不仅丰富了游客的体验，还为当地文化注入了新的活力。

社区参与促进了文化资源的共享与交流,通过组织各种文化活动和工作坊,使得文化传承活动更加多样化和包容性。这种参与模式有助于增强社区居民对本土文化的认同感和自豪感,还能通过经济效益和外部评价进一步强化文化传承的动力。更重要的是社区参与能够确保资源的可持续利用,避免旅游开发中的文化异化和资源枯竭问题,实现经济发展与文化保护的良性互动。

(二)社区参与对经济与社会发展的推动

社区的积极参与不仅能够提高居民的经济收入,还能促进乡村社会的稳定与繁荣。当社区居民从旅游发展中获得实实在在的利益时,他们的生活水平得以提升,社会矛盾得以缓解,乡村的整体发展环境也会更加和谐。

社区参与为居民提供了多元化的收入来源。通过参与旅游服务、经营民宿或销售地方特产,居民能够减少对外部经济的依赖。一些乡村地区通过发展特色民宿和地方特产销售,吸引了游客,还为居民创造了稳定的收入。旅游发展为乡村创造了大量就业机会和创业空间,为乡村青年提供了更多发展选择,减少了人口外流现象。社区参与还促进了乡村社会的稳定与和谐,当居民从旅游中获益时,他们对社区的归属感和参与度显著增强,从而更积极地参与社区事务,形成利益共享的良性机制。

(三)社区参与对旅游服务质量的提升

居民的广泛参与和合作使旅游业更加贴近市场需求,能够快速响应游客的多样化需求,从而提升旅游服务的质量和竞争力。社区居民凭借对本地文化的深刻理解和对自然资源的熟悉,能够为游客提供更具深度和个性化的旅游体验,如农耕体验、手工艺制作或文化讲解等。这种以社区为主导的旅游模式不仅增强了游客的满意度,也为乡村旅游树立了独特的品牌形象。

社区参与促进了旅游服务的多元化和专业化,居民通过自身努力和合作,不断优化服务流程,提升服务效率,使乡村旅游服务更加精细化和人性化。这种模式既满足了游客对高品质旅游的需求,也为乡村旅游的可持续发展提供了坚实基础。通过社区居民的共同努力,乡村旅游服务能够持续创新,适应市场变化,为游客创造更加难忘的旅行体验。

三、乡村旅游社区参与机制的多维度构建与实施路径

(一)引导机制

在乡村旅游发展过程中,社区居民的参与能力与意识直接影响其参与效果。因此,政府及相关部门应通过系统化的引导机制,提升社区居民的综合素养和参与能力。

首先,政府、旅游行政管理部门、企事业单位及行业协会应联合开展系统化、理论化的旅游知识教育。通过建立科学的培训机制和教育体系,帮助社区居民掌握旅游业的发展规律,提升其与游客的沟通技巧,增强其对旅游资源保护与开发的认知。同时引导居民明确自身在乡村旅游发展中的角色定位,激发其参与热情。

其次,针对社区居民的实际情况,开展有针对性的技能培训。根据游客需求,提供餐饮服务、导游讲解、手工艺品制作等专项技能培训,提升社区居民的就业能力和服务水平。此外,通过普法宣传教育,帮助居民了解自身权益,掌握维护合法权益的途径和方法。这种培训不仅能够提升居民的从业能力,还能增强其对乡村旅游发展的信心和责任感。

最后,鼓励全体社区居民参与乡村旅游发展,建立激励机制。对积极参与旅游服务的居民给予表彰或奖励,激发其主动性和创造性。同时通过宣传典型事迹,营造良好的社区参与氛围。这种激励机制不仅能够提升居民的参与度,还能增强社区凝聚力,推动乡村旅游的可持续发展。通过系统的引导机制,社区居民能够更好地融入乡村旅游发展,实现经济、社会和文化的协调发展。

(二)规划决策咨询机制

在乡村旅游发展中,社区居民作为直接参与者和受益者,其意见和建议对旅游规划与决策具有不可替代的重要意义。因此,建立完善的规划决策咨询机制,充分尊重社区居民的主体地位,是实现乡村旅游可持续发展的关键。社区居民对当地的自然景观和人文资源有着深刻的了解,他们的经验和建议是旅游资源开发的重要参考。在旅游规划过程中应积极听取社区居民的意见,挖掘当地特色资源,打造具有独特吸引力的旅游产品。社区居民作为一线服务人员,能够直接了解游客的需求和反馈,他们的意见对于优化旅游服务流程、提升游客体验至关重要。在食、住、行、游、购、娱等环节

中,结合社区居民的建议,制定更加人性化的服务方案,能够有效提升旅游服务质量,增强游客的满意度和忠诚度。

随着旅游业的不断发展,社区居民的关注点已从单纯的经济利益扩展到环境、文化和社会结构等多个方面。在制定旅游规划时必须充分考虑旅游发展对社区环境、文化和社会结构的影响,确保旅游发展与社区可持续发展相协调。通过建立规划决策咨询机制,让社区居民深度参与旅游资源开发、旅游发展思路制定以及旅游发展影响评估等环节,不仅能够保障社区居民的权益,还能增强他们的参与感和责任感。这种机制能够使旅游规划更加贴合社区实际情况,避免因规划不当导致的资源浪费和文化破坏,从而实现乡村旅游与社区发展的良性互动,推动乡村旅游产业的高质量、可持续发展。

(三)利益分配保障机制

为确保社区居民在乡村旅游发展中的合法权益,必须建立公平合理的利益分配保障机制。通过完善相关法律法规,明确社区居民在旅游发展中的权益和义务。同时建立社区居民申诉机制,及时处理居民的投诉和检举,切实保护其合法权益。这种法律保障与申诉机制能够为居民提供坚实的权益保护基础,增强他们参与乡村旅游发展的信心。

在乡村旅游开发过程中,土地占用和资源利用问题不可避免。为此政府应制定合理的土地补偿管理办法,确保社区居民的基本收益。此外,可将部分旅游收益用于社区公益事业,如基础设施建设、环境保护等,实现旅游收益的共享。这种补偿机制与收益分配方式不仅能够保障居民的经济利益,还能促进社区的整体发展,提升居民的生活质量。

在明晰旅游资源产权的基础上,推行股份制经营模式。国家、集体和个人按照各自的股份分享旅游开发成果,并通过股金分红的方式,将社区居民的责任、权利与旅游开发效益相挂钩。设立专项资金,用于乡村旅游基础设施建设和生态环境保护,确保旅游业的长期可持续发展。这种股份制经营与利益挂钩的模式,能够充分发挥社区居民的主动性,弱化负面影响,增强社区凝聚力。

(四)环境保护机制

乡村旅游的可持续发展离不开良好的生态环境,应建立完善的环境保护机制,实现经济效益与生态效益的协调发展。要通过开展生态环境保护教育活动,提升旅游者和从业者的生态意识。政府和相关部门应组织社区居民参与环保志愿活动,宣传绿色旅游理念,营造良好的环保氛围。针对不同群体采取多样化的宣传方式,例如利用新媒体平台、短视频等,提升公众的环保意识,使其成为乡村旅游建设中的自觉行为。

建立环境监测站和旅游信息监测系统,实时掌握客流量信息,防止因游客过度集中而引发的生态环境破坏。通过科学规划游客游览路线,合理布局景区内的基础设施,减少对自然资源的过度利用。完善污水处理系统、垃圾回收体系等环保设施建设,降低旅游活动对环境的负面影响。在旅游开发过程中对因旅游活动造成的生态环境破坏,应及时进行修复和补偿。例如,通过植树造林、水土保持等措施,恢复受损的生态系统。同时倡导绿色消费,鼓励游客和居民使用环保材料,减少一次性用品的使用。通过这些措施,乡村旅游能够在保护生态环境的基础上实现可持续发展,真正践行"绿水青山就是金山银山"的发展理念。

（五）监控机制

为确保社区居民在乡村旅游发展中的合法权益,应建立完善的监控机制,对乡村旅游发展的全过程进行监督和管理。地方政府应成立旅游监督小组,对旅游行政管理部门、投资方、规划单位和社区居民之间的相关事宜进行协调和监督,确保各方利益得到平衡。通过这种政府监督与协调机制,能够有效避免因利益冲突导致的矛盾和纠纷,保障乡村旅游项目的顺利推进。

村民可在村委会的领导下,组建旅游发展协会,对外来投资企业和旅游管理部门进行监督。社区自治与监督是保障居民权益的重要手段,通过旅游发展协会,居民能够积极参与旅游项目的管理,对涉及居民利益的重大事项及时公布并干预,防止居民的合法权益受到损害。这种自治机制不仅增强了社区居民的参与感和责任感,还提升了社区的凝聚力和治理能力。建立信息公开平台,及时向社区居民公布旅游发展的相关信息和决策,是确保居民参与权利得到充分保障的关键。设立意见反馈渠道,广泛听取社区居民的建议和意见,能够使旅游规划和管理更加贴近居民需求,增强居民对乡村旅游发展的认同感和满意度。通过信息公开与反馈机制,居民能够及时了解旅游项目的进展、收益分配、资源利用等情况,从而更好地参与乡村旅游的发展中,实现社区与旅游项目的良性互动。

参考文献

[1]张祖群.当前国内外乡村旅游研究展望[J].中国农学通报,2014,30(8):
307-314.

[2]杨胜明.乡村旅游发展的理论与实践[M].北京:中国旅游出版社,2010.

[3]张文祥.乡村旅游的游客感知与行为研究[J].旅游学刊,2015(3):
45-52.

[4]卢柳红."互联网+"模式下乡村旅游发展现状及对策[J].乡村科技,
2020(9):53-54.

[5]杜艳红.新时代乡村旅游发展存在的问题及对策[J].旅游与摄影,2022
(21):22-24.

[6]周开权.新时代下我国乡村旅游发展趋势研究[J].乡村科技,2017(36):
33-35.

[7]陈月明.探析新时代我国乡村旅游发展趋势[J].旅游纵览,2020(9):
62-64.

[8]颜文婷.新时代背景下乡村旅游发展策略研究[J].美与时代(城市
版),2022(4):87-89.

[9]刘雯艳.河北省乡村旅游发展问题及对策研究[D].秦皇岛:河北科技师
范学院,2024.

[10]贺斐.消费需求变化背景下乡村旅游产业的发展模式[J].农业经济,
2020(11):143-144.

[11]孙振兴,葛成莉,王丽君.消费升级下旅游消费在乡村旅游中的新需求
[J].市场周刊,2020(5):40-41.

[12]李元爽.新时代乡村旅游消费者行为特征及影响因素研究[J].山东农
业工程学院学报,2024(4):84-88.

[13]林常青.海南乡村旅游消费者行为分析[J].农村经济与科技,2017,28

(8):51-52.

[14] B.约瑟夫·派恩,詹姆斯·H.吉尔摩.体验经济[M].毕崇毅译.北京:机械工业出版社,2024.

[15] 周玲玲.体验经济视角下的乡村旅游开发[J].广西质量监督导报,2018(9):11-12.

[16] 潘艳华.体验经济视角下乡村旅游精品化发展策略研究[J].中小企业管理与科技(下旬刊),2021(30):28-30.

[17] 邹波.中国老龄化的现状与积极应对[J].社会政策研究,2017(5):3-9.

[18] 王伟.积极老龄化背景下乡村旅游服务质量提升的路径分析[J].旅游与摄影,2023(12):31-33.

[19] 周宏杰,胡永铨.乡村旅游数字化升级研究[J].合作经济与科技,2023(5):60-62.

[20] 夏振鹏.智慧旅游视角下乡村旅游发展的理论逻辑与创新路径研究[J].社会科学前沿,2023(12):6868-6877.

[21] 郭丽,章家恩.关于乡村旅游概念及其内涵的再思考[J].科技和产业,2010,10(5):58-61.

[22] 刘鑫鑫,沈和江.乡村社区老年休闲游憩服务供给优化路径研究:以河北省保定市为例[J].服务科学和管理,2023(3):197-203.

[23] 海香,数字化背景下的乡村旅游发展[J].农村经济与科技,2024,35(16):85-88.

[24] 于倩,柳瑞琪.乡村旅游智慧化助力乡村振兴的发展策略与实践案例分析[J].山西农经,2024(21):127-129.

[25] 嘉丹.基于乡村旅游发展探讨智慧旅游平台的应用[J].农村经济与科技,2020,31(8):57-58.

[26] 蒋纯祎."互联网+"背景下乡村旅游发展对策:以石阡县为例[J].电子商务评论,2024(4):2534-2540.

[27] 朱淑杰.乡村振兴背景下农村电商旅游发展路径研究[J].电子商务评论,2024(4):5084-5089.

[28] 张辉,王盼,肖军浩,等.一种基于三维建图和虚拟现实的人机交互系统[J].控制与决策,2018,33(11):1975-1982.

[29]王宇虹.AR 增强现实技术在旅游体验中的应用探究[J].科技传播,2018,10(10):1-2,5.

[30]孔维翠,郅笑珂,张红飞,等.AR 技术助力乡村旅游智慧化发展探究[J].合作经济与科技,2023(2):4-6.

[31]肖湘君.我国乡村旅游可持续发展研究:以桂林阳朔为例[D].湘潭:湘潭大学,2006.

[32]李婵娟.乡村旅游资源开发与生态环境保护对策[J].当代旅游,2021,19(22):38-40.

[33]周一佳.乡村振兴战略背景下海南乡村生态旅游的可持续发展研究[J].安徽农业科学,2020,48(11):142-144.

[34]杨志洋,章磊.生态农业发展中农业环保技术的运用与思考[J].河北农机,2024(8):121-123.

[35]瞿华,罗静.乡村文化与旅游产业融合:研究回顾与展望[J].旅游导刊,2022,6(1):89-110.

[36]刘启云.政府行为在乡村旅游发展中的作用[J].今日南国(理论创新版),2009(10):225-226.

[37]郑晓婷.晋江市现代农业与乡村旅游融合研究[D].福州:福建农林大学,2016.

[38]杨沁.休闲农业与乡村旅游融合发展研究:以鄂州市为例[D].武汉:武汉轻工大学,2018.

[39]黄楚新,王欣欣,陈伊高.我国政务新媒体发展现状及趋势[J].媒体融合新观察,2023(5):4-9.

[40]张欠欠.乡村旅游高质量发展的法制思考[J].农村·农业·农民,2022(20):32-34.

[41]端木玉芳.乡村旅游中的法律问题研究[J].法制博览,2022(26):12-14.

[42]赵金凤.乡村振兴背景下旅居养老模式探析[J].老龄化研究,2024(3):1042-1048.

[43]邓艳飞,乡村旅游发展中的社区参与模式探讨[J].漫旅,2024,11(15):14-16.

[44]刘蕤.乡村旅游社区参与机制研究[J].太原城市职业技术学院学报,2019(8):22-24.